# 創造
# 致富祕訣

## 打造雙贏方程式

**正確金錢觀╳創意創業法**
**讓你眼下吃得飽，未來餓不著！**

## 金錢和機遇不會隨著你的需求而來，
## 而是會跟著你的能力而來

到現在還不放棄運氣和上帝？清醒吧！

### 貧窮不是罪
### 但會讓你非常累

賣車不成？那就賣月亮！
想出這生意到底是瘋狂還是創意？

可口可樂的誕生居然是一椿鄉村醫
師與藥劑師的祕密交易？

把鵝卵石當寵物賣，只賣五美元居
然也能賺到變百萬富翁？

胡文宏，肖勝萍 編著

## 大量真實案例＋經典商業實例

本書向你展示最獨特的「創意致富法」，
為你量身打造「智慧型頭腦」！

# CONTENTS

# 目錄

# CONTENTS

# CONTENTS

# CONTENTS

# CONTENTS

# 前言
# 尋找傳說中的搖錢樹

　　大多數人之所以無法過上自己夢想中的生活，其中一個較普遍的原因就是因為缺錢。於是有人天真地想：要是擁有一棵搖錢樹該有多好！

　　搖錢樹是傳說中的一棵寶樹，它結的果實是錢，只要人們去搖動它，錢就會掉下來。傳說中的搖錢樹有五個杈，有人為了尋找它而絞盡腦汁，最終發現：所謂的搖錢樹原來就是自己勤勞的雙手。

　　雙手的確能夠「搖」出錢，但在當今社會，「搖」錢僅靠雙手是不夠的，更需要一顆充滿智慧的大腦。

　　要擁有智慧的頭腦，首先要去除對錢的錯誤看法，沒錢不光榮，有錢不可恥，賺錢是一種美德，也是一種義務。我們從小被灌輸的大多是強調精神富有、鄙視物質富有的思想，這種片面教育令我們羞於談錢，認為錢是骯髒的、醜惡的，是「萬惡之源」。我們對待錢的態度，與在其他方面開放的人性化生活方式格格不入。誠然，有錢不一定能買到幸福，但缺錢卻會帶來痛苦。清高孤傲的詩人不能餓著肚子歌頌真、善、美，才華橫溢的畫家也不能買不起畫筆和宣紙在沙灘上作畫。因此，我們要斷然與貧窮決裂，並理直氣壯地向其宣戰。

　　要擁有智慧的頭腦，我們還要了解自己的個性與長處，以便在賺錢過程中不斷完善自己的個性和發揮自己的長處。事實上，許多億萬富翁的個性都有不完善的地方，只是他們在創造財富的過程中，從來沒有放鬆過對自己個

# PREFACE

性的補充、完善與豐富。

要擁有智慧的頭腦，我們還要學習賺錢的方法與技巧。賺錢一定有方法，成功不是偶然的。如何累積財富，如何讓財富如滾雪球般膨脹……都有一定的方法與技巧。

要擁有智慧的頭腦，我們還要學習對於金錢的使用。在某種意義上，金錢的使用比獲取更為重要。英國一位學者說過：「賺錢比懂得花錢要輕鬆容易得多，並非一個人所賺的錢構成了他的財富，而是他花的錢和存錢的方式造就了他的財富。」一個人若把及時行樂、紙醉金迷視為時尚，將貪婪至極、豪奢競逐奉為準則，那麼，他失去的不僅僅是金錢與財富，還將失去靈魂與氣節。

我們大多數人都有一雙勤勞的手，而真正致富的人卻鳳毛麟角，關鍵原因就是沒有一顆像富人一樣思考的智慧頭腦。一雙勤勞的手是搖錢樹，但離不開提供它養分的土壤 —— 一顆智慧型頭腦。

如何打造一顆智慧型頭腦？本書透過大量案例，生動地展示了靠創意賺錢的每一個步驟，告訴你這樣做的好處，同樣也會告訴你如何才能做到這樣，是你賺錢路上的好幫手。

# 第一章
# 你其實就是一座金礦

　　鄙視金錢的時代已經過去，人人都渴望早日致富。越來越多的人懷著一番創業豪情投身於商海，他們有的人早已躋身於富豪之列，而更多的人仍沒有扭轉困窘的局面。

　　你沒錢的理由是什麼？是不是你相信自己不夠努力或是不夠幸運？或許你相信自己賺不了大錢或者其他人控制了你的命運？不論原因是什麼，都不值得保留，當然也不值得爭辯。它在你所處的地方以及你想去賺錢的地方之間築起一道牆，使你每次對自己說「我永遠無法突破」或「我也沒辦法，我一直如此」。在你的負面資訊不斷地影響自己時，就好像你在對自己說：「我不想賺錢。」

　　大多數沒有錢的人都有一個共同的特點：他們知道沒有錢的一切理由，並且有他們自認為無懈可擊的藉口，以掩蓋他們之所以沒有錢的愚蠢。這些藉口有的很巧妙，而且很容易成為推翻事實的證據。不過藉口終歸是藉口，它永遠不能當錢用。

　　事實上，貧窮往往趨向於以貧為憂的人，透過同樣的法則，錢則被那些刻意準備迎接它的人所吸引。貧窮意識總是攫取沒錢人的心靈。貧窮的發展無需刻意應用有利於它的習慣；而金錢意識則必須刻意創造才能產生，且必須使其處於發號施令的地位，除非一個人生來便具有金錢意識。

　　天生我才必有用，每個人都擁有一座金礦，但如果你不懂得如何利用資源去開採與挖掘，你就只能是一個守著金礦的貧窮更夫，永遠無法成為開採金礦、腰纏萬貫的大老闆。

# 一、正確認識金錢

一提起錢，人們總是愛恨交加。愛的時候稱兄道弟，「孔方兄」掛在嘴邊不停地叫，甚至不惜一日三炷香，乞求財神爺保佑發達。恨的時候則對它咬牙切齒地說「錢，一把殺人不見血的刀！」

為什麼同樣是金錢，卻讓人有兩種天壤之別的態度呢？錢到底是美好的東西，還是「萬惡之源」？

## 1・沒有理由選擇貧窮

在中國傳統的文化中存在一些根深蒂固的觀念，比如對金錢的鄙棄。如「銅臭」這樣的詞語就是一個例證。貪婪、無情和虛偽等等，是人們附加於財富上的態度。

一個社會如果存在鄙棄發家致富這種現象，說明這個社會制度肯定出了問題。這種病態制度會把一切東西扭曲，包括人們的觀念。在這樣的制度下，人們透過鄙棄致富來建立起自己的道德優勢。這些人縱使對富人妒忌得牙癢癢，於眾人面前仍然要說「看他那樣，錢肯定不會是正當得來的」。這就是說，當這種人在發家致富中沒有取得優勢時，他便試圖建立一個「貧窮也光榮」的道德觀念，並且一般會刻意把這種觀念和財富的多寡反向相連。顯然這當中還是「窮者意識」作祟。

事實上，金錢對任何社會、任何人都是重要的；金錢是有益的，它使人們能夠從事許多有意義的活動；個人在創造財富的同時，也在對他人和社會做著貢獻。

因此，我們可以光明正大地認為：我為社會創造了財富，也為自己累積了金錢。下一步，我將用手中的金錢和我的才能，為社會也為自己創造更多的財富，因此我沒有理由選擇貧窮。

## 2·金錢是生活保障

現實生活中，我們每個人都承認，錢不是萬能的，但沒有錢卻是萬萬不能的。我們每個人都需要擁有一定的財產，如房屋、傢俱、電器和服裝等，這些保證我們基本生活的元素都需要用錢去購買。

如果你在銀行有一大筆存款，又有穩定的職業，那你當然覺得生活有了保障，事業有了目標。在一定程度上，有錢可以呼朋喚友，可以消除寂寞和憂愁。在現實的世界裡，有錢確實可以產生效率或讓他人為你服務。錢雖然不能買到健康，卻可以使你的身體獲得很好的照顧。幸福雖然不是因錢而來，但痛苦往往是因缺錢而至。所謂「一文錢逼死英雄漢」，就是因缺錢而痛苦的寫照。人的一生中，難免會遇到問題需要處理，而醫生、律師之類的服務人員，都需要付費才能提供服務。這些事實歸納成一個特點：金錢確實是小康生活的一種保障。

## 3·財富是一種有效秩序

尊重財富，就是尊重公共選擇的規則。財富可能不是一個最好的規則，但我們總結歷史，會發現沒有其他規則比這更好。你錢多，你就得到更好的享受，你可以買自己的車，你可以買好的房子，可以不必在金錢上憂慮。當然，要保證這個規則的合法，有個前提就是財富的來源必須是合法的。然而，必須注意的是，在沒有證據證明財富的不合法性時，我們必須把它當成是合法的。這如同在司法意義上，即使懷疑一個人犯罪，但在沒有證據之前，不能把這個人當作「犯人」，即使在有證據的時候也應該說是「嫌疑人」。這個原則是因為我們根本找不到絕對「充分」的證據。

財富這種秩序，好處是明顯的。我們可能會把道德、權力、種族等作為資源配置的原則。比如，所謂「成功人士」就可以開好車、住高級房子，但這種分配方式本身就存在內在矛盾是不完善的。因為「成功人士」首先就應該是高尚的、對社會的貢獻應該是巨大的，但如果他占有更多更好的資源，

他也就不是「聖人」了。

顯而易見的是，只要人心中還有「自私的基因」，這些分析模式都不是最好的，或者存在內在矛盾，或者導致更大的混亂。也就是說，這種分配方式是很難構成一種穩定的秩序。

正因為「金錢」具有了衡量價值和計量價值的含義，人們自然而然地就形成了用「金錢」衡量「財富」價值的習慣。但是，正如同「財富」在詞義上包含的範疇大於「金錢」一樣，人們對財富的擁有，就有了不同的認知。比如，當「我為人人，人人為我」被當成一筆精神財富時，就不能用「金錢」衡量，因為世上從來沒有「精神金錢」。

因此，財富作為一種有效秩序，是人們希望擁有「財富」，希望透過「財富」為社會提供一種秩序。

## 4‧財富與自由

財富與自由，是躲避不開的兩個問題。

擁有更多的財富，代表著人可以節省很多為謀生而奔波的時間，可以和家人過上一個相對穩定安逸的生活。既然如此，又怎麼可以割捨自由和財富的關係呢？

有人認為自由是一種真正的財富。一個人的自然財富越多，他可以做的選擇就越多。顯然，這話反過來也是成立的，「財富是一種真正的自由」。意思是說，財富和自由有一個交集，這個交集就代表著自由和財富有直接連繫的那部分。

我們對財富歷來的態度，原因之一是因為人們會認為一個人富裕將會導致另外一個人更加貧窮。這個態度顯然和「搜刮民財」相關，這實際上是淺薄的偏見。正如《所有權、控制與企業》（*ownership. control and business*）一

書中所說的：「富人的財產並沒有壟斷功能，因此富人並不因其富就能給他人造成成本負擔。他們面對的是來自各種人以及各種選擇所造成的競爭。」

## 5・向財富致敬

　　一個連對財富基本尊重的法則都沒有的社會，妄談文明二字。保護私有財產，是尊重財富的前提。而文明制度「承認財產分配的不平等現狀，鼓勵每一個人以最低的資金和原材料消耗生產盡可能多的產品，因此，人類今天生產的產品數量超過了他們消費所需的數量，形成了年復一年的財富累積」。曾經有位經濟學家說過：「假如人們消除了這種動力，生產量就會隨之降低，從而導致在實行平均分配的情況下，人均收入將下降到今天最窮者的收入水準之下的結局。」

　　在文明制度下，財富可能來自機遇、創新、變革和勤奮，一個人的財富多少也就基本代表了他的機遇和努力，財富越多，表明他對社會做出了越多的貢獻。這樣的人，我們理應給予敬意而不是口誅筆伐。這種制度將催生一個講究信譽的社會環境，那些極盡矇騙之功的人將得不償失。這樣的制度也將大大促進創業者們的創新精神。

　　所以應該向財富致敬。財富並不是齷齪的「阿堵」，而是一種合理制度下的競爭所得。這種鼓勵財富競爭的機制將會使我們每一個人獲益。

## 6・金錢是把雙刃劍

　　以上五點所說的都是金錢的好處，但金錢是一把雙刃劍，不懂駕馭錢財的人，最終也會被金錢所傷。比如，沒錢的人為了錢鋌而走險，有錢的人依仗錢胡作非為，結果均逃脫不了害人害己的下場。

　　其實，錢本來沒有什麼特別，錢其實也是商品，只不過是一種特殊的商品而已。錢本身是中性的。

# 二、深入了解自己

　　錢不會從天上掉下來，需要你用雙手勞動去獲取。你所從事的行為以及你在這個行業所扮演的角色要和你的個性、風格、興趣、能力及價值觀相配合。如果不了解自己具有何種能力、屬於何種類型的人才，就無法做出正確的判斷與選擇。不僅工作做不出色，賺不到多少錢，而且還會不自覺地浪費了自己寶貴的天賦。

　　就以我的同學來說吧！有的同學當年才華洋溢，是資優生，但工作後卻毫無建樹；而有的同學在校時很不起眼，成績平平，工作後卻碩果累累。當然導致這種結果的因素很多，但有很大的原因，是由於有的同學所扮演的角色合適，有的同學所扮演的角色不合適。現代心理學家們研究的結果表明：一個人事業的成功與失敗，多半取決於個性的發展，而不是取決於智商。

　　美國有人曾把一些工科學生的個性、學習成績、智商與他們畢業五年後的收入做了比較，證明個性和事業的成功確有密切關聯。事業成功和個性的關係是 0.72，和智商的關係是 0.18，和學業成績的關係是 0.82。他以個性適合與否為標準，把工科畢業生分為上、中、下三等，調查結果顯示，上等畢業生平均收入為 3,000 美元，下等畢業生平均收入為 2,076 美元。他又以智商的高低為標準，把他們分為上、中、下三等，調查結果發現，上等畢業生平均收入為 2,400 美元，中等畢業生為 2,500 美元，下等畢業生為 2,100 美元。

　　這一調查表明，是「個性」決定了他們的成敗。智商高的人的升遷機會不如智商比他們低的人。

　　著名的科普作家艾西莫夫（Isaac Asimov），他本人是美國波士頓大學生物化學教授，但他在分析自己的才能時認為：我絕不會成為頂尖的科學家，但是我可能成為傑出的作家。因而他選擇了科普讀物這一行。果然，據統計，40 餘年間他寫的書多達 240 部，而在科學研究方面的成就卻微不足道。當然，豐厚的版稅收入，令他過上了優渥的生活。

偉大的物理學家愛因斯坦（Albert Einstein），在一次實驗課上弄傷了右手，教授為此嘆氣地說：「你為什麼不去學醫學、法律或語言學呢？」愛因斯坦回答：「我覺得自己對於物理學有一種特殊的愛好和才能。」以後他在物理學上取得的成就，證明了他對自己的了解是正確的。

美國物理學家肖克利（William Shockley），他與巴丁（John Bardeen）和布拉頓（Walter Houser Brattain）共同發明了電晶體，並因此獲得諾貝爾物理獎。在電晶體研究方面，他展現了極高的理論思維能力，電晶體工作原理的理論就是他提出的，電晶體問世以後得到了廣泛的應用。肖克利預見到了社會對電晶體的需求，於 1954 年，他辭去了貝爾實驗室的職務，到加利福尼亞州創辦了一家肖克利半導體研究所，這本是一家商業性的企業。開張之時，8 位青年科學家追隨他，充當他的助手。但是肖克利不會做生意，對於企業如何賺錢、如何與對手競爭、如何與同事一起商量，他都很不在行。他的企業不像是商業性的實體，更像是個純學術機構。沒過幾年，助手們意見分歧，一個個離他而去，企業入不敷出，漸漸難以支撐，最後被人收購。肖克利苦心經營的這家企業，最後以失敗告終。肖克利有傑出的研究才能卻未必有出色的經營才能，科學研究和經營謀利並不是一回事。它們有著不同的特點，肖克利缺乏這點自知之明，貿然從事自己不擅長的工作，捨己之長，用己之短，他的失敗在他離開科研機構，辦起商業實體之初，就已經潛伏下來了。

可見客觀地認識自己的重要性，了解並發現自己的特長和潛能，就如同掌握一門木雕藝術。樹根千姿百態，藝術家要善於用樹根的天然形狀順勢雕刻成栩栩如生的各種形象。其實我們每個人也與樹根一樣千差萬別，千人千面。唯有根據自己的特點，相應擇業才能順勢致富。希臘哲學家把「認識自己」看做生命的重要目的。古人云：「知己知彼，百戰不殆。」我們只有正確認識自己，才能知道什麼樣的事業可以真正發揮自己的潛能，從而得到最大的回報。

然而真正認識自己不是一件容易的事，需要有科學的方法和實事求是的

態度，這裡簡要地介紹幾種方法。

### 第一，徵詢意見法

向自己的父母親人、同學朋友和師長同事徵求意見，了解他們對自己的看法和評價。看看周圍的人認為自己適合做哪種工作。

### 第二，自我反省法

自我反省可以幫助我們深入了解自己的才能及事業傾向。了解在過去的生活及工作中有哪些是自己喜歡去做，而又得到較大成就的事；哪些是自己不喜歡做，雖盡力卻毫無回報的事。檢討一下以往幾年間，自己性格的「自我形象」的轉變，其中有哪些明顯的趨勢，能否藉以推斷以後的轉變方向及自身發展的趨勢。

### 第三，心理、職業測驗法

目前社會上出現不少有關心理、性格和智力等各式各樣的測驗，不妨可以試一試，作為參考。

### 第四，感覺法

對自己無把握的事，會本能地產生一種畏懼情緒，這是沒有才能的一種反應。與此相反，如果對所做的事感到有信心做好的話，那正說明你在這方面或許有一定的才能。

### 第五，實驗法

就是用事實證明。有小說才是作家，有畫才是美術家，有發明創造才是科學家。沒有作品的作家，沒有畫的美術家，沒有創造發明的科學家，在世界上是不存在的。我有一位同學，是從事統計工作的，但他心裡卻總想當個作家。他把剩餘的全部時間和精力都用於小說創作。終於，有一天，他寫的一篇小說發表了，接著又發表了第二篇、第三篇。這一事實使他了解到自己是能寫小說的，是可以成為一名作家的。這就是從已成的事實中，了解和

發現自己的才能。當你尚未了解和認識自己的才能時，不妨對有興趣的學問或工作做一些研究或實踐的嘗試，看在研究和實踐過程中能否達到預期的效果。如果成效顯著，就證明你有這方面的才能；如果成效甚微，甚至沒有成效，那就說明你不具備這方面的能力。

## 第六，比較法

不怕不識貨，就怕貨比貨，透過比較可以發現自己的才能。尤其是在賽場上，如果是競技比賽，有自由體操、鞍馬、吊環和單雙槓，那麼你在哪個項目中能屢挫對手、捷報頻傳，那便說明你在這個項目上的能力突出。這是人盡皆知的道理。但如果沒有可比的對象，也可以拿自己做過的各項工作來比。如有人多才多藝，那就要看哪種才氣更大，哪種特長出類拔萃並被社會認可。

## 第七，考試法

目前除了學校用考試來測驗學生的學習優劣外，一般企事業單位也已採用公開招聘的方式來選拔和錄用人員。透過考試也可以客觀地評價自己。

## 第八，自問法

向自己提出需要解答的問題，其中要弄清楚的具體問題包括：人生觀、價值觀、滿足需求次序、興趣、能力、個人形象、動機、家庭背景和影響、任職資格、技能、社交和別人溝通的能力，還有社會活動經驗、旅遊經驗、工作經驗、喜愛的工作環境等等。

除了運用各種方法認識自己外，還要根據自身的實際狀況客觀地評價自己。

以學歷來說，每個人受教育的程度不同，有人受過高等教育，有人沒受過高等教育。即使同是高等教育，也會有高低層次之分，如有學士、碩士和博士。同時，所上學校的等級也不一樣，有人畢業於臺大、清大，有人畢業於一般大學。當然學歷不能代表一個人的真正水準，但它可以從一個側面反

映出一個人所學知識的多寡及具有的專業特長。尤其社會各界在錄用人才時是很看重這一點的。因此，這也是你評價自身的客觀標準之一。

再來就是智力。據心理學家研究表明，人的智力分為五種類型：智力超常和低常者各占 1%，智力偏高和偏低者各占 19%，智力中等者占 60%。一位心理學家對一所大學的學生開發思維能力進行研究，從流暢性、變通性和獨創性三個方面評價，發現學生之間有明顯的差異。透過和周圍人比較，你可以了解自己的智力情況。如你的學習與工作成績在全班或公司裡屬佼佼者，說明你的智力起碼在正常者以上，這樣你就不必害怕到一些競爭力強的行業和企業找工作或創業了。

還有一些非智力因素，如一個人的氣質、意志和風趣等均屬於非智力因素的範疇。認識自己的這些因素對找工作也很重要。我們常看到一種情況：具有同等智力和學歷的人，在外在條件相同的情況下，性格溫順、易受干擾者，往往終生沒有什麼發明、發現和創造；而性格怪僻、固執和多疑者的創造性成就卻紛至沓來。一個重要的原因，在於前者的性格與所從事的工作不相配，後者的性格與所從事的工作比較相符。前者能較好地處理家庭和同事之間的關係，如在服務行業或醫護行業，可能會成為出色的服務業者或白衣天使，而在科技研究領域卻可能一事無成。因為從事科學研究需要的是冷靜的判斷、獨立的思考、精細的觀察和堅持不懈的探索。

總之，你要全面了解、認識自己，客觀、正確的評價自己，這樣才有可能在選擇工作或創業的時候，尋找到自己在社會中適合的位置，既能有效地發揮自己的才能，又能充分挖掘自己的潛能，從而最大限度地實現自己的夢想。

# 三、擯棄錯誤觀念與心態

　　錯誤的觀念與心態，如一條毒蛇盤踞在你的心頭，制約著你的行動。它們一日不除，你就一日成不了富翁。

## 1.錯誤的觀念

### (1) 金錢觀念模糊

　　觀念對人的行為具有控制能力，對金錢觀念模糊不清，是大多數人未能致富的基本原因。他們在究竟利用何種方法賺錢、以多少錢維持正常的生活水準、金錢代表的具體意義等諸多方面一直混淆不清。人腦做何種判斷的根據關鍵在於首先要分辨何種東西是應該避而不就的；何種東西又應該是極力尋求的。就金錢而言，我們傳遞給大腦的訊號是模糊不清的，因此由大腦判斷出的結果也就不明確。我們告訴自己金錢可以給我們帶來自由、舒暢、過上我們喜愛的生活、獲得我們喜愛的一切和做我們想做的任何事情。但是與此同時，我們又不得不相信，想獲取金錢需做出極大的努力、犧牲更多的時間和付出辛勤的汗水，等到功成名就之後有時間享受時已經是年老力衰了，甚至花錢都不敢大手大腳，怕太招搖了會招來議論，招引別人對自己的錢財眼紅。那麼，存在著上述諸多問題，我們為什麼還要去試一試呢？上述存在的諸種問題並不僅僅發生在自己身上，有時也會涉及別人，例如，當別人發了大財時，就難免不會去猜測他是否手段正當。當你對別人手中的錢有想法時，傳遞到大腦的資訊是什麼呢？是否是「錢多了並不見得是好事？」若你心中果真存有這種想法，就會在潛意識裡告訴自己，錢財多了會毀壞自己。一味地對他人成功存在厭惡心理，下意識中你面對自己所追求的錢財就會產生畏懼不前的念頭。

### (2) 完全依靠專家

無法致富的第二個常見理由，在於許多人認為金錢的獲取是非常困難而且複雜的事情，所以賺錢之事應該交付專家去實施。讓專家替我們賺錢當然是件好事，有可取之處，但是找專家之前至少要考慮一下會產生何種結果。如果你完全依靠專家，放心大膽地讓他們自由地去做，他們也難免會出問題，出了問題你也難免會去責怪他們。命運應該掌握在自己的手中，任自己自由的控制。

一切都建立在這個觀念之上：我們只有了解自己的智商、能力、身體和情緒的起伏情況，才能據此來靈活控制自己的命運。在金錢世界裡我們也應該遵循這個道理，我們要去了解和掌握賺錢之道，不能被複雜的困難所嚇倒並退縮。只要你掌握了其中的基本道理，如何理財就成為一件簡單的事情了。

### (3) 有限觀念的影響

無法獲取財富的第三個原因，在於有限觀念的影響，從而給自己帶來了極大的壓力。時下許多人都相信世界是有限的，諸如土地有限、原料有限、住所有限和時間與機遇有限等等，在此觀念支配下，有人成功免不了就要有人失敗。倘若你也持有此種觀念，那麼致富的方式只能仿效 20 世紀初的經濟掠奪，盡可能地獨霸市場，只將 10％的利潤分給他人，其餘的利潤則全歸於自己的名下。

實際存在的問題是此種方式目前已不奏效，有位經濟專家保羅·皮爾澤（Paul Zane Pilzer），因為提出「煉金術」這個經濟理論而名揚學術界。他寫了一本《點石成金》（*Unlimited Wealth*），書中展現了保羅本人的觀念以及提出了自己的理論支柱：我們生存的環境是一個資源充足豐富的好地方。他明確指出，我們現在已處在前所未有的時代之中，資源有限觀念已經不能適應當今的社會了。事實上，資源的充足與否關鍵在於科技的發展程度，某些事實已經證明，資源的儲量是相當驚人的。

保羅曾舉了一個重要的例子，證明了資源的獲取及其價值大小受控於科技進程，產品的價值與價格由科技來決定。1970 年代初，幾乎每個人都認為石油面臨消耗完結的威脅，到了 1973 年前後，為了替汽車加油，許多人花時間去排長隊。當時，據電腦分析的結果看，全球石油儲量為 7,000 億桶左右，而從當時的石油消耗情況看，這些石油約可再維持人類 35 ～ 40 年的用度。保羅說，如果當時的估計是正確的，到 1988 年石油儲量將下降到 5,000 億桶，而據 1987 年的調查結果顯示，實際石油儲量竟達到 9,000 億桶，整整比 1973 年多出了 30%，這些數字是有據可查的，至於尚未勘探出的石油究竟為多少兆桶，只有等待新的科技去開採和挖掘了。

石油的儲量為什麼會有如此大的變化呢？原因有兩方面：一方面歸因於石油的開採技術提高了，第二方面是提高了石油的使用效率。在 1973 年誰會想到發明電子點火的燃油噴射系統，將其安裝在汽車上，從而將燃燒效率提高了兩倍以上呢？更有意義的是，使用的電腦晶片以 25 美元的花費競取代了先前價值 300 美元的氣化器！

這類科技一出現，就一下子提升了汽油的供應量達兩倍左右，可以說，石油相對不足的情形在一夜之間得到改善。如果將通貨膨脹的調整及汽油燃燒率的提高加以衡量，在汽車行駛相同距離的情況下，現在汽車單位里程的耗費成本，在汽車史上達到了前所未有的低成本。實際上現在幾乎全球的科學工作者都在致力於尋求石油的替代品，以解決工廠和交通工具的燃眉之急。

應該記住，科技可以決定物質的價值，可以將腐朽化為神奇，將廢物變成可用資源。不妨想一想，若干年前即使發現石油，當時的人們也會視之為廢物，但是隨著科技的發展，過去的廢物今天卻成了財富之本。

保羅又說，真正的財富應該來自他所謂的「經濟煉金術」。這種「經濟煉金術」，指的是能將無價值的東西變換成有價值，甚至是重大價值的東西。中世紀的煉金術，其目的即是由鉛變成黃金，這種努力雖然最終失敗，但為

之後的化學奠定了發展的基礎。現今致富的人們，從某種意義上說，是名副其實的現代煉金者，他們通曉將平常的東西變成貴重的物品，從而在經濟上獲取最大的轉換利益。不妨想一想，在資料和資訊方面處理效率驚人的電腦實際上是由沙子製成的 —— 其晶片由矽做成，而矽又是沙子的主要成分。能把心中的構想經過實際的操作從而獲取較大的經濟利益的人，實際上就是在進行煉金。因此，財富的根源在於人如何使用大腦。現代煉金術一直是當今世界上許多富豪的致富祕訣，這些人中有比爾蓋茲（Bill Gates）、羅斯・佩羅（Ross Perot）、山姆・沃爾頓（Samuel Moore Walton）等，他們都通曉應用何種辦法將未顯露出的價值創造出顯赫的利益。他們沒有人云亦云，他們的產業橫跨各個領域，但是唯一的共同點，可以說是「獨立思考、有自己的觀點與合理的發現」。煉金術理論每一個創造財富的人必須思考的問題。

### （4）沒錢不用投資

似乎很多人都很自然地持有這種觀點：「投資，投資，投的是『資』，沒有『資』，拿什麼『投』啊？」似乎只有有錢人才能投資，跟上班族無關，但其實這是一個邏輯上的循環論證。「投資」和「資」的關係有點類似於經典的「先有雞還是先有蛋」問題。太多時候，「資」不是投資的理由，改變自己的處境才是你打出第一筆投資的終極動力。有不少人一生下來就家境貧寒，但後來卻出現兩種不同的情況：一部分人透過投資和理財，經濟狀況漸入佳境，過上寬裕的日子；另一部分人卻束手無策，坐等機會，終生在貧困線上掙扎，更談不上個人發展。是否肯去投資，是否善於理財，對於缺錢者來說，其結果截然不同。

缺錢時可以有兩種選擇：一種是安於現狀，不去設法投資和理財，其結果當然是永遠沒有錢，除非有意外之財從天而降。另一種選擇是設法去理財和投資。而投資又可能出現兩種結果：失敗或者成功。如果投資不當，就會雪上加霜。這也沒什麼大不了的，反正是缺錢，只不過比以前更缺一點罷了。只要不去過度投機，而是精心籌劃，謹慎從事，這種情況是可以避免

的。如果投資成功，並逐漸把蛋糕做大，就可以告別那種囊中羞澀的狀況。在投資的結果中，成功的機會至少有 50%；而不投資，其成功機會為 0。

收入不穩定的人也需要投資。收入不穩定是一種風險，有可能某一段日子收入中斷，生活瞬間沒有保障。一旦收入減少甚至中斷，到何時才能再有收入呢？因此，為保證自己能保持穩定的生活品質，就應該居安思危，及時做出投資和理財的安排。

### (5) 經濟不景氣，不如去消費

經濟不景氣的時候，政府往往會採取一些鼓勵消費、刺激需求的政策，如降低利率等。這些方法使我們當中的很多人走上「迷途」：「市場上的東西好便宜啊！」、「錢存在銀行裡沒用！乾脆去買東西、去消費！」應該說，目前持這種觀點的人不在少數。每個週末，你來到各大商場，肯定會看到不少「家庭集體購物者」，看到打折商品便是趨之若鶩，也不管會不會用到，先買回家再說。家庭支出的管理在一種看似有序的小智慧掩蓋下其實已經到了很不合理的境地，這倒也不能歸咎於個人。家庭消費，總有一個趨向合理的自然過程。需要所有人在觀念上的成熟與進步，包括最基本經濟常識的普及。這裡我們不妨借用一個經濟學基本概念：邊際效用（Marginal utility）。

成功的家庭理財不僅在於「增收」，還在於「節支」，即家庭支出的管理。運用經濟學中的「邊際效用」，可以幫助你管理好家庭支出。

我們消費商品是為了滿足某種需求，對於這種需求的滿足，經濟學家稱之為「效用」。效用總是和稀缺連繫在一起的。同樣一杯水，在沙漠中意味著生命，而在江河中卻微不足道。同樣 5,000 元，對某些「貧困者」來說，是一個月的生活費，而對於「老闆族」來說，恐怕不過是一頓飯錢。就消費而言，當達到一定量以後，人們對已有物品的消費越多，每增加一個單位，消費所能提供的效用（即滿足感）越少。這就是邊際效用的遞減原理。在日常家庭開支中，如果能有效運用「邊際效用」，將有助於我們理好財。

首先，支出有計劃。現實中不少家庭往往是該花的錢花；不該花的錢

也花；能少花的多花，結果造成支出浪費。家庭打算購買的大件商品和大筆開銷，應該提前計劃，什麼季節買最划算，買什麼標準的既經濟又實惠。這樣，有了一定的目標和計畫，便可以有目的性的到市場上了解行情，進行對比，讓有限的資金發揮最大的作用。

其次，有錢不買閑。從邊際效用中可以看出，閒置的消費不僅沒有實用價值，而且可能有副作用。有些家庭，孩子本無心學彈鋼琴，家長本身也不懂卻硬要購買一架，結果鋼琴成為一種昂貴的閒置，只能作為家庭中一個毫無意義的擺設。商品買回家不經常使用就意味著浪費，因此，不該衝動的因為流行和降價而買回目前不需要的商品，正所謂「有錢不買半年閑」。

再次，唯稀缺消費。潮流的變化和商品的升級換代總是讓人目不暇接。從錄影機到 VCD 再到 DVD，人們總是買了這個棄了那個，也不知浪費了多少錢。所以消費觀念應以稀缺消費為前提，立足在適用、耐用和實用上，而趕時髦既浪費了已擁有的，又增加了新的支出。

總而言之，要懂得享受金錢的喜悅，但比這更重要的是懂得積蓄金錢。

節儉和儲蓄對一個人累積財富來說十分重要，你一定得分出一部分的成果，將它們存起來以防萬一、以備不時之需。你知道嗎？每 100 個美國人中，只有 3 個人活到 60 歲時，生活仍然有保障。而大部分的人則覺得死亡是遙遠的，他們只在乎眼前，為了滿足一時的購買欲，無節制地使用信用卡，他們一生所賺的錢（一個全職的員工平均擁有超過 75 萬美元的總收入）大部分都花掉了。而當他們退休時，手邊積蓄已經不多了，只好省吃儉用，日子過得遠不如當年剛開始工作的時候。

一個善於籌劃的人絕對不願淪落到如此的地步，然而要如何避免呢？

### ・每個月的第一件事：先付錢給自己

把自己當成電信公司或水電公司，每個月付錢給自己。分撥出一定的金額，將它存入銀行帳戶，除非有任何緊急事故發生，否則絕不提用。每個月挪出一點存款，對於一般的上班族而言絲毫不成問題。

### ・在自己身上投資

不管是知識進修或是學習技能，試著在各方面提高自己 —— 如此一來，你才能趕上時代的趨勢，擁有多種能力來應付瞬息萬變的現代社會與市場需求。

### ・培養消費低或不消費的習慣

在公園裡散散步或在附近的人行道走一走：搭乘公車去免門票的動物園或畫廊；再不然和朋友聊聊天，和討人喜歡的小朋友一起到遊樂場玩耍，這都是不需要花什麼錢的。假如你熱愛運動，找個下午在前院踢足球，如果沒有足球，那就想像自己有一個！紙上談兵可能比真實球賽還有趣。

### ・不要助長貪婪之心

如果你發現自己愈來愈偏好某些「欲望」，就該立即斷絕刺激的來源。把圍繞在物欲的話題，轉向談論創意和新的想法。盡量避免為打發時間而到百貨公司或購物中心閒逛，並且少看電視廣告，減少不必要的購買欲望。如此一來，你會發現自己的心思已不在物質上打轉，而專注於美好持久的事物上，對人、理想與工作更加投入。

### ・具體列出退休時所需要的經濟來源

從這個月起，你該開始著手計劃。首先決定將來從什麼時候起你就不再靠每天的收入過活了。想一想如果要維持一定的生活環境需要哪些固定開銷；算一算從今天起每個月需要存多少錢，到了希望退休的那一年，才有足夠的存款。你或許能透過財務顧問來幫你完成個人計畫，但是一份計畫最重要的關鍵，便是執行是否徹底 —— 日復一日，年復一年，始終依計行事，不改初衷。

## 2・錯誤的心態

在美國政壇與商界都備受推崇的成功學大師 —— 拿破崙・希爾

（Napoleon Hill）曾受鋼鐵大王安德魯·卡內基（Andrew Carnegie）的邀請，著手調查並幫助全世界知名成功人士的思考模式與行為習慣，總結他們的成功規律。這份工作幾乎耗盡拿破崙·希爾一生的精力，最後他得到下列結論：「一切的成就，一切的財富，都始於一個意念」（All achievement, all earned riches, have their begin-ning in an idea.）。他後來寫了一本《思考致富》（*Think and Grow Rich*），他在書中提出了許多成功致富的觀念，被後人稱為「經濟哲學」。當他去世的時候，他的成功學已經傳遍美國，傳遍五大洲。不分國界、不分地域、不分種族、不分膚色、不分性別、不分年齡、不分學歷、不分貧富，人們都在爭讀他的書，都從他的書中汲取成功的力量與養分。他的思想讓無數人從一貧如洗變成萬貫家財，從窮困潦倒走向社會名流，甚至深刻影響了世界上的多位國家總統。

　　拿破崙·希爾的事蹟已經是幾十年前的事了，在之後科學家的研究都指出他的思想是正確的，也就是說，世界的財富其實都是從思想與想像中而來。擁有無數金錢的人與一般人並沒有什麼差別，唯一的不同只在於思考模式與投資方式上。

　　如果我們想改善我們的經濟狀況的話，我們就必須改變我們的想法。如果我們不改變考慮問題的方式，我們就永遠都不要奢望改變我們的經濟狀況。我們必須改變自己的內在思想。如果我們改變了有關經濟狀況的內在思想的話，外在的變化就一定會出現。所以，我們要選擇正確的、健康的金錢和財務思想。

　　有些人選擇了繼續生活在貧困中，但卻沒有意識到這一點，因為他們沒能意識到選擇的巨大力量。你會聽到他們說：「我很想要那件東西，但是我買不起。」這是實話，但如果你繼續這樣說，你便將伴著「我買不起」度過一生。你要選擇一種更積極的思想，比方說「我要努力得到它」。當你逐漸建立起了這種期望的想法，你就建立起了希望。永遠不要毀掉自己的希望。如果你將自己的希望毀掉的話，你就為自己製造了一種充滿困難和失意的生活。

你必須意識到，那些你想從生活中得到的東西在成為物質之前，首先是你自己大腦中的一些思想。我們的財務狀況首先是思想，然後才會變成一種現實。所以我們想改變財務狀況的話，必須首先改變我們的想法。如果我們選擇自己內在想法的話 —— 我外在狀況就一定會發生變化。這是一條法則。當你選擇「我買不起」—— 那你就永遠得不到它；當你選擇了「我是個快樂的窮光蛋」的想法的時候 —— 你就堵住了自己通往利益與價值的路。

錯誤的心態，較為普遍的有以下幾種：

## (1) 神經過度敏感

有許多年輕人，他們受過良好教育，也有正當職業，但只因神經過度敏感，無法忍受別人的一句批評或是一句勸告，所以竟無法發揮他們所有潛能。這種人常常會因為在辦公室或其他地方遇到一些微不足道的小事，彷彿神經就受了很大的刺激而感到悲痛欲絕。這種人隨時都在懷疑別人，對本不相關的行為做出種種對自己不利的聯想，因此，他們總是不快樂，而且工作效率也會降低。通常來說，神經過度敏感的人往往都具有良好的品格、遠大的抱負和淵博的學識，如果他們能克服神經過度敏感的毛病，必定可以成為傑出的事業家。

神經過度敏感是一種嚴重的缺陷，它往往會成為阻礙人們發展的一個可怕毒瘤。神經過度敏感還容易使人養成其他種種惡劣的習氣，比如妄自誇大、為人處世上的做作和態度不自然等等；神經過度敏感者還常常自己騙自己，常把遇到的一些瑣碎小事看得很重要，結果只是自尋苦惱而已。

一個有著神經過度敏感心理的人會覺得隨時都有人在注意他，彷彿別人所說的話、所做的舉動都與他有關。他誤以為每個人都在談論他、監視他或恥笑他 —— 包括他的一切言談舉止和所有習慣。但事實是：他總在注意別人，而別人並未注意過他。

神經過度敏感不但是愉快生活和健康身體的敵人，也是自尊心的敵人。凡是明智者都應該革除這個毛病，不要神經過度敏感，要保持身心健康，頭

腦清晰，要努力塑造自己的人格和自信心。醫治神經過度敏感有一個好的方法，那就是多與人交往。當與人交往時，你要少注意自己內心那些細枝末節的感受，而要尊重交往者的才幹學識。如果你這樣做，那麼你一定能醫治好神經過度敏感這一心理疾病。

要想解除這種病症，首先要有自信心，要堅信自己是一個誠實能幹、肯守信用的人，這種自信心一旦成為習慣後，就能輕易把心理怯懦、隨時猜疑的毛病清除掉。美國有個大主教從前也得過神經過度敏感和怯懦的毛病，當時他每天都感到有人在注意他，在對他品頭論足，因而感到苦惱。但後來他突然醒悟，就下定決心不再去考慮別人對他有什麼評論或別人如何想，不久他那神經過度敏感的毛病果然痊癒了。

### (2) 精神萎靡不振

世間有一種最難治也是最普遍的毛病就是「萎靡不振」，「萎靡不振」往往使人陷於絕望的境地。一個年輕人如果萎靡不振，那麼他的行動必然緩慢，臉上必定毫無生氣，做起事來也會弄得一塌糊塗。他的身體看上去就像沒有骨頭一樣，渾身軟弱無力，彷彿一碰就倒，整個人看起來總是糊裡糊塗、呆頭呆腦或無精打采。年輕人一定要注意，千萬不要與那些頹廢不堪、沒有志氣的人來往。一個人一旦有了這種壞習氣，即使後來幡然悔悟，他的生活和事業也必然要受到很大的打擊和損失。

遲疑不決和優柔寡斷無論對成功還是對人格修養都有很大的傷害。優柔寡斷的人一遇到問題往往東猜西想，左右思量，不到逼上梁山之時絕不做出決定。久而久之，他就養成了遇事無法當機立斷的習慣，他也不再相信自己。由於這一習慣，他原本所具有的各種能力也會跟著退化。

一個萎靡不振、沒有主見的人，一遇到事情就習慣性地「先放在一邊」，說起話來也是吞吞吐吐、毫無力量。更為可悲的是，他不大相信自己有能力做好。反之，那些意志堅強的人習慣「說做就做」，凡事都有自己的主見，並且有很強的自信心，能堅持自己的想法和信仰。如果你遇見這種人，一定會

感受到他精力的充沛、處事的果斷和為人的勇敢。這種人認為自己是對的，就大聲地說出來；遇到確信應該做的事，就盡力去做。

有一部作品，描寫了一個凡事都優柔寡斷和遲疑不決的人。他從小時候就說，要把附近一棵擋路的樹砍掉，但卻一直沒有真正動手去砍。隨著時間的推移，那株樹也漸漸長大，等他兩鬢斑白時，那株大樹依然擋在那路中間。最後，那老人還是說：「我已經老了，應該去找一把斧頭來了。」此外，還有一個藝術家，他早就對朋友們說，準備畫一幅聖母瑪利亞的像。但他一直沒有動手，他整天在腦子裡設計畫的構圖和配色，一會兒說這樣不好，一會兒說那樣也不好。為了構思這幅畫，其他任何事情他都做不成，但是直到他去世，這張他整日構思但一直沒有動筆的「名畫」還是沒有問世。

對於世界上的任何事業來說，不肯專心、沒有決心和不願吃苦，就絕不會有成功的希望。獲得財富的唯一道路就是下定決心和全力以赴地去做。

遇到事情猶豫不決、優柔寡斷，見人無精打采的人，無法給人留下好的印象，也就無法獲得別人的信任和幫助。只有那些精神振奮、踏實勤奮、意志堅決和富有魄力的人，才能在他人心目中樹立起信譽。無法獲得他人信任的人是無法取得成功的。

對於手頭的任何工作，我們都應該集中全部精神和所有力量，即使是寫信、打雜等微不足道的小事，也應集中精力去做。與此同時，一旦做出決策，就要立刻行動；否則，一旦養成拖延的不良習慣，人的一生大概也不會有太大希望了。世界上有很多人都埋怨自己的命不好，別人為什麼輕易成功，而自己卻一點成就都沒有呢？其實，他們不知道，失敗的原因就是他們自己。比如他們不肯在工作上集中全部心思和智力，做起事來無精打采、萎靡不振；比如他們沒有遠大的抱負，在事業發展過程中也沒有排除障礙的決心。

我們在城市的街頭巷尾，經常可以看到一些到處漂泊、沒有固定住處甚至吃了上頓沒下頓的人，他們都是生存競爭賽場上的失敗者，敗在那些有

魄力、有決心的人手下。主要原因就是他們沒有堅定的意念，提不起振奮的精神，所以，他們的前途必然是一片慘澹，這又使他們失去了再度奮鬥的勇氣。如今，彷彿他們唯一的出路就是四處流浪。

年輕人最易染上最可怕的疾病就是沒有明確的目標和沒有自己的見地，正是因為這一點，他們的境況常常越來越差，甚至到了不可收拾的地步。他們苟安於平庸、無聊、枯燥和乏味的生活，得過且過的想法支配著他們的頭腦。他們從來沒想到要振奮精神，拿出勇氣，奮力向前，結果淪落到自暴自棄的境地。之所以如此，都是因為他們缺乏遠大的目標和正確的思想。隨後，自暴自棄的態度竟然成為了他們的習慣。他們從此不再有計畫、不再有目標、不再有希望，如果你想勸他們重新做人，實在是一件萬難的事。對一個剛從學校跨入社會、熱血沸騰和雄心勃勃的年輕人指出一條正確的道路，是一件比較容易的事，但要想改變一個屢次失敗、意志消沉和精神頹廢者的命運，似乎是難上加難。對這些人來說，彷彿所有的力量都已消失殆盡，所有的希望都已全部死亡，他們的身體看上去也如同行屍走肉一般，再也沒有重新振作的精神和力量了。

其實，世界上不少失敗者的一生都沒有大的過錯，但由於本身弱點太多，懦弱而無能，結果做事情容易半途而廢，一遇挫折便不求上進。沒有堅強的意志，沒有持久的忍耐力，更沒有敢做敢為的決斷力，使他們陷於失敗的境地。這些可憐的人啊！其實，如果他們能徹底反省，再尋得一個切實的目標，立下決心，並能持之以恆，他們的前途仍是大有希望的。

## (3) 壞習慣

良好的氣質、儒雅的風度會對年輕人的未來產生非常有利的影響。一個有良好風度的年輕人，誰不願意與他往來呢？而一個脾氣古怪、態度惡劣的年輕人，誰又會願意與他交往呢？我們生活在世界上，所嚮往的是快樂和舒適，而不是冷酷與煩惱。

所以，一個有怪習氣的人就是本領再大，也不會有多少發展的空間。一

個學識淵博、才華過人的人常常感到奇怪：為什麼自己爭取不到好的位置？其實他們不明白，自己的態度才是成功道路上的最大阻力。

沒有一個老闆會喜歡行為粗野或無精打采的員工，他們喜歡的是生氣勃勃、做事敏捷和令人愉悅的人。而那些浮躁不安、吹毛求疵、為人刻薄和惹是生非的人永遠無法成為受歡迎的人物。

不易引起人們注意的瑣碎小事，往往比人人關注的大事更易影響業務的拓展和事業的發展。對事業成功危害最大的莫過於不謙虛。缺乏謙恭的品格和為人狂妄自大的人不但在經營上易於失敗，而且還將因為這些不良的習性而失去生活上的樂趣。每一個人都應該改掉足以妨害事業成功的種種不良習慣，比如舉止慌亂、煩躁不安、行走無力和言語刻薄等等，因為這些小習慣都會成為造成失敗的原因。

你最好能把所有對創富不利的小習慣記錄下來，然後對照自己看犯了哪些錯，並研究出如何改變這些習慣。如能這樣做，你將來一定能取得奇蹟般的收穫。很多人在無意中養成了不肯謙恭、自傲自大的習慣，結果阻礙了他們的成功。所以，凡是渴望成功的人，都應該對自己平時的習慣做深刻的檢查，把那些會妨害成功的劣習一一列舉出來。如果你發現自己確有某些不良的做法，就要勇於承認，不要用藉口來搪塞過去，要將這些不良習慣逐一改正過來。若能持之以恆，必然會有大的收穫。

## 3·加油時別踩煞車

你的思想中不能有矛盾的價值觀。比如說你想擁有金錢，但你同時又認為「金錢是罪惡的」，因為我們從小經常在社會中接受到這種教育。這樣你的思想就做了兩個矛盾的選擇，當你擁有這種矛盾的價值觀時，你的思想就無法引導你去做出正確的行動、去追求你所要的東西。這就如你開車時同時踩上油門和煞車，加油是你的意識下的指令，目的是為了前進，而無意識的煞車卻讓車沒法前進。你想擁有金錢的想法就是在為你追求財富的車子加油，

它屬於你的意識層面；而「金錢是罪惡的」這種想法卻是讓你追求財富的車子煞車，這屬於根植於你深層意識層面的價值觀。有人認為潛意識力量的影響力是意識力量的 3 萬倍以上，所以你的車子非但開不動，還會熄火甚至零件壞掉；也就是說你非但賺不到錢，每天還會很痛苦，甚至身體及精神鬧出毛病來。

所以說你必須要有正確的金錢觀念。「貧窮是罪惡的根源」這種思想注定使人富有，事實上金錢本身是中性的，並非是罪惡的，只有貪婪、不擇手段的追求金錢財富後縱慾才是真正的罪惡。相反，貧窮卻可能更多地衍生無數的罪惡發生。

## 4・跟著興趣走

在選擇職業走向時，不是「跟著感覺走」，而是要「跟著興趣、愛好走」，這對於發掘才能是非常重要的。只有把興趣和才能緊密結合起來，才可能使你步上成功的快車道。現代科學之父伽利略（Galileo Galilei），他父親是一個有名卻很窮困的數學家。父親不想讓伽利略學數學這行，而希望他學醫。當時義大利正是文藝復興時期，他上大學以後曾被教授和同學奉譽為「天才畫家」，他也很得意。父親要他學醫，他卻表現出美術的天分。他讀書的地方是一個工業區，當時的工業界巨頭希望在當地大學多培養些科技人才，鼓勵學生研究幾何。有一天，他好奇地聽了一堂數學課，激起了他極大的愛好與興趣，因此，伽利略開始改學數學。由於濃厚的興趣與天分，他創造了新的天文學說和新的物理學說，終於成為一代科學大師。

像伽利略這樣能將興趣、期望和理想相結合的人，古今中外成功的例子很多。

在學校被人恥笑為「傻瓜」、「低能兒」而被勒令退學的愛迪生（Thomas Alva Edison），在發明王國裡卻顯示了傑出的才能。在課堂上「智力平平」的達爾文（Charles Darwin），在大自然的懷抱裡則顯得異常聰明和敏銳，成為

演化論的創始人。這些正是興趣使他們由「愚鈍」變得聰明了。

據研究，如果對某件事情感興趣，就能發揮全部才能的 80%～ 90%，並且長時間保持高效率不感到疲勞，而對工作沒有興趣的人，只能發揮全部才能的 20%～ 30%，也很容易疲勞。

我們前面提到的大多是名人和他們的職業，而在實際生活中名人總是少數，神奇的、富有魅力的、令人羨慕的工作和職業，也不是大多數人都能從事的。

其實，這些都無關緊要，在你選擇職業時，先不要管工作多麼平凡、多麼普通和枯燥，只要你喜歡，那麼工作對你來說就不是負擔，你就有可能在平凡的工作中，同樣可以做出出色的成績，獲取豐厚的回報。

美國有一位殺蟲劑銷售員，由於對職業感興趣，他開始詳細研究這種藥粉到底能殺死哪幾種蟲子。不久，他便對昆蟲學很有研究了，於是又開始收集昆蟲的標本。他將這些標本盛在小瓶子裡，每次遇到了客戶，他就會拿出來給他們看，說明他的藥粉所能除去的害蟲及這種害蟲的危害。其他銷售員根本無法與他競爭，他因此而業績輝煌、收入不菲。

又如有一個賣鎖的，他對鎖的進化史非常感興趣。在他的箱子裡，共有三把粗重而不精巧的明清古鎖。顧客們聽了他的關於每一把鎖的奇怪歷史，還常常為之神往呢！

## 5．畫好你賺錢的藍圖

畫一幅賺錢的藍圖很重要，只是在畫你賺錢藍圖之前，你應問問自己，你到底想要多少錢？很多事情無法用數字衡量，但財富卻可以量化，可以清楚衡量你到底擁有多少。無疑，錢的價值常常在變，但你可以按照情況調整實際的數目。無論追求任何目標，你都要訂得明確清楚，要非常具體，你要問自己想要多少錢，明確地量化起來，作為指標，那才會產生動力，讓你去採取行動獲得它。

不要心氣太高，也不要過分自卑，這個金額應要符合你的需求和欲望。你如果聽說蓋茲擁有上千億美元的身家，你現在身無分文，卻要想擁有 3,000 億美元，那是一個不切實際的幻想。實際一點，但眼光可以放得遠一些，就你目前情況，再加上想像力和欲望，才能訂出一個切合實際的目標。

當然，也不是說你不可以訂出一個賺 3,000 億美元的目標，沒有人可以限制你的能力，誰敢說你不是 20 年後的「亞洲蓋茲」？但你的目標一定是要你相信能夠實現的。

假定你目前年薪 30 萬元，現在你訂立目標，要擁有 1,000 萬元的積蓄，這樣，財富的目標就很具體了。「1,000 萬」，把這個數目寫下來，最好用一張精美的紙印下來，收藏在日記本內或是裝在畫框上，經常對著這個數目，讓你有獲得這個數目的念頭，融入你的潛意識，讓你百分之百相信，你可以獲得這樣一筆財富。

這並不是無知的自我催眠，而是令自己的潛意識醞釀力量，使目標並不單純是夢想，而是一個有行動支援的目標，把財富的數目寫下來，深深印在心上，你的思想就會動起來，為獲得這筆錢開始動腦筋，發揮無限創意，展現無窮的想像力。

當思想的力度足夠時，你就開始會問：「你憑什麼去獲得這 1,000 萬元？」如果你還留在目前的職位上，你做一生一世也賺不到 1,000 萬，所以，你要能夠運用想像力，首先去盤點一下自己的條件，你的條件也就是獲得這 1,000 萬元的條件，你要做些什麼才能達到這個目的？

你可能考慮需要換工作或者自立門戶，如果條件還不充分，你要去進修，去學習，增加自己的條件。這只是一般的想法，但當你處身於其中，當你真的已經有想賺取 1,000 萬的強烈欲望時，那麼，在你腦中的思想空間就更加廣闊，甚至遠遠超過其他人能想像的。有些新的意念，可能你以前根本沒有想過，但當你要賺這 1,000 萬時，它就會爆發出來，這都是那 1,000 萬目標的力量。

計畫不能空是計畫，還需要訂好一個完成日期，一定要在這個日期之前完成，賺到那 1,000 萬，這樣才會有動力。

你要留給自己足夠的時間去做，你不能說，明天我就要擁有這 200 萬。有些工作是辦得到的，但並不是全部工作都可以，例如，你以幾億元去炒外匯，確有機會一夜之間賺 200 萬（那還要看看時勢），但做演員要一夜賺 200 萬，卻是異想天開。所以，不單金額要能令自己信服，時間長短亦要讓自己信服，才能見效，自己都不相信，就不可能產生推動作用。

財富可以量化，你要多少，就決定要賺多。另外，在你賺錢的藍圖中，有幾個問題值得你注意，以下將分而述之。

## (1) 目標要明確

要實現人生目標，首先一定要有清楚明確的目標。人生就好像是攜帶著一張地圖，地圖顯示天大地大，但你的身心只有一副，你若處處都想去，你就哪裡都去不了，原地踏步。你的時間有限，只有短短的數十年，因此，你要在早年便訂好明確清楚的目標，在地圖上標出一個地點，那就是你想去的地方。

在這個地圖上，你要知道自己往何處去，不單要知道自己往何處去，而且要有往該處去的衝動，一種強烈的欲望。

如果僅是想一想，是無法形成欲望的。欲望是一股很強很強的衝動，你要順著這股衝動去做才會覺得安心，否則就很困擾甚至煩惱。

讓我們來看看下面這個小故事：

有一天，在你下樓上班的電梯裡，遇見了一位使你眼睛發亮的漂亮女孩。你被她深深地吸引了，怦然心動，一剎那間，你很想和她相識結交，但如果你現在就採取行動，主動跟她說話或是遞上名片似乎都顯得操之過急。

所以你沒有做聲，只是偷偷望她，只看一眼也覺得高興。走出電梯後，你故意放慢腳步，讓她走在前面，你跟在她的身後，看著她走路時的樣子，

好像舉手投足間都充滿了美感。你一路跟著她⋯⋯

這一天，遲到的你無法專心工作，她的倩影在你腦海中揮之不去。好不容易等到下班了，你又急忙趕到車站，公司那些同事原本叫你去喝啤酒，平時你一定應承，現在卻立即推掉，希望可以及時見到那個令自己神魂顛倒的美人。

但等了兩個小時，都沒有見到她的蹤影，你心情非常失落。

「大概她沒有在下班後立即搭車回家。」你想。然後，原本神采奕奕的步伐，現在卻變得有氣無力。回到住家樓下，你無精打采地找張椅子坐下來，看著一個個下班的人。天已經黑了，你懷著最後的希望，期待心上人在這時候出現。

她的倩影一直纏繞著你，令你有點困擾。坐了半個小時之後，你眼前突然一亮，因為你等了很久的美人終於出現了。

這一夜，你睡得很不安寧，只想著那個令你魂牽夢縈的女孩。她的相貌、體態、神情都令你印象深刻。第二天下班時，你又依照昨天的方式去等她。結果，這幾天，你所有的公餘時間都在等候佳人。

終於有一天，你鼓起勇氣說：「嗨，真巧啊！」她聽了便忍不住笑出來。

就這樣，你們認識了，但還沒有深交。這令你天天都開開心心上班，也快快樂樂下班。真巧真巧真巧啊！她當然不會天真地以為真有那麼多碰巧，你如果沒有等她的意圖，就不可能早也真巧，晚也真巧，你是付出很多時間去等她，她絕對清楚。

你已經不滿足於只是早晚和夢中情人談談一兩句話而已，於是你的腦筋便開始轉動，要想一些理由去和她有進一步的溝通、多一些的交往。你努力尋找所有娛樂活動的資訊，看看有哪些可以作為話題，引起她的興趣。你已經不滿足於只說「早安」和「再見」。

因此，你找了一個早晨又「真巧」地和她相遇，然後，你和她開始交談，並有意無意地探問她喜歡什麼活動、有什麼嗜好，但又怕問得太過明

顯。無疑，既然是一個女孩子，她也會很敏銳地察覺到你的意圖，她談了一些她的喜好。你們這次談得很投機，比以前聊得更深入。

你知道她喜歡舞蹈，於是，找到拉丁舞表演的活動，買了兩張票。然後又選了一個早上，告訴她你的朋友買了兩張門票，但卻臨時沒有時間，所以送給了你，問她有沒有時間一起去看。這是最老土、最沒有創意的藉口，但她並沒有當面拆穿，反而開心的接受了。

就這樣，你們有了第一次約會。之後，你更加關心她。交往越深，她帶給你的喜悅就越大，她在你的生命中逐漸占據最重要的位置。

於是，你更加努力工作。你努力賺錢的主要動力就是要存錢，準備將來和她結婚、組成家庭，也要讓她覺得你有上進心，使她相信你能依靠。你重視她的每一方面，留意她的開心與憂愁，要分擔她的煩惱，分享她的喜悅。

為了她，你的思想、生活和工作，都發生了重大的改變，為了將來，你原本晚上只是渾渾噩噩度過，現在卻去進修。她鼓勵你去讀書，考取證照，你真的行動了。在其他剩餘的時間都是和她在一起，她將介紹你給她的朋友，你也把她帶回家見自己的家人，又在同事的社交活動中帶她出席，因她而感到自豪。

你以和她結婚為目標，想要和她組成家庭，想要下半生相廝守。

這是一個愛情故事，如果你的賺錢目標就像去追求令你心動的女孩一樣，你的頭腦就會自然地運作，令自己去計劃、去思考、去發揮和創造；去努力、去付出代價卻非勉強自己，而是心甘情願。如果你沒有一個明確、特定的對象，你就不會有這些恆心和毅力，你不會天天去等她上班、下班，更不會為了她而改變。

所以，單單是目標明確，已經具有很強的動力，令你採取行動，你的生命自然會發生變化。若沒有明確的目標，一切努力都可能白費，因為沒有準繩衡量自己行為的對錯，也無法判斷成績，而且缺乏動力。

### (2) 訂立計畫

有了明確的賺錢目標之後，跟著就要訂立行動的計畫。

你如果想前往濟州島，濟州島就是你的目標，但前去濟州島，到底要使用什麼方法，依什麼路線走，那就要進一步研究。如果選擇搭飛機去濟州島，不同航空公司可能有不同的路線，收費亦各有不同，就算是同一班飛機內，也有經濟艙和商務艙之分。所以你要根據自己的情況去計畫。

另外，你還要決定哪一天出發、和誰一起去、計劃要花多少天進行這段旅程、預算開支多少等。謹慎一些的，事前會購買旅遊保險，以防萬一。在離家的時候，如果家中沒有人，可能會引賊人室，所以要找鄰里關照一下，代收送來的報紙、雜誌，並代取信箱的信件等。

出門旅行也要做好計畫，更何況是訂立賺錢目標，為達到這個目標，更要訂好周詳的計畫。有了計畫才能知道自己怎樣做，有計劃的目標才是真正的目標，沒有計劃的目標只是一個期望而已。目標是一個向前邁進的指標，期望只是空談，依然故我。

你的賺錢目標是什麼？訂好目標之後，就要問自己：「我該如何達成目標？」這是一個技術性問題，是要有具體執行的步驟、要顧及一些細節。一個好的計畫必然不能脫離現實，一定要有實用性和可行性，持有這個計畫的人，才可以按照計畫一步一步地做，才能愈來愈接近他們的目標。

可行性是計劃的重點。所以，政府推行某些重要的工程或措施時，會聘請顧問公司進行研究，並提交可行性研究的報告。目標可能很理想，但卻未必辦得到、行得通。例如，目前地球的塑膠垃圾汙染嚴重，不知道如何處理，你可以建議把塑膠垃圾全部送出太空。這個目標很好，但是否可行、成本要多少、一架太空船可以運多少塑膠垃圾、每天要運多少次、每次運送又要多少事前預備……算一算，就知道這絕對不可行。

所以，賺錢計畫必然要有高度可行性，而計畫和目標之間又能掛鉤，那才能確保在適當的時間內達到目標。

現在，準備好一張紙和一支筆，問自己一個簡單的問題。然後在紙上寫下最先出現在你腦海中的答案。

問題：你想要多少錢？

答案：＿＿＿

如果猜得沒錯，答案紙上還是一片空白。這個問題很簡單，只有六個字，每個人都明白它的意思。當你看到這個問題的時候，思維有了什麼樣的變化？為何答不出適合的數字？

混沌不清是許多人的通病，大多數人不清楚自己究竟想要多少錢，對自己的財富沒有明確的數字概念，這正是大多數人無法致富的原因。

當然，大多數人對貧窮不滿。這種模糊籠統的不滿，並不清楚自己想要多少錢。

一位哲學家說過：「混沌的思想導致混沌的人生。」這可不是每個人希望的生活，你必須馬上結束渾渾噩噩的日子。所以，你想實現願望，就必須先明白自己的賺錢欲望是什麼，然後你就不會再嘆氣、不會再哭窮。

或許，你希望自己身在豪華別墅，希望從事的工作既體面又高薪，希望擁有比目前更多的金錢。這些希望模糊而籠統，無法形成明確的思維。

如果一個精靈突然出現在你的面前，對你說：「把你想買的東西列成一張表，讓它們一一實現。」你知道如何完成這張願望表嗎？

「我很希望得到某種東西，但是我沒有錢！」你是否也有過這種感覺？如果答案是肯定的，你一點也不寂寞，世界上有上百萬人與你有相同的感覺。

如果你明確知道自己欲望的內容，下面將告訴你如何得到它。你必須明白一點，潛意識不接受含混籠統的思維，你的欲望必須簡單明確。

夢想也必須明確。不可以說「賺很多錢」，而是「月收入十萬」；不可以說「找個好工作」，而是「擔任總經理」；不可以說「歡樂假期」，而是「歐洲一月遊」；不可以說「一輛好車」，而是「一輛全新款名牌跑車」。

下面就列出你明確的夢想：

1. 一幢價值（　　　　）萬元的別墅；

2. （　　　　）款式的跑車；

3. （　　　　）萬元的音響設備；

4. 年收入（　　　　）萬元；

5. 獲取（　　　　）獎勵。

以上這些夢想，不論是否能實現、不論是否合理，都要以幽默的態度去對待它。

要設計和實施願望時，不要自我設限。許多人一生小心謹慎，遇事退縮不前，終至一事無成。要實現願望必須要有足夠的勇氣，而不是謹慎。切記，莫讓消極心態湧現在你的心頭。假設你心目中實際希望年薪有 50 萬元，然而，幾分鐘前，你想還是謙虛點好，於是，只寫下年薪 30 萬元。現在，請馬上更正，寫下你心中真正想要的數字 —— 年收入 50 萬元。或許這個願望難以實現，但你卻必須拋棄自我設限的包袱。記住，人因夢想而偉大。

### （3）達到目標的步驟

以下所談的就是證明有效的成功的方法，它借著 12 個步驟來設定目標，並且達到目標。

· **第一個步驟**：培養熱切的欲望。你賺錢的欲望越高，你就越想要賺錢，你成功的可能性就越高，熱切的欲望是促使你往前走、克服一切困難以及失敗和阻力的主要動力，這個欲望應該是個人的欲望，每當我們談到設定目標，不管這個目標是什麼，這個目標必須是你的目標，是能夠激勵你自己，而不是別人要求你變成什麼樣子，你必須對自己完全誠實，問你自己想要的是什麼，完全自私地設定自己的目標。

· **第二個步驟**：建立你的信念。你的外在世界其實就是你內在世界的一種反射，而你內在世界是由你的信念、你所相信的事情所構成的。另

一個是信仰，這是指在你內心上的信仰，你最有信心的是什麼。還有一個是堅信，你必須認定你可以完成你的目標，你必須是毫無保留的，相信你可能得到它。因此，你最好由設定一個小目標開始，去完成這個目標，再設定一個大一點的目標來完成它。並且，以此類推，如此，你可以相信，你是可以達到你所設定的目標的。

· **第三個步驟**：寫下來，也就是用白紙黑字將目標寫下來。唯有將目標寫下來，你才能將目標詳細的內容規劃出來，同時當你把目標寫下來的時候，你就把這個目標具體地呈現在自己面前，這個時候，你的潛意識就會突然地覺醒說：「這回是認真的！」你就無法逃避自己對目標的承諾，因為你要追求成功。實在沒有什麼選擇的餘地。所以你必須要將目標寫下來，並明確具體地呈現在你面前，百分之百地承諾自己會達到目標。

· **第四個步驟**：問自己一個問題，你為什麼要這麼做？這個問題可以回答兩件事。第一就是這個問題使你確定這是你自己的目標，而不是別人的。第二，這個問題會增強你達到目標的欲望就會越強，你就越能夠達到這個目標。

· **第五個步驟**：分析你現在的位置，分析你的起始點。這一點是非常重要的。因為唯有知道自己從何處開始，你才知道下一步應該如何走。所謂分析你的起始點是指：找出自己的長處、分析個人最強和最弱的地方分別是什麼、規劃出你最需要學習的是什麼。大部分的人在設定目標的時候，常常會犯下一個常見的錯誤，他們很快著手於設定自己的目標，但是卻沒有先仔細地檢查一下，它們是不是有一個良好的基礎在支撐著。

· **第六個步驟**：設定一個期限。一個沒有期限的目標不能算作是一個目標。假如你設定了一個一年的目標，你就應該再分別設定十二個月的目標，四個每季度的目標，兩個半年的目標。同時設定一個獎勵自己

的辦法，以增強你的欲望，激起你熱切的心願。

- **第七個步驟**：確認你要克服的障礙。其實障礙就是成功，成功的意識就是障礙，沒有一件成功不是由障礙攔阻所成就的，在你往自己的目標前進的時候，你所遇見的每一障礙，都是在幫助你達到目標。所以要先確認你的障礙，將它們列出來，並寫下來；其次，對你面前的障礙，設定重要性優先順序，找出哪一事影響最大，發現在通往成功路途中的大石塊，然後要全神貫注地解決它們。

- **第八個步驟**：確認你所需要的知識。我們居住在一個以知識為基礎的社會當中，不管你設定了什麼目標，你想要完成它，你必定需要有更多的知識來達成它。你需要自我成長，需要不斷的閱讀、學習，吸收新的資訊來達成你的目標。首先要確認，你需要什麼樣的知識；其次，為你的知識設定優先順序。另外要借著詢問來達到你的成功，詢問他人是你生活中成功的關鍵。

- **第九個步驟**：問自己並且確認誰是你的客戶。你我都有客戶，我們都是在追求客戶滿足感的事業當中，而凡是為了要協助你達到目標的人，都是你要滿足的客戶。因為補償定律（或稱為播種收割定律）告訴我們你所獲得的常常是多於你所付出的。所以，如果你認真播種，你的收成會比你播種的多出許多。另外，服務定律是說：不管你的客戶是誰，你的回收永遠相等於你所提供的服務。所以，假如你要提高你的回收，你必須要提高你提供服務的價值。還有回收定律，只要你在提供服務上多下功夫，你的回收一定會增加。以及倍增補償定律，它是說：永遠做多於你所該做的，永遠多走一里路。

- **第十個步驟**：制定一個計畫，並且不斷的更新這個計畫。所有的成功人士都是一個成功的計劃者。計畫就是建立各種活動的一覽表，再將這個活動一覽表，按照重要性的優先順序，跟時間先後重新的排列一次，什麼是你首先應該做的，其次做什麼，什麼是最重要的，什麼是

次要的。而後，你採取行動，依照你的計畫行動，再不斷地更新你的計畫。

- **第十一個步驟**：視覺化。視覺化比前面十項加起來都還要重要。視覺化是將你所期待的目標，建立一個清楚的心中景象，並且想像它的結果，印出你的心中景象，由你已經達到目標的模樣來看自己。在你心中的銀幕上，不斷地放映出這個你認為已經達成的景象，一直等到你覺得已經非常清楚地知道這個模樣，盡你一切可能建立這個心底景象。而後，不停地想到這個景象，不斷地想像你的目標已經被實現的畫面。不斷的重複，一直等到這個景象深深地印在你潛意識當中。

- **第十二個步驟**：你堅定的決心支持著你的計畫。你成功的關鍵在於你比其他人堅持更久的能力。當你周圍每件事情都是支離破碎，你也想逃避的時候，堅定持久的態度是你唯一的選擇。堅持的態度是決定你成功必備的特質，或者可以這麼說，你堅持的態度是衡量你相信自己程度的指標。在每一次逆境中堅持你的態度時，你相信自己的程度就會升高，一直到你毫無攔阻地往前直衝，走向成功的彼岸。

# 第二章
# 向善於創造財富的人學習

賺錢有捷徑嗎？沒有。

但向有錢人學習，不失為一個行之有效的好方法。天上不會掉下餡餅，有錢絕對不是偶然的。透過學習有錢人的一些共同特性，有助於我們迅速改變自己和提升自己，以便早日加入有錢人的行列。

# 一、對金錢敏銳的嗅覺

在經濟迅速發展的社會，人們由於工作忙碌，對於身邊事物的感受逐漸變得遲鈍了。

但是，對金錢敏銳的嗅覺並不是天生就有的，如何使自己做到這一點呢？這就需要不斷地鍛鍊與培養，在實踐中日積月累，為此，就要從以下幾方面做起。

## 1·多接觸社會

利用閒暇，犧牲一點私人娛樂，到街上逛逛，看看時下市民普遍喜愛什麼、熱衷什麼活動。多與社會接觸，隨時改變自身的素養，參考社會需求，便能了解到更多的真實情況。

例如，某牌子的洗衣精滯銷，廠家首先會想到價錢是否高於其他牌子？或者其他牌子是否贈送禮物？如果不親自走到店鋪察看或指派精明的下屬調查，就不會發現原來自己的產品被賣場安排放在最高的架子上，使中等身高的家庭主婦無法輕易取下，於是很多人乾脆買其他差不多牌子的產品。不親自去看看，任憑廠商花多少錢和時間，問題也無法真正解決。

事實上，許多產品滯銷的因素不是出自產品本身的問題，而是由於被人忽略的原因。

甚至有時其滯銷因素原本非常簡單，或許只是因為本身送貨經常延誤客戶的訂購單所致。

## 2·常逛超市

最吸引顧客的銷售場所是超市，在超市可以免除對售貨員的依賴。產品如能打入超級市場，等於有了一個良好的試驗機會。

## 3・常逛書店

書店藏有古今中外的書籍，刻畫人類文明過去和未來；每一時期均有暢銷的書籍，人們將思想傾向表現在書籍上。愛情小說暢銷，表示人們的感情豐富，傾慕浪漫的事物。書中所寫的事物，如主角贈予戀人的禮物、一句甜言蜜語和旅遊的景點，均是值得商人動腦筋的地方。生產書中人物喜愛的禮品，將美麗的文字印在書籤上，可吸引不少年輕顧客。

大型的書店如同一座圖書館。經常逛書店，了解什麼書最暢銷、什麼書最滯銷和什麼書打折後也乏人問津，便能得知目前的社會風氣如何。

切記別太沉迷某類書籍，以免焦點偏失，要縱觀所有時下的刊物，從客觀的角度欣賞，借助於書店店員，詢問目前什麼書最暢銷。

久而久之，你的思考能力自然會得到提升，商業意識也會更加敏銳。

## 4・多看報章雜誌

每天，不少報紙刊有經濟行情，且圖文並茂地解釋股市的漲跌原因、現狀和前景。最重要的是從中可以探求其他公司的股票或社會狀況是否會影響股市行情，從而做出預測和預防。

在報紙中可以得知投資者對哪方面最具信心，從中亦可受到啟發。例如房地產股上升，樓宇越蓋越多，必定需要更多的建築材料，裝修工人也就更搶手；一切與該股票性質有關聯的物資都將有更大的發展。

相反的，例如某傳播媒介的股票稍跌，足以影響其廣告客戶，所謂牽一髮而動全身，因此不可掉以輕心。

當然，看報不能成為取得社會資訊的唯一方法，但卻是不可缺少的途徑。而且最好看兩份以上，太依賴某些固定的資料是件危險的事。

暢銷刊物能敏感地反映出社會的變化，因為雜誌可引導各種流行的風氣。某種類型雜誌的暢銷，象徵某種產品受歡迎。例如某卡通動畫受孩子歡

迎，連帶根據角色人物製成的玩具也會受注意。而武俠漫畫的暢銷，連帶武俠小說的讀者亦漸漸增多起來。

再如婦女雜誌出了一本又一本，其中所介紹的服裝便會引領時尚潮流。

相反的，某些市場的起伏也能帶領雜誌的流行，如房地產市場旺盛，介紹室內設計的雜誌也暢銷起來；房地產沒落，消費者也就不需要參考那類雜誌。

可以說，報紙與雜誌是掌握消費動態最好的媒介之一。

另外，上網也是了解資訊的一個非常重要的管道，強大的搜尋引擎可以讓你對一個全新事物有全面的了解。

## 5‧廣交朋友

在今天這個資訊爆炸的時代，過分依賴於文字資料會造成盲目接受資訊的情況，也往往產生對事物先入為主的觀念，使得結果與事實有一定差距。文字資料包括書本、雜誌、傳單和工作報告等，如未經進一步研究，盲目跟從是愚昧的行為。

所以增加資訊的來源，除了透過大眾傳媒外，還要廣交消息靈通的朋友，他們接觸層面較廣，是能提供最新的商業資訊的人。

與此同時，你還應發揮自己的聰明才智，增強自己大腦的思考能力。

以下幾種方法值得借鑒：

‧ 平日多走動，留意周圍發生的事，動腦解決別人的難題。但不必讓當事人知道，將問題設身處地想想便可。

‧ 與身邊的親朋好友經常討論問題。不同的人有不同思想，集中大家的思維，找出一個可遵循的正確方向。

‧ 隨時調整適應事物的「頻率」。遇事不需大驚小怪，將自己的見聞增廣，學會接受和理解前所未聞的事物。

‧ 不斷認識不同階層的人。他們的意見和批評，也就等於消費者的意見，可使你清楚商品的優劣，不致使自己的商品落後於消費的需求。

‧ 學會應酬，一個怕應酬的人無法成為成功的企業家。

不要小看每個活躍在商場的人，他們在商場逗留得愈久，就愈有價值，無論他們的成就多寡。

多方面接收資訊，上至上流社會，下至市井之徒，均加以了解和結交，不斷接受資訊，便能不斷地感受、接觸更多事物，使自己的能力更細膩和敏銳起來。

# 二、對自己有強烈的信心

對自己有強烈的信心就是堅信自己必定可獲得想要的成就。你想要什麼、想要變成什麼、有什麼樣的目標，你相信自己的願望都能夠實現，這個「信」並不是嘴上說「我信」，而是一份從骨子裡迸發出的堅韌且對自己強烈的信任。

當你制定好一個你要賺多少錢的目標之後，如果你欠缺信心，你會經常問自己：「我能不能辦得到？」當你不相信自己辦得到時，你的行動會把你的想法兌現，使你也相信自己無法辦到，於是，你就真的辦不到，即使你有目標，那也和沒有目標沒有什麼差別。

「我相信，人生中沒有解決不了的問題。」日本興業銀行前董事長中山素平曾說過這麼一句話。中山素平在任何困難面前，總是非常自信地認為可以解決。他認為任何問題的發生都有原因，只要找出原因，就能找到適當的解決方法。正是基於強烈的自信，他解決了許多項日本經濟界的危機。

一個人如果沒有自信，即使他有冠絕古今的聰明才智，擁有再好的物質

條件，也都是妄然。成功不會親近一個毫無堅強意志和毫無信念誠心的鄙俗之輩。一個缺乏信心的人，永遠只能望「成功」而興嘆。

當然，信心不是天生就有的，它需要時間，需要良好的方法來培養。

如果你心中有缺陷與弱點，你就可以替自己規定一個調整的計畫，透過種種積極的方法，你就能夠逐漸培養起堅定的信心。

比如說和朋友相互交談時，你意識到了自己性格中有一種缺陷，這種缺陷影響了你勇敢、大方、有魅力和有魄力地參與社會工作、進行交際活動以及開創事業。當你意識到這一點時，就要下決心改變它。這時候，你可以用語言來堅定自己的信心。

當你問自己有沒有信心改變弱點時，如果你回答「有」，那麼你對自己心理弱點的改變便有了一個良好的開始。這是一個心理奧妙，也是人生的一種經驗。古人說：「鍥而不捨，金石可鏤。」這句話充分表明要有一個堅定的信念，任何語言一經明確地說出來之後，它就能產生出一定的作用，具體的語言文字和有聲話語對人的情緒情感有著巨大的調節作用。

如果一個人要想改變自己，就得有堅定的誓言；要實現輝煌的成功，就少不了堅定的誓言；要成為一個強者，就必須大膽立下誓言。沒有必勝的誓言與信心，所有的構想都是可望不可及的鏡花水月。

所以，我們都應該堅信一點，自己能夠塑造自己。千萬不要有那種「我這不如人家，那也不如人家」的消極態度，我們應該有信心說自己能做到。

知道自己信心不足的原因，對症下藥，擴展自己的經驗和知識能力，而提高綜合能力是培養和訓練自信心的關鍵。

以下幾種方法，是培養信心的方法。

## 1．心理暗示法

成功學家拿破崙·希爾曾指出：「信心是一種心理狀態，可以用成功暗示法誘導出來。」、「對你的潛意識重複灌輸正面和肯定的語氣，是發展自信心

最快的方式。」

當我們將一些正面、自信的語言反覆暗示和灌輸給我們的大腦，這些正面的、自信的語言就會在我們的潛意識中根植下來。

算命先生的「天庭飽滿……此乃貴氣，不管多大困難，都要努力工作，將來肯定不是大富，就是大貴。」這種話雖然可笑，但這種正向肯定的語氣的確能讓人產生一種信心。

我們都可以替自己「算命」，給自己一些積極肯定的語氣，並不斷加以重複暗示，比如：「靠著命運給我的力量，我凡事都能做；我一定會成功，我一定會賺 1,000 萬，只要我永遠努力。」

把「我要……」、「我能……」等這些字句寫在紙條上，例如「我要成為一名企業家，我能成為一名企業家！」貼在鏡子上、書桌上，天天唸它幾遍，對促進我們的自信一定會有幫助。

## 2・尋找力量法

經常閱讀成功人物的傳記和成功勵志的書籍最能幫助我們找到勇氣和力量，從而增強我們的自信。大凡成功人物都曾經歷過信心不足、迷茫和挫折等打擊錘鍊，也經過成功的滋潤。他們自信的建立最有啟發意義。

成功勵志書籍運用許多例證，從各個角度分析成功的正確觀念和態度以及一些獲取成功的思考方式。這對我們增強自信也極有好處。如有條件，找一個有成功經驗的人進行諮商，也是一種尋找力量的辦法。

## 3・自我分析法

### (1) 分析超脫

當你感到自卑不如人和缺乏自信時，請多方面分析原因：從小到大的環境如何？受到的教育如何？是否缺乏親友幫助？人生目標是什麼？人生信

念是什麼？等等。這樣便能找到缺乏自信的原因。每個人所處環境的條件不同，追求的目標也會不同，透過分析就不會因某時、某方面不如人而失去信心。

將自己的人生放在一些大背景中去分析，更容易超脫。整個世界、整個人類歷史、整個國家、整個社會等等大背景中，比你優秀的人有很多，但一定會有人比你處境更差。從大背景進行分析，可以讓我們從個人小圈子的局限中解脫出來，從自卑的情緒中超脫出來。超越了局限和自卑，你便能肯定自己，從而樹立自信心。

### （2）列舉成就

從小時候到現在為止，每個人都會有許多大大小小的成功，把它們統統列舉出來，哪怕是很小的成績也不要放過。比如：考過英檢中級、考上大學；某學科一開始成績很差，後來進步了；當了班長，並獲某項比賽的好名次；學會騎腳踏車、摩托車；某次做生意成功了；某次相親成功了……多花時間，仔細回顧，如數家珍一件件列舉出來。望著這些成就，你可能會很驚訝，原來自己也有這麼多成功。成功的經驗會使人信心倍增。

### （3）反比優勢

選一個年齡相仿的成功者作反比對象，列出自己的特長、愛好和才能，比如：打球、跑步、繪畫、寫作、外語、下棋、唱歌、跳舞、演講、交際、某種技藝、吃苦耐勞的特性、硬骨頭的創業精神、機靈、幽默……從自己的優勢中找出對方不如你的項目。看到成功者有不如你的地方，你的自信心就會增強。

總之，只要對信心的塑造方法有正確的了解，採取行動不斷充實知識、提高能力、彌補不足、增加成功經驗，我們就能增強我們的自信。任何一種精神上的進步或物質上的收穫，都是增加自信心的好方法。

# 三、堅持不懈的精神

充滿傳奇色彩的「石油大王」洛克斐勒（John D. Rockefeller）也同樣經歷過挫折的打擊，如果他在一次失敗之後決定放棄，那他就不會成為聲名顯赫的大富豪了。美國的史學家們對他堅忍不拔的品格給予很高的評價：「洛克斐勒不是一個尋常的人，如果讓一個普通人來承受如此尖刻、惡毒的輿論壓力，他必然會相當消極，甚至崩潰瓦解，然而洛克斐勒卻可以把這些外界的不利影響關在門外，依然全身心地投入他的壟斷計畫中，他不會因受挫而一蹶不振，在洛克斐勒的思想中不存在阻礙他實現理想的絲毫軟弱。」借助一種平衡能力，一種無需誇口的自信，一種忍耐精神以及對事業永不氣餒的精神，洛克斐勒把他的石油產品推銷到世界各地，凡是有船抵達的港口、有火車到達的地方、有駱駝和大象走過的角落，都在洛克斐勒的壟斷規劃之中。

美國企業家米爾頓・皮特里（Milton Petrie）東山再起的事例對企業家也很有啟發。經過多年的苦心經營，他成為一家由 20 多個店組成的婦女服飾公司的老闆。此後，由於經濟蕭條，米爾頓的公司背上了沉重的債務，最終不得不宣布破產，但是米爾頓並沒有因此而消沉。為了重振公司，米爾頓付出了巨大的代價，忍受了極大的痛苦，他甚至做過沒有假期的苦工，經過數十年艱苦的努力，米爾頓終於東山再起了。他成為擁有 1,600 多家商店和 18,000 多名雇員的大企業家。

企業家賺錢的道路往往不是一帆風順的，面對挫折和困難，企業家要以百折不撓的精神和堅忍不拔的意志在困境中創造生機、在風險中抓住機遇，這樣才可能成為一個真正能擔起大任的出色企業家。

企業家堅忍不拔的意志往往與頑強的進取心相生相伴，相輔相成。拿破崙・希爾告訴我們進取心是一種極為少見的美德，它能使人擺脫被動的局面，主動去做應該做的事。曾有人說：「這個世界願給予某物一項大獎，包括金錢與榮譽，那就是『進取心』。什麼是進取心？那就是主動去做應該做的

事情；僅次於主動去做的，就是當有人告訴你怎麼做時，立刻去做；更差的人，只在被人從後面踢時，才會去做他應該做的事，這種人大半輩子都在辛苦工作，卻又抱怨運氣不佳；最後還有更糟的一種人，這種人根本不會去做他應該做的事，即使有人跑過來向他示範怎樣做，並留下來陪著他做，他也不會去做。他大部分時間都在失業中，因此，易遭人輕視，除非他有富有的父母。但如果是這樣，命運之神也會拿著一根大木棍在街頭轉角處耐心等待著。」

你如果想建立一份屬於自己的事業，需要有多方面的經營能力，比如說，決策判斷能力、組織協調能力、領導實施能力、承擔風險能力和知人善任能力等等。其中，決策判斷能力和知人善任能力最為重要。

# 1・決策能力

決策是人們確定未來的行動目標，並從兩個以上的行動方案中選擇一個合理方案的分析判斷過程。有句名言：「管理的重點在經營，經營的中心在決策。」著名的美國經濟管理學家、諾貝爾經濟學獎獲得者司馬賀（Herbert Alexander Simon）也指出：「決策是管理的核心，管理是由一系列決策組成的，管理就是決策。」

企業策略決策是影響企業全域和左右企業長遠發展的重大經營活動，它的立足點是企業的現狀，著眼點是企業的未來。企業策略決策一般包括企業發展計畫、生產規模、投資方向、聯合改組、重大科學研究與新產品開發方案、經營目標、經營方針、領導體制、人事與職工培訓和生產技術的改進方案等，做好策略決策是企業家的主要職責。

通俗一點說，就像是軍隊中統帥的職責。

古人說：「帥憑謀，將憑勇。」在實際戰爭中，將主要是聽從主帥的指揮，有勇敢、衝鋒陷陣和克敵制勝的本領，沒有殺敵本領的不能稱為將；而帥則大不相同，主帥要有眼觀六路、耳聽八方和指揮全域的才能，善於調兵

遣將，在縱橫交錯的環境下，從全域出發決定捨、取、保，必要時犧牲局部以換取全域或最後的勝利。帥，也需要勇，但只有勇無法完全克敵制勝，帥更需有謀。企業家猶如軍中之帥，運籌帷幄，決勝千里，居於企業策略決策的核心地位。

　　三國時期，劉備幫助劉璋抗擊張魯，穩定了西川的局勢。然而，當他向劉璋借軍馬錢糧時，卻受到刁難。於是，雙方翻臉，形成公開的軍事對抗。在這種形勢下，如何行動？龐統為劉備獻了上、中、下三策。上策：乘劉璋尚未防備時，選擇精兵，晝夜兼程，直接襲取成都。中策：揚言要撤回荊州，誘出涪關守將楊懷和高沛，在他們送行的地方，將其擒拿斬殺，然後先取涪城，再取成都。下策：從西川退兵，退還白帝，連夜趕回荊州，日後再慢慢謀圖進取。龐統的本意是主張劉備採取上策，以突襲的方式，速戰速決。但是，劉備卻選擇了中策。如果單從軍事的角度來看，上策更為有利，此時，劉備發兵，出其不意，直取成都，是勝券在握的事，取得了成都，就等於控制了蜀地的全域。然而，劉備從政治需要上著眼，認為上策過急，直取成都不利於建立他的政治威望；至於下策則過於遲緩，返回荊州，謀圖進取，既勞師又費時，當然是劉備不願採取的。所以，劉備選擇了中策，先奪涪關，再打成都。龐統為劉備獻策這件事說明：作為一名軍事統帥，最重要的是眼力，是優選能力，是決策能力。當方案擺在面前時，究竟作何選擇，這不能單從方案的自身來評定方案，應該從自己的目標和策略全域著眼。龐統可謂多謀，劉備堪稱善斷，兩者的最佳組合，確定了良好的方案，取得了最理想的效果。

　　可見，企業家進行策略決策的特點就在於著眼全域、長遠和關鍵的問題。企業家的策略眼光具體應該展現在：善於謀劃大趨勢，對國際大趨勢有一個清楚的了解和認知，對國內經濟環境和大政方針有一個清楚的理解和掌握；對本行業的現狀與未來有一個清晰的分析和預測；對企業走向成功有一個清晰的工作思路、策略目標和不斷調整的方略。

策略型企業家就是著眼於「大」，抓大事。漢代劉向講過一個楊朱與梁王談論治理國家的故事，黃鐘大呂之所以不能從事複雜奏樂，因為它的聲音稀疏。同樣，為將的掌管國家大事，不過問小事；立大功的人，不苛求小過，不求全責備，也是這個道理。宋太宗曾因做出讓呂端作宰相的決策，一時引起文武百官議論紛紛。大家認為，呂端丟三落四，工作馬虎。宋太宗為此做出解釋，群臣心服口服。宋太宗說：「每當我提出國家大事的對策時，只有呂端大事不糊塗，天下大事，頃刻而定；你們小事精明，但大事糊塗，不能解決國家大事，都不如呂端。」楊朱和呂端就是兩位典型的長於策略決策、善於抓大事的政治家。

做決策要靠能力，而不能靠運氣；而決策能力本是稟賦和經驗的累積。那些經常做出正確決策的高手，他們的稟賦與經驗展現在哪裡呢？

企業管理專家們認為，成功的決策者有九大特質：

1. 對於混沌不明的狀況，有極高的忍耐力。忍耐曖昧不清狀況的能力，與決策能力關係密切。凡事井井有條和精心規劃的人，通常是最糟糕的決策者。這些人在需要果斷決策的關鍵時刻，總是覺得資訊情報不足，無法做出決定。相反的，傑出的決策者極能忍受混沌不明的情況，不用白紙黑字規劃好每一件事，只要抓住大架構，就能一步步地做決定。

2. 能夠分清輕重緩急，排出優先順序。成功的決策者能夠忍受混亂不明的狀況，也能夠亂中有序，排出孰先孰後的順序，也就是有明確的決策框架。而這明確的決策框架包括下列五項要素：有清楚的目標，了解決策的深度，能看清決策對未來的影響，以決策抓住未來的機會；能看清事情的全貌，了解決策的廣度，將自己從問題的中心抽離；能夠自己做主，不需要等待別人的批准；能夠獨立思考，對自己的決策有信心；有堅定的內在價值，有所為和有所不為。

3. 善於傾聽。今天的老闆們一天中有80%的時間是在開會和聽討論，

關鍵資訊很容易被一個接一個的發言淹沒掉。只有優秀的傾聽者，才能一直保持注意力，不受各種表達方式的影響，隨時抓住內容要害，找出決策的重點。

4. 能夠取得大家對決定的支持。成功的決策者不但能做出得到大家支持的決定，並且會追蹤大家支援的情況，不論任何決策，最重要的就是獲得執行計畫人的支持。如果得不到執行者的大力支持，不論決策是多麼誘人，都必須放棄。

5. 不受傳統思維的影響。習慣性思維是我們做出判斷的捷徑，在資訊不足的情況下，可以發揮很大的效用。但是，呆板的思維也許會使我們錯失許多新的資訊情報而做出錯誤決策。我們在碰到不喜歡或是沒有興趣的情況，最容易用傳統思維看待問題，也就最容易犯錯。

6. 永遠保持彈性。保持彈性包括三個重點：做決策要堅定、果斷，但決策的原則要有彈性；接受不完美的決策，因為幾乎沒有完美的決策；能夠隨時放棄決策，也就是要承認決策錯誤和願意改變決定。

7. 能夠同時採納軟性與硬性資料。出色的決策者能夠在統計、報告、分析等硬性資料，與員工反應、消費者意見等軟性資料中，取得平衡。

8. 能夠看清事實，承認實際的代價與困難。

9. 不要誤入暗藏的決策地雷區。我們在決策的過程中，常會碰到危險的地雷區，比如某些假象，不小心掉落陷阱就會被炸得粉身碎骨。

## 2・用人之道

有 12 條用人的準則，想創業成大事的人不可不知：

### 第一，妒忌心強的人不能委以大任。

一般的人，難免都會妒忌別人，這也是一種正常的表現，因為有時候這種妒忌可以直接轉化為前進的動力，所以不能說妒忌就一定是負面的。但是如果妒忌心太強了，就容易產生怨恨，覺得他人是自己前進的最大障礙，到

了這種地步，往往就會做出一些過激的事情，甚至於憤而謀叛也毫不為奇。

俗話說：「宰相肚裡能撐船。」這種人氣量太小，絕對不是一個好的領導者，因此不能委以重任。三國時的周瑜不能不說是一位帥才，但就是因為妒忌心太強而栽了跟頭。

### 第二，目光遠大的人可以共謀大事。

所謂有抱負的人也就是目光相當長遠的人。不同的人有不同的眼光，有些人比較急功近利，往往只顧眼前利益，這種人目光短淺，雖然會暫時表現得相當出色，但是卻缺少一種對未來的掌握和規劃能力，做事只停留在現在的水準上。

如果老闆本身是目光遠大的人，對自己的公司發展有一個明確的定位，並且需要助手，那麼這種人倒是很好的選擇，因為這類人最適合於被老闆指揮運用，以發揮他的長處。

而一個能共謀大事的合作者則往往能在某些重大問題上提出卓有成效的見地，這樣的人是老闆的「宰相」和「謀士」，而不僅僅是助手，如果老闆能找到這樣的人，那麼對事業的發展無疑是如虎添翼。

### 第三，前瞻後顧的人能擔重任。

前瞻後顧的人往往思維比較縝密，能居安思危，能考慮到可能發生的各種情況和結果，而且很明白自己的所作所為；這種人往往也很有責任感，會自我反省，善於總結各種經驗教訓，他的工作通常是越做越好，因為他總能看到每一次工作中的不足，以便於日後改進。如此精益求精，成績自然突出。雖然有時候這類人會表現得優柔寡斷，但這正是一種負責任的表現，所以身為一個老闆，大可放心地把一些重任交給他。

### 第四，千萬不要親近性格急躁的人。

這種人往往受不了挫折，常常會因為一些細小的失敗而暴跳如雷，自怨自艾。這樣的人做事往往毫無計畫，貿然採取行動，等到事情失敗又怨天尤

人，從不去想失敗的原因，所以很少能夠成功。如果老闆遇到這樣的人，那麼就該遠離他，以免受到他的牽累而後悔。

### 第五，絕不可以重用偏激的人。

過猶不及，太過偏激的人往往缺乏理智，容易衝動，也就容易把事情搞砸。這正如太偏食的人過於挑嘴，身體就不會健康一樣，思想如果過於偏激，就無法成大事。他總是使事情走向某一個極端，等到受阻或失敗，又走向另一個極端，這樣永遠也到達不了最佳狀態。這正如理想和現實的關係，理想往往是瑰麗的，不斷引發人們去追求，但是如果缺少對現實的依據，理想也只能是空中樓閣。

相反，如果滿腦子考慮的都是瑣碎的現實，那麼終會被淹沒在現實的海洋裡無法自拔，最終陷入迷茫之中，所以凡是要成大事，都要把二者結合起來，才能取得最佳效果。

### 第六，善於做大事的人一定能受到別人的尊敬。

一個和諧的公司就像一支球隊一樣，有相互合作，也有明確的分工。有的人對於本職工作做得兢兢業業，不辭勞苦，但是老闆卻不能因此而把重大的任務交給他們，這是為什麼呢？

這就是老闆必須明白的：「有些人只能做一些小事，不能期望他們做大事」。因為這些人往往偏重於某一技術長處，卻缺乏一種統御全域的才能，所以絕不能因為小事辦得出色而把大事也交給他來做。善於做大事的人作風果斷而犀利，安排各種工作遊刃有餘，能發揮核心作用，也就必然受到人們的尊敬。善於做大事的人不一定能做小事，而小事做得出色的人也不一定能做大事，身為老闆一定要明辨這兩類人，讓他們各司其職，分工合作，才能取得最大的效益。

### 第七，一定要耐心期待大器晚成的人。

有的人有些小聰明，往往能想出一些小點子把事情點綴得更完美，這類

人看上去思維敏捷，反應靈敏，也的確討人喜歡；但是也有另一些人，表面上看並不聰明，甚至有點傻的樣子，卻往往能大器晚成。

對於這類大智若愚的人，老闆一定要有足夠的耐心和信心，絕不能由於一時的無為而冷落他甚至遺棄他，因為這類人往往能預測未來，注重追求長遠的利益。既然是長遠的利益，也就不是一朝一夕所能達到的。信任他並給予重任，而不能讓這類寶貴的人才流失。

### 第八，輕易就斷定沒有任何問題的人是極不可靠的。

無論大事小事，一定存在著各種問題，做事情說到底也就是解決各種問題。

如果一個人輕易就斷定沒有任何問題，這至少表明他對這件事看得還不夠深入。這種草率作風是極不牢靠的一種表現。如果讓他來做一些重大的事情，那得到的也只會是失望的結果，所以這種人不可輕易相信他，否則上當的就是你。

### 第九，切記有些小功勞的人並非都是同一種人。

老闆也許會很重視一些為公司做出巨大貢獻的人，而忽視一些只有小成績的人。其實在這些人當中，也是有不同區別的。這其中的有些人的確是只能解決一些小問題，一旦碰到大問題，就會束手無策。但是另一部分人，他們做出的貢獻看似比較小，然而實質上解決的問題都比較重要，如果這些小問題一旦變成大問題，那麼就會對整個公司造成不可估量的損失。

所以這些人的功勞實際上並不小，而且這也說明這些人具有比較長遠的眼光，做事情比較講究策略，老闆如果能把這些人從中挑選出來並委以大任的話，那麼能得到意外的收穫也說不定。

### 第十，拘泥小節的人通常不會有什麼大成就。

做任何事情，有得必有失，利益上有大也有小，要想取得一定的利益，必然要捨棄一部分小利，如果一個人總是在一些小節上爭吵，不願放棄的

話，那他就終難成大業。

就如做廣告，很明顯的一個事實，公司越大則廣告也做得越大，現在很多跨國集團所創的世界名牌，都是長年累月廣告效應的成果。有的公司一年的廣告費就高達幾個億，但是他們的利潤卻比這高出好多倍。某種意義上，這種小節不拘得越多，所能獲得的回報也就越多，所以說拘泥於小節的人很難成就大事業。

### 第十一，輕易許諾的人千萬不可信任。

除非有十足的把握，否則一般人對任何事不會許下重諾，因為事情的發展往往不以人們的意志而轉移，各種無法預料的情況隨時都有可能出現，所以一個負責任的人並不會輕易許諾。相反，正是由於他的責任心，使他做了全面性的考慮，他才無法輕易許諾，這樣的人才是可靠的，不要因為他們沒有承諾而不委以重任，只要給予充分的信任，激發他們的積極性，事情多半就會成功。

而相反有一類人，隨口就答應，表現得很自信，到頭來卻無法完成使命。而且這種人也常常為自己輕易打下的包票找出各種理由來推諉塞責，對於這種輕諾又寡信的人，千萬不可信任。

### 第十二，寡言但說話很有分量的人定能擔當大任。

口若懸河，滔滔不絕的人未必就是能擔當大任的人，而且這種人常常並沒有真才實能。他們只能透過口頭的表演來取信別人，抬高自己。

真正有能力的人，只講一些必要的言語，而且一開口就常常切中問題的要害。這種人往往謹慎小心，沒有草率的作風，觀察問題也比較深入細緻，客觀全面，做出的決定也實際可靠，獲得的成果也就實實在在。所謂「真人不露相，露相非真人」說的就是這個道理。

所以一個想賺錢的老闆應該注意一些少言寡語的人，因為他們的聲音往往最有參考價值。切不可被一些天花亂墜的言語所迷惑，這也是一個賺錢的

老闆所應該具有的鑑別力。

## 四、與眾不同的觀察與思考方法

　　幾乎所有的大富翁，都有一套與眾不同的觀察與思考方法。他們之所以出類拔萃，離不開他們獨特的觀察與思考法。

### 1・正確的思考和積極的心態是賺錢的捷徑

　　億萬富翁亨利・福特（Henry Ford）說：「思考是世上最艱苦的工作，所以很少有人願意從事它。」

　　世界著名的成功學大師拿破崙・希爾曾著過《思考致富》一書。書中提出為什麼是「思考」致富，而不是「努力工作」致富？最成功的人士強調，最努力工作的人最終絕不會富有。如果你想變富，你需要「思考」，獨立思考而不是盲從他人。富人最大的一項資產就是他們的思考方式與別人不同。如果你做別人做過的事，你最終只會擁有別人擁有的東西。而對大部分人來說，他們擁有的只是平平淡淡的生活。

　　希爾強調：你必須培養積極的態度，應用這些成功的法則，影響、運用、控制及協調所有已知及未知的力量。你要能夠為自己思考。

　　當你確實以積極的態度思考，自然會有所行動，完成你所有正當的目標。

### 2・積極的心態

　　很多人都自認為人生的某一方面是失敗的。如果問他們為何沒有成功，則每個人都會說出導致自己失敗的悲慘故事：

「我根本沒有機會升學。我的父親供不起我。」

「我出身不好，一輩子都翻不了身。」

「我只上過小學。」

這些人都會說，世界對他們不公平。他們把自己的失敗歸咎於外在的環境，一開始對自己的前途就持否定的態度。事實上，是消極的心態害了他們，而非外在的不利因素。

積極的心態使你不斷嘗試，一直到獲得想要的財富為止。然而，你可能積極地跨出第一步，卻因為態度變得消極而功虧一簣。

真正成功的人能理性地激發創造力與生產力。

真正成功的人，為達到目的，會冒合理的風險。

每個人都有恐懼。恐懼是一種警示的情緒，警告我們審慎面對危險，讓我們在做出決定及採取行動時，能夠三思而後行。

美國總統羅斯福（Franklin D. Roosevelt）在首次總統就職演說中說一句話：「我們唯一值得恐懼的就是恐懼本身。」我們要控制，不要受制於恐懼。把它當成一種警告的信號，不讓它干擾合理的資訊，阻礙我們的決定和行動。

那麼，該如何克服恐懼？最好的方法是直接問自己：「我在怕什麼？」不要逃避。通常我們害怕的只是陰影。

事實證明，帶給人類痛苦和屈辱的，莫過於貧窮。唯有體會過它的人才理解它的內涵。

恐懼貧窮，沒別的，就是一種心理狀態！但它卻足以毀掉一個人在任何工作中成功的機會。

這種恐懼會使理性功能陷於癱瘓，破壞想像能力，扼殺自恃，啃蝕熱忱，挫敗進取心，導致目標不定，助長延宕，抹除熱心，並使人無法自制；它使人失去個性中的吸引力，破壞精確思考的可能性，轉移工作的專注力；它會控制毅力，使意志力蕩然無存，毀掉抱負，混淆記憶，並以各種可能的

方式招來失敗；它扼殺愛情且破壞心中優雅的情緒，阻撓友誼並引來各式各樣的災禍，導致失眠、悲慘與不幸等等。我們所居住的世界，其實是充斥著各種人們心中所欲獲得之物，而且除了缺乏明確的目標以外，沒有任何東西會橫阻在我們與欲望之間。

貧窮和財富之間是沒有折中物的！通往貧窮和財富的兩條路，是背道而馳的。假如你想要財富，就必須拒絕接受任何導致貧窮的環境（此處使用的「財富」一詞，是最廣義的解釋，它指的是經濟、精神、心靈和物質的資產）。

那麼，這裡就是給你自己一個挑戰的地方，這個挑戰將清楚地測定出你對本哲學的了解程度。這也正是你可以成為先知，且準確預知未來為你儲備了什麼和關鍵。假如，讀了本章後，你仍然願意接受貧窮，你也可以決意如此去做。這是一個你無法避免的決定。

假如你選擇財富，那麼決定好是何種財富以及需要多少才能滿足你。你已經知道通往財富之路，你也已得到了一張路線圖，如果你循著地圖走，便不致迷路。假如你忽略起步或中途停止，那麼該怪的，也只有你自己。

成為巨富的人總是保護自己避開對負面影響的易感性，而遭逢貧窮者則從沒做到這點。任何行業中的成功者，必須使自己的心靈做好準備以抗拒這種災禍。假如你是為了致富而讀這本書，你就應該仔細檢視自己，衡量一下自己是否易於感染負面的影響。如果你忽略這項自我分析，你將喪失達成欲望目標的權利。

態度是一項決定性的因素，或許也是你最需要祈求的。對自己的信念必須有堅定不移的態度，才能夠期望肯定的結果。

不論你想要推銷任何東西 —— 商品、個人服務、傳教或任何一種理念，都必須以態度做包裝。

一個態度消極否定的人，什麼也賣不出去，或許有人會向他購買產品，但絕不會是因為他。就像許多零售店中，店員的態度不佳，但人們因為需求，不得不向他購買一樣。

你的內心有一個沉睡的巨人，你可以命令它實現你所有的願望。當你有一天早上醒來，發現成功的光輝籠罩著你，你會恍然大悟，原來你早已擁有所有成功致富所需的條件。

## 3・正確的思考

人性中普遍存在著兩個相反的特性，這兩個特性都是正確思考的絆腳石。

輕信（不憑證據或只憑薄弱的證據就相信）是人類的一大缺點。這個缺點使希特勒（Adolf Hitler）有機會把他的影響力發展到可怕的程度（包括他的人民之間及對世界的其他地區）。正確思考者的腦子裡永遠有一個問號，你必須質疑企圖影響正確思考的每一個人和每一件事。

但這並不是缺乏信心的表現，事實上，它是尊重造物主的最佳表現，因為你已了解到你的思想，是從造物主那得到唯一可由你完全控制的東西，而你正在珍惜這份福氣。

少數正確思考者一直都被當作是人類的希望，因為他們在所做的事情上，都扮演著先鋒者的角色。他們創造工業和商業，不斷使科學和教育進步，並鼓舞發明和宗教信仰。

愛迪生說得好：「當上帝釋放一位思想家到這個星球上時，大家就得小心了。因為所有事物將瀕臨危險，就像在一座大城市裡發生火災一樣，沒有人知道哪裡才是安全的地方，也沒有人知道火什麼時候才會熄滅。科學的神話將會發生變化，所有文學名聲以及所有所謂永恆的聲譽，都可能會被修改或指責。人類的希望、內心的思想、民族宗教以及人類的態度和道德，都將受到新觀點的擺布。新觀點將如神力般注入。因此，悸動也隨之而來。」

如果你是一位正確的思考者，你就是情緒的主人而非奴隸。你不應給予任何人控制你思想的機會。一般人在開始時，會拒絕某一項不正確的觀念，但後來因為受到家人、朋友或同事的影響而改變初衷，進而接受此一觀念，

你必須嚴防這種錯誤的傾向。

　　一般人往往會接受那些一再出現在腦海中的觀念（無論它是好的或是壞的，是正確的或是錯誤的）。作為一位正確的思考者，你可以充分利用此一人性，使你今天所思考的到了明天仍然反覆出現，並進而接受此一再出現的思想，這正是明確目標和積極心態的力量本質。

　　人類另一項共同的缺點就是不相信他們不了解的事物。

　　當萊特兄弟（Wilbur and Orville Wright）宣布他們發明了一種會飛的機器並且邀請記者見證時，沒有人接受他們的邀請；當馬可尼（Guglielmo Marconi）宣布他發明了一種不需要電線，就可傳遞資訊的方法時，他的親戚甚至把他送到精神病院去做檢查，他們還以為他失去理智了呢！

　　在調查清楚之前，就採取鄙視的態度，只會限制你的機會、信心、熱忱以及創造力。質疑未經證實的事情和認為「任何新的事物，都是不可能的」這兩種態度不可混為一談。正確思考的目的，在於幫助你了解新觀念或不尋常的事情，而不是阻止你去調查它們。

　　所有的觀念、計畫、目的及欲望，都起源於思想。思想是所有能量的主宰，能夠解決所有的問題，適度地運用，還可以治癒所有慢性的疾病。思想是財富的泉源，不論是物質、身體或精神。人類追求世界上的財富，卻渾然不覺財富的泉源早就存在自己的心中，在你的控制之下，等待發掘和運用。

　　正確的思考者了解並且分辨生活中所有的事實，包括好與壞，選擇自己所需的部分。不聽信流言，不做情緒的奴隸，而是根據事實的證據、周密的分析與思考才提出意見。他會參考別人的意見，自己做最後的決定。計畫失敗，立刻開始其他的計畫來取代原先失敗的計畫，不被短暫的挫折所擊倒。他是哲學家，觀察自然的法則並加以運用。他不貪圖別人的物質財富，靠自己的力量賺取。他不羨慕別人，因為知道自己更富有，而且會慷慨地幫助別人。

　　正確思考的人具有以上特性，這些特性容易了解，卻不易養成，需要自

律與練習。努力是有代價的，能夠帶給你內心的平靜、身心的自由、智慧及了解自然的法則、物質的財富、宇宙間的和諧，這些都是無價的資產，無法用金錢買得，也無法向別人借得，你必須自己去爭取。

沒有人能夠永遠獨自生活和獨自思考，大多數的人都要隨俗。觀察你熟識的人，仔細看他們的習慣，你會發現多半是在仿效他人。正確思考的人，能夠不流於盲從，有自己的想法，勇於做自己認定的事。如果你遇到這樣的人，注意，那正是「正確思考的人」。

大部分無法聚積足夠金錢以供所需的人，通常容易受他人意見所左右，他們以報紙和鄰居們的閒話來代替思考。意見是世上最廉價的商品，每個人總有一籮筐的意見可以提供給任何願意接受它的人。假如你下決心時會受他人左右，那麼，你在任何事業上便難以成功，想化自己的欲望為金錢更是無望。

如果你被別人的意見所左右，那麼你根本就不會有自己的欲望。

有成千上萬的人終生懷著自卑感，就是因為有一些善意但無知的人，透過「意見」或嘲弄，毀了他們的信心。

華特・迪士尼（Walt Disney）決定拍攝首部長篇動畫片《白雪公主》時，曾遭到了來自四面八方的反對。首先是他的妻子和哥哥，他們認為拍攝這部片既費錢又費時，是得不償失的事。好萊塢電影業甚至稱這部電影是「迪士尼的愚蠢」。但是華特・迪士尼並未將這些放在心上，他按照自己的設想，為《白雪公主》挑選了最佳的創作人員，為每個形象，特別是七個小矮人設定了獨特的性格特徵，分別取名為「害羞鬼」、「萬事通」、「愛生氣」、「開心果」、「瞌睡蟲」、「噴嚏精」和「糊塗蛋」。

4年後，凝聚著華特以及迪士尼公司最優秀創作人員共同心血和智慧的《白雪公主》首次正式上映，受到了觀眾和影評界的高度讚賞和評價。儘管當時的票價每張只有25美分，但《白雪公主》第一次發行就賺了800萬美元，而華特本人也因《白雪公主》而再獲奧斯卡獎。被眾人當作笑柄的「迪士尼

的愚蠢」在電影史上獲得了非凡的成功。

## 4‧想像力和創造力是一個人最大的財富

在加州海岸的一個城市中，所有合適建築的土地都已被開發並予以利用。在城市的另一邊是一些陡峭的小山，無法作為建築用地，而另外一邊的土地也不適合蓋房子，因為地勢太低，每天海水倒流時，總會被淹沒一次。

一位具有想像力的天才來到了這座城市。具有想像力的人，往往具有敏銳的觀察力，這個人也不例外。在到達的第一天，他立刻看出了這些土地賺錢的可能性。他先預購了那些因為山勢太陡而無法使用的山坡地，也預購了那些每天都要被海水淹沒一次而無法使用的低地。他預購的價格很低，因為這些土地被認為並沒有什麼太大的價值。

他用了幾噸炸藥，把那些陡峭的小山炸成鬆土。再利用幾架推土機把泥土推平，原來的山坡地就成了很漂亮的建築用地。

另外，他又僱用了一些車子，把多餘的泥土倒在那些低地上，使其超過水平面，因此，也使它們變成了漂亮的建築用地。

他賺了不少錢，是怎麼賺來的呢？ —— 只不過是把某些泥土從不需要它們的地方運用需要這些泥土的地方罷了，只不過把某些沒有用的泥土和想像力混合使用罷了。

約翰是個農民，他因愛動腦筋，常常花費比別人更少的力氣獲得更大的收益。到了馬鈴薯收穫季節，農民就進入了最繁忙的工作時期。他們不僅要把馬鈴薯從地裡收回來，而且還要把它運送到附近的城裡去賣。為了賣個好價錢，大家都要先把馬鈴薯分成大、中、小三類。這樣做，勞動量實在太大了，每人都只能辛勤勞作，希望能快點把馬鈴薯運到城裡趁早上市。

約翰一家與眾不同，他們根本不做分揀馬鈴薯的工作，而是直接把馬鈴薯裝進麻袋裡運走。「偷懶」的結果是，他的馬鈴薯總是最早上市，因此每次他賺的錢自然比別家的多。

原來，約翰每次向城裡送馬鈴薯時，沒有開車走一般人都經過的平坦公路，而是載著裝馬鈴薯的麻袋跑一條顛簸不平的山路。兩英里路程下來，因車子的不斷顛簸，小的馬鈴薯就落到麻袋的最底部，而大的自然留在了上面。賣時仍然是大小能夠分開。由於節省了時間，約翰的馬鈴薯上市最早，自然價錢就能賣得更理想了。

如果你能夠激發出自己像約翰這樣的邏輯想像能力，就可以在自己的成功過程中做得更好。

## 5・獨具慧眼，見人所未見

美國德州有座很大的女神像，因年久失修，當地政府決定將它推倒，只保留其他建築。這座女神像歷史悠久，許多人都很喜歡，常來參觀、照相。推倒後，廣場上留下了幾百噸的廢料：有廢鋼筋、朽木塊、爛水泥……既不能就地焚化，也不能挖坑深埋，只能裝運到很遠的垃圾場去。200 多噸廢料，如果每輛車裝 4 噸，就需 50 輛次，還要請裝運工、清理工……至少得花 25,000 美元。沒有人願意為了 25,000 美元的勞務費攬下這份苦差事。

史塔克卻獨具慧眼，竟然在眾人避之唯恐不及的情況下，大膽將這件苦差事攬了下來。

史塔克將這些廢料當作紀念品出售，小的 1 美元一個，中等的 2.5 美元，大的 10 美元左右。賣得最貴的是女神的嘴唇、桂冠、眼睛和戒指等，150 美元 1 個，廢料很快被搶購一空。

史塔克對人們說：「美麗的女神已經去了，我只留下她這一塊紀念物。我永遠愛她。」結果他在全美掀起一股搶購女神像的風潮 —— 他從一堆廢棄泥塊中淨賺了 12.5 萬美元。

一些人之所以能創業成功，就是因為其在創業的大道上能獨具匠心，開闢新的致富途徑。

事物的發展變化，需要我們必須用發展的觀點看問題，對事物的未來情

況做出科學的預見，並使自己的行動建立在這種科學預見的基礎之上。

在激烈的商品競爭中，預見力更是具有非常重要的意義，在某種程度上，它甚至成為企業生存和發展的決定因素。

科學預見是一種能力，這種能力需要刻意培養，培養的方法，就要經常想一想明天將會如何，養成一個習慣。只要有了這樣的習慣，預見不見得是很困難的事。

# 五、居安思危的競爭意識

孟子說：「生於憂患，死於安樂。」

當今世界處在經濟變革的黃金時代，如何使自己處於不敗之地，有沒有危機意識至關重要。松下電器（Panasonic）總經理說：「居安思危精神，是松下經營思想的核心。」他認為：企業越大，它衰落的可能性和危險性也越大，更應居安思危。英特爾公司總裁有句至理名言經常掛在嘴邊：「唯具有憂患意識，才能永遠長存。」據調查，世界百家成功大企業的總經理和董事長，對於企業危機，沒有一個自我感覺良好的。

有了危機感，我們才能主動出擊、迎潮直上，在不斷進步的競爭中化解危機。

## 1．競爭是成功的開始

為什麼在體育比賽中能創造出許多新紀錄呢？這就是競爭的激勵作用。沒有競爭，就沒有提升自我的自覺性，而一旦投身於比賽中，你就會看出自己的不足，產生奮鬥的動力，就會激勵你爭創一流，提高你的競爭意識。

不要怕你的對手比你強，對手越強對你的激勵作用越大。比如在地方體

育競賽中，你得了第一，你可能再也打不破這一紀錄；但若是參加全國比賽，有了許多高強的對手，這時又會激勵你向更高的目標前進。

在商界，你若想激發自己的競爭意識，就必須瞄準強手，與之競爭。日本某報的創始人在大阪發行地方報紙時，雄心勃勃地專門把目標對準當時的一些大報。今天，他的地方報紙已發展成富士產經集團（Fujisankei），成為日本大眾宣傳的核心。

辦報之前，他不過是一個賣報的老闆，他的報攤進行改建時，朝日新聞社的社長和每日新聞社的社長親自前來祝賀。他在一旁望著兩位著名報社的社長，心裡暗自下決心，我與你們同樣是人，只要肯下功夫，難道我就不能和你們一樣嗎？

剛開始辦報時，他所遇到的困難是可想而知的。但他始終如一的進取心，退回的報紙雖堆積如山，但他仍然咬緊牙關不退卻。

現在，他辦的報紙鮮明地站在擁護自由主義經濟的立場上，與主張不明其他大報社形成迥然不同的風格，共同占領著日本新聞市場。

經驗證實：向強者挑戰，是成功的開始。

要競爭不只需要有強烈的競爭意識。勇於競爭，還要懂得如何競爭，從哪些方面進行競爭。

## 2・審時度勢

商場如同戰場，每一個經營者都必須具有審時度勢的能力。戰場上，指揮官必須要預知戰爭的進程，及時調兵遣將，分兵布陣；商場上則要商人們能夠預測市場的發展趨勢，及時調整生產經營項目，以求立於不敗之地。

美國有名企業家羅伯茲（Xavier Roberts），他生產經營的「椰菜寶寶」（Cabbage Patch Kids）玩具，銷路很好，走紅世界。羅伯茲成功的原因是「十分關注市場動向和需求的變化」。隨著現代化的來臨，美國的家庭不斷出現危機，父母的離異，造成兒童心靈創傷，父母本身也失去了感情的寄託。因

此，兒童玩具逐漸從「電子型」和「益智型」，向「溫情型」轉化。發現這一發展趨勢後，羅伯茲設計了別具一格的「椰菜寶寶」玩具，千人千面，有不同的髮型、髮色、容貌、服裝和飾品，再配有不同的生日，要求買者為「椰菜寶寶」起名。這正好填補了人們感情的空白，因此銷售額大增。僅耶誕節前的幾天內，就銷售了 250 萬個「椰菜寶寶」，金額達 4,600 萬美元。後來，他的公司銷售額突破了 10 億美元大關。

注重運用「審時度勢」，可以使你眼前「吃得飽」，未來也「餓不著」，總是站在市場的前線，並能夠保證將有效的人力、物力和財力放在最適當、最需要的位子，從而獲得最佳的經濟效益。

## 3・發揮自身優勢

正如十個指頭長短不同一樣，每個人都有著自己的優點和不足，但如能善用自身的優勢，就能把不足轉化為優點。

瑞士手錶業曾一度被日本的電子錶擠得無路可走。但聰明的瑞士人能牢牢抓住自己所長，用自身的優勢與對方的劣勢較量。他們充分發揮鐘錶製造業人才濟濟的優勢，首先千方百計地減小手錶的厚度，適應了當代消費者手錶越薄越好的消費需求；進而根據日益富有的人們把手錶不單單作計時器而兼有裝飾功用的消費心理，用黃金珠寶製成各式各樣令人喜愛的裝飾或收藏手錶。他們還利用阿爾卑斯山花崗岩的優美色彩和紋理，研製出舉世無雙、絢麗斑斕的岩石手錶，既含有石器時代的古樸，又顯示了當代的浪漫，深受世人鍾愛。

他們利用自身優勢，將鐘錶製造技術提高到令人難以逾越的高度，無論從手錶的薄度還是從工藝上看都是日本人望塵莫及的。瑞士人終於用自己的長處打敗了日本人，10 年後，他們又奪回了鐘錶王國的寶座。

善於利用自身優勢，發揮自身優勢，在商業競爭中，就會使自己積極轉化劣勢，立於不敗之地。

## 4‧兵貴神速

社會競爭，人才濟濟，強手如林。當機會到來時，很多人都會同時發現，幾個競爭對手一同向同一個目標進擊。因此，面對競爭激烈的商戰，要獲得好的效益，一般來說都是以快取勝。只有比對手領先一步，迅速占領市場，才能夠以新、少來贏得客戶，快速銷售自己的商品。

1982 年，美國政府取消了電話電報公司的專利權，允許私人購買電話機。而在此之前，美國政府規定，電話機只能由美國電話電報公司出租，不能銷售，私人購買電話機是違法行為。舊規定的取消，使美國 8,000 萬個家庭及其他公私機構，成了電話機的潛在買主。香港廠商聽說這個消息後聞風而動，將原來生產收音機、電子錶的工廠快速轉產，改生產電話機，迅速撲向美國電話機市場，結果出師大捷。與香港廠商同時發現這一機會的，還有好多國家的廠家，但由於行動較慢，被香港廠商搶先一步，因而失去了主動權。

在激烈的商業競爭中，機會極其寶貴；一旦失去，就難以再來，而機會的出現，卻很偶然，它不會永遠不動地等在那裡。有些機會存在的時間很短，猶如白駒過隙，稍縱即逝，為此，必須及時快速出擊，不能耽擱，不能遲疑。

## 5‧出奇制勝

打仗講究出奇制勝，在商業競爭中，更是要講究出奇制勝。隨著現代化的不斷發展，人們的消費心理也日益趨向「稀奇」、「獨特」，稀為奇、少為貴的現象將越來越突出。所以，要想超出眾人，出類拔萃，就必須有一點「絕招」，那就是在「稀奇」和「獨特」上下功夫。

大千世界的萬物都是變幻無窮的，只要善變，便會創造出一個又一個的新東西來。所以，每個競爭者都必須學會並掌握出奇制勝的謀略，否則你就無法發現新路子，無法創造新項目，就會在一成不變中被淘汰。

最初發明鉛筆的人，成了大富翁；把鉛筆頭上固定一塊小橡皮擦的人也成了大富翁；發明自動鉛筆的人，同樣成了大富翁。一支小小的鉛筆，稍加改動，竟能造就不同的成功，更不用說那些大大小小的世間萬種商品了。

每個經營者都會做廣告，奇妙超群的廣告比起老生常談的廣告，不知要有用多少倍。

日本西鐵城鐘錶商的廣告術就最具特色。為了在澳洲打開市場，他們用直升機把手錶從高空扔下地面，落到指定的地點，誰撿到就送給誰。這一奇招，果然引起轟動，成千上萬名觀眾擁到廣場，看到一只只手錶從天而降，而且手錶竟然都完好無損，於是消息不脛而走，西鐵城的名聲也隨之傳開了。

可見，出奇制勝的「奇」，未必都是全新的發明和創造，只要善於運用創造性思維，不斷變換招法，就能收到出奇制勝的效果。

## 6・隨機應變

在激烈的商業競爭中，新的情況、新的問題、意料之外的事，會不時地擺到競爭者的面前，這就要求競爭者要懂得應變的謀略。在變化面前反應遲緩，循規蹈矩，不思變通的人，遲早要被競爭淘汰；只有能靈活調整，及時改變自己方針和策略的人，才能夠成為一名優秀的競爭者。

1960 年代初，美國吉列公司（The Gillette Company）的刮鬍刀片在海內外占據統治地位。可後來吉列刀片遇到一個強勁的對手：威爾金森（Wilkinson Sword）公司的「不鏽鋼刀片」。由於它美觀耐用，迅速占領英國市場，並撲向美國市場，使吉列公司陷入內憂外患的境地。

面對如此嚴重的局面，總經理金・坎普・吉列（King Camp Gillette）剛開始時估計不足，使吉列刀片的市場占有率下降了 35％。這時，他不再觀望了，他宣布吉列公司要奮起反擊。

首先，採取「市場追蹤」對策，急起直追，推出「吉列」不鏽鋼刀片。

特別是推出的「超級不鏽鋼」刀片，使吉列公司後來居上，奪回了第一把交椅。後來又推出安全刮鬍刀，成為吉列的新名牌。

## 7・以優質取勝

在競爭中，人們能夠採取種種謀略取勝，但在這些謀略中，很多都不能保持長久。用得過多，就會失去它原有的效能。只有「以優質取勝」可以保持久遠的效果，這就是日本產品為什麼能夠迅速占領世界市場的原因。

隨著商品經濟的不斷發展，市場繁榮，消費者的購買心理也日趨成熟，他們捨得花高價購買優質、實用的商品。

## 8・勇於冒險

不入虎穴，焉得虎子。如果你想賺大錢，就必須有勇氣，不怕失敗。所謂勇氣，是一種冒險的心理特質，是一種不屈不撓對抗危險、恐懼或困難的精神。但知難行易，一般人很難自己培養出勇氣。而今許多人無法經濟獨立，是因為他們心中存有許多障礙。事實上，成功致富只不過是一種心智遊戲。許多百萬富翁經常在內心描畫發財之後的好處，他們不斷地告訴自己，要發財就要冒險。

有一次，摩根旅行來到紐奧良，在人聲嘈雜的碼頭，突然有一個陌生人從後面拍了一下他的肩膀，問：「先生，想買咖啡嗎？」

陌生人是一艘咖啡貨船的船長，前不久從巴西運回了一船咖啡，準備交給美國的買主，誰知美國的買主卻破產了，不得已只好自己推銷。他看出摩根穿戴講究，一副有錢人的派頭，於是決定和他談這筆生意。為了早日脫手，這位船長表示他願意以半價出售這批咖啡。

摩根先看了樣品，然後經過仔細考慮，決定買下這批咖啡。於是他帶著咖啡樣品到紐奧良所有與他父親有連繫的客戶那進行推銷，那些客戶都勸他要謹慎行事，因為價格雖說低得令人心動，但船裡的咖啡是否與樣品一致卻

還很難說。但摩根覺得這位船長是個可信的人，他相信自己的判斷力，願意為此而冒險一回，便毅然將咖啡全部買下。

事實證明，他的判斷是正確的，船裡裝的全都是好咖啡，摩根贏了。並且在他買下這批貨不久，巴西遭受寒流襲擊，咖啡因減產而價格猛漲了二三倍。摩根因此而大賺了一筆！

美國只有少數人是百萬富翁，因為只有18％的一家之主是自己開公司的老闆或專業人士。美國是自由企業經濟的中心，為什麼只有這麼少的人敢自行創業？許多努力工作的中層經理，他們都很聰明，也接受過很好的教育，但他們為什麼不自行創業，為什麼還去找一個根據業績發薪水的工作呢？

許多人都承認，他們也問過自己同樣的問題：為什麼還要當上班族？主要的原因是他們缺乏勇氣，他們要等到沒有恐懼、沒有危險和沒有財務顧慮之時，才敢自行創業。他們都錯了，其實從來就沒有不感到害怕的自行創業人。

「創業家」的意義，是不畏艱巨，雖千萬人吾亦往也。成功的創業家能克服諸多恐懼。還有的人認為財富跟勇氣一樣，通常來自於遺傳。有許多人可能在年幼時就很有勇氣，但也有許多人，他們在40歲，甚至60歲時，還在培養與增強自己的勇氣。

即使是智者中的智者也會害怕，不過他還是勇敢地去行動。恐懼與勇氣是相關的，並非不怕危險才是有勇氣。如果有更多人了解到這一點，那麼將會有更多的人自行創業，也就會有更多的富豪。

現實生活中，許多企管系碩士畢業的上班族只想免掉風險。多數人從來沒想過要自行創業，因為風險太大。在大公司領薪水，就可以避免突然失業的風險。何必花時間研究投資機會？企業總是會照顧中層主管。有許多人，他們的信念就是賺錢和花錢，讓公司照顧他們一輩子。這的確是很理想、風險又低的方法。但是他們的算盤打錯了，總有一天，中層主管的職位也會消失的。

想要成為百萬富翁，就必須面對自己的恐懼，勇於冒險。他們不斷提醒自己，最大的風險是讓別人控制自己的生活。為什麼許多學校裡的高材生，到一個公司後雖然努力工作，但仍可能突然間就失去了工作呢？這全在少數幾位高層經理的一念之間。

但這裡所說的冒險與賭博卻是截然不同的概念。

資產淨值愈高的富翁，認為冒險投資是「非常重要」因素的比例也愈高。有 41% 的千萬富翁認為，冒險投資是非常重要的因素。

冒險投資與資產淨值之間，有非常明顯的關係。投資理財的刊物經常強調，要冒險才能賺大錢。將成功致富歸於冒險投資的人，很懂得投資理財，他們中的大多數人覺得靠賭博發財，簡直是痴人說夢。贏得彩券完全是靠運氣，但最有錢的人從來不買彩券，大多數人也從來不賭博。願意冒險投資的人，多數是賭徒。

百萬富翁對於機率有透澈的了解。他們基本上知道「勝率」以及預期的投資報酬率。買彩券的投資報酬率太低，大部分的賭博你無法控制，要提高中彩券的機率，唯一的方法只有買更多的彩券。

有些不太富裕的人說，每星期只要花幾百元就有中大獎的機會。但是投資報酬率有多少呢？即使中了 100 萬，其實也領不到 100 萬。你有兩種選擇，每年領取 10 萬元，連續領 10 年。以現金價值來計算就不到 100 萬。或者你也可以一次領走，那就更少了。從投資報酬率來看，買彩券的人幾乎永遠是輸家。

有人認為「一星期只不過幾百元而已。」其實這不只是錢的問題，還有時間。包括排隊等候與花在路途上的時間，買張彩券大概要花 10 分鐘。假設你每星期都買，一年就得花 520 分鐘在機率幾乎是 0 的活動上。

520 分鐘約等於 8.7 小時。一個百萬富翁平均每小時可以賺 300 美元，這樣算下來，一年就是 2,610 美元，20 年就相當於 5.2 萬美元。如果將這筆錢用來購買效益良好的公司股票，20 年就會變成好幾百萬美元。這就是他們為什

麼不願意浪費時間每星期到彩券行購買彩券的原因。這些時間可以用來做更有益的事情，如工作、學習新技術或是跟親友相聚。

幾乎所有白手起家的富翁對自己所選擇的行業都有一些經驗與了解。許多人在做決策之前，都會仔細研究各行各業的。冒險投資的人在創業之前獲利率做研究的比例，是不願冒險投資的人的兩倍，他們對於各行業的成長與收入比較了解。敢冒險的人一定會成功，因為他們在投資前做了許多研究，而他們也很喜歡自己新選擇的工作。這其實可以分成兩個步驟，他們首先選擇適合自己個性的工作，而不只是為了金錢去選擇工作，這樣才會有歸屬感。通常是先擔任受僱的職員，然後覺得這工作很適合自己。

研究擬定出一套業務概念。喜好、專業知識、訓練、經驗以及跟客戶與供應商所建立的良好關係都是重要的因素。在這種情況下，自創事業已經沒有多大的風險。從職員到自己出來創業，只要是在相關的行業裡，其風險要比投入新行業低。只要你喜歡這行業，就比較容易成功。

日本的大企業家本田說過一句意味深長的話，他說：「我一直都過著非常魯莽的生活，我真正成功過的工作，只不過是全部工作的 1% 而已。而這個已經結了果實的 1% 的成功，就是現在的我。」

可見，冒險對於想賺大錢的人的重要性。

鼓勵你去冒險者，絕不是要你把兩隻腳一起踏到水裡試探水的深淺。有句俗語說：「只有傻瓜才會同時用兩隻腳去探測水深。」同樣地，只有笨蛋才會在沒有投資經驗時，就孤注一擲。

對於不熟悉的投資機會，不要一開始就「傾巢而出」，還是以「小」為宜。高明的將領不會讓主力軍隊暴露在不必要的危險下。但是為了獲得敵情，取得先機，他們會派出小型的偵察部隊深入戰區，設法找出風險最小，效果最大的攻擊策略。

投資的冒險策略亦是如此，對於不熟悉的投資或在狀況不明、沒有把握的情況下，切忌「傾巢而出」，此時以「小」為宜，利用小錢去取得經驗、去

熟悉情況，待經驗老到、狀況有把握時，再投入大錢。

俗話說得好「萬事起頭難」，克服恐懼的最佳良方，就是直接去做你覺得害怕的事。冒險既然是投資致富中不可或缺的一部分，就不要極力逃避。從小的投資做起，鍛鍊自己承擔風險的膽識。有了經驗之後，恐懼的感覺會逐漸消除，在循序漸進地克服小恐懼之後，你可以去面對更大的風險。很快你將發現，由冒險精神帶給你的歷練，正協助你一步一步地接近夢想。

規避風險是人類的本性，但千萬不要因為一次投資的失敗，便信心大失，不敢再投資，而成為永遠的輸家。也不要因為一時「手氣好」，便忘記風險的存在。多方借錢大舉投入，造成永難彌補的損失。成功者與失敗者同樣對風險都感到畏懼，只是他們對風險的反應不同而已。

如果你不願意冒險，寧願保守，那麼最好有個心理準備──你將終生平庸。當然，保守、平庸，能快快樂樂地過一生也很好，決定權在自己。人們通常只後悔沒有去做某事，而不後悔已經試過的事。

# 第三章
# 努力增加你的收入

　　很多人都在尋找增加收入的機會。家無隔宿之糧的人固然要賺更多的錢，豐衣足食者也要賺更多的錢，否則根本不能跟上社會發展的洪流。

　　努力增加你的收入，不僅是為你今天的美好生活提供支撐，同時也能為你明天的輝煌打下基礎。

# 一、為你的價值加分

經常有人抱怨：「我得到的比我應得的少。」這是錯誤的觀念，正確的想法應該是：如果你想要「賺」更多，那麼你應該付出更多。

你的收入是以你對經濟市場投入的價值為依據的。這個市場對你沒有喜惡之分，它是依據你的價值來支付你薪水，不是依據其他角色來支付。你沒有被幸運特別眷顧，也沒有被幸運刻意遺棄。你手中握有決定權，決定你能賺多少。

你必須了解市場的規則，你的收入高低就是依據這些規則來決定的。如果不了解今日所得就是昨日決定的結果，那麼你不會開口說：「我現在要改變決定。」你是你生命的設計師，當然可以規劃收入的高低。如果有人能夠決定你收入的多寡，也能掌控你的生活，那個人只能是你自己。

以下我們將分析「如何為你的價值加分」，分析結果適用於一般員工和自行開業的老闆。

## 1.表現你的強項

金錢和機會不會隨著你的需求而來，而是會跟著你的能力而來。你不會因為你「需要」而使得收入增加。你的收入之所以提高，是因為那是你「應得」的。

家境不好的員工去找老闆：「……我們又生了一個小孩，我們現在需要一間大一點的房子，還需要請一個保姆，否則我無法來上班……我需要加薪。」老闆不僅會拒絕他的要求，可能同時還會決定，公司「不再需要」這種員工。

如果你想要求加薪，要向老闆解釋為什麼你「應該」加薪。在和老闆進行談判前，你必須先做準備，列出你對公司有什麼好處，你還可以為公司帶來什麼其他的貢獻，並將你的強項一一列舉出來。你要提早告訴老闆你要求

面談，並且清楚告訴對方，談話的內容是要確定你對公司的價值。如果你沒有談判的經驗，你可以對著鏡子或找人練習。你必須表現出你的強項，絕對不要表現出你的疑慮，這點對自行開業的老闆也一樣適用。別人不會追隨猶疑不定的人的腳步，只會追隨那些對自己目標堅定不移的人。有強項的人就可以有高收入。

## 2‧只問義務不問權利

如果你太在意你的權利，則無法達到目的，你要問你能為公司做什麼，不要常問公司能為你做什麼。以員工權利為主的公司注定會失敗，而人與人之間的關係，如果個人只在意自己的權利，也注定失敗。約翰‧甘迺迪（John F. Kennedy）曾說：「不要去想國家能為你做什麼，而是去想你能為國家做什麼。」用這種觀點你才能達到你的目的，你能賺得更多，你也因而成長。你感到滿意，因為你有所貢獻，而不是只享受別人的成果。

## 3‧為 8 個小時的薪水工作 10 個小時

你的付出超出別人對你的期待，讓周圍的人對你刮目相看，你的努力要超過所有人的期待。

工作時間一長，總是可以找到一些偷懶的方法，比如：你可以在下班前10分鐘離開；你可以躲在廁所裡看報紙20分鐘；如果要去拿文件，可以稍微繞到咖啡廳小坐片刻……反正雖然你每天領的是 8 個小時的薪水，但只做6 個小時的工作就可以。

但是，如果你拿的是 8 個小時的薪水，最好工作 10 個小時，讓自己「應得」更多的錢。養成拚命工作的習慣，這是致富的本錢。用小火煮東西，時間一長終會煮熟。即使老闆沒有看到你工作的熱誠，卻還是值得這麼做，因為你擁有督促你向前進的本錢：追求成功的工作習慣。

## 4・迅速做好工作

如果說要拿高薪資還有一個最終祕密，那就是把每天該做的事儘快完成。工作原則是：越快越好。把這些工作看成運動，用迅速完成來讓大家嘖嘖稱奇。你可能會告訴我：「如果做得太快，可能會出錯。」沒錯，工作太多、又做得太快，錯誤就會多一些。但第一，做對的事還是居多；第二，錯誤是好事。如果你害怕犯錯就不去做，絕對無法成就大事。IBM 創始人華生（Thomas J. Watson）曾說：「想在我們公司出人頭地的人，必須累積錯誤。」沒有人要求你一定要做到盡善盡美，完美其實是一種阻礙，而我們要求的是與眾不同。害怕犯錯的人，想把每件事都做的正確，但不害怕犯錯的人，會有與眾不同的表現。

我們要問：如何以最快的速度，完成與眾不同的成果呢？讓大家對你提高注意力，例如，3 分鐘內回覆傳真、馬上回電、做事絕不拖延。

儘快完成工作，有如下祕訣：

· 不要害怕犯錯。

· 錯誤創造經驗，經驗幫助你快速正確下決定。

· 學習相信自己的直覺，讓你能更迅速下決定。

· 當你迅速決定下的結果中有 50%以上是對的，你一定能致富。

· 以第一速度處理工作，你可能會出錯，但你做對的工作還是占多數。

## 5・沒有不重要的事

以前值得做的事，現在更值得把它做好。所以不管是寫封信、打通電話，還是排好椅子、準備會議室，沒有所謂不重要的事。做任何事，都要盡心做好。你可以想像，可能會有個億萬富翁在觀察你工作，然後決定他是否要聘你到他的公司工作。

切記：這不是在暗示你應該把事情做到最完美。完美代表沒有錯誤，但是害怕犯錯是一種阻礙。要求完美的公司，業績一定停滯不前。你應該把所有的事做到與眾不同，用不同的方式來做事。因為只有傑出的成績才能加深大家對你的印象。

## 6・讓你自己變成不可或缺

把你的責任範圍延伸到工作範圍之外，吸引別人的注意。在每個公司裡都有公司不能缺少的某些人物，他們是公司裡的重要角色。讓你自己成為不可或缺的人物，這不是表示你要把所有的工作都往自己身上扛，而是扛起責任。擴大你的影響範圍，自願去接受任務，接受專案籌劃的工作。你要有這樣的想法：「我代表公司。」

另一方面，你要讓自己在你的部門或公司裡成為不可或缺的角色，但這不表示你必須做所有的事才能把事情做好，否則你只會變成公司的奴隸。讓自己成為不可或缺，因為你準備好要扛起責任。之所以不可或缺，因為你把任務和權威分派給別人。

## 7・繼續進修

人類的大腦在進化之初，一定具有非常傑出的本能反應：眼睛一看到獵物，就能馬上獵捕，發現危險便馬上爬到樹上。人類之所以能逐漸成為固定在某處生活的群體，是因為我們認識事物之間的關聯性，並學會事前計畫。我們知道今天播種，幾個月以後會有收成。這個認知是人類最重要的意識改變。花3年的時間接受職訓或花4～6年的時間去上大學接受再深造，之後就能有較高的收入 —— 符合了同樣的認知。

但學業結束之後，並不代表學習的結束。真正的學習才正要開始。可惜我們並沒有將這項認知運用在大部分的生活領域裡，否則我們行事就不會那麼短視。10年坐吃會山空；吃10年的巧克力會發胖生病；10年盯著電視看

會眼瞎，如果有人 10 年內不看電視，但每天花 2 個小時閱讀具有建設性的專業書籍，他可能不會知道現在足球賽的比賽情形，但他的收入一定比每天花 2 ～ 3 小時看電視的人高出 2 ～ 3 倍。

## 8・成為專家

　　你的做法若和其他人一樣，你無疑就像沙漠中的一粒砂。那麼你的所得也將和其他人沒兩樣。你不能說你的能力比較好（即使你是對的），因為每人都這麼說。如果你是位專家，則自然有人會主動來找你。

　　這裡有一個很好的辦法，可迅速訓練你成為專家：請假設你已經成為專家，打算寫一份一整頁的廣告，推銷你的產品，吸引別人的注意。

　　這個方法有以下幾個優點：

- · 它能強迫你以顧客的角度，來思考你能為他們帶來什麼好處。
- · 你可能更清楚地把注意力集中在重要的事物上。
- · 在構思這份廣告的過程中，你可能會發現你根本不喜歡後來的結果。那你便能儘早另做打算，以免浪費時間和精力。
- · 你更清楚要達到成為專家這個目標，要進行哪些步驟，你也可以更精準地確定你的目標群。
- · 你了解如何滿足顧客的需要，你會不時問自己，如何讓顧客獲得最好的服務。
- · 加速追求目標的整體過程，讓你可以立刻開始進行。

## 9・要求金錢報酬

　　你是不是那種有時候做了服務，但又不要求金錢報酬的人？請你仔細考慮一下：要求金錢報酬有時候是自我價值感的問題。當你做了對別人有價

值的事，因此獲得金錢報酬，是一項很自然也完全合理的事情。你是否覺得你的服務有價值，完全取決於你對自己的評價。如果同樣一件事情由別人來做，可以索取高價報酬，但你卻免費服務，這唯一的原因在於你缺乏自信。別人了解他自己的價值，但你卻不。

　　你必須對你生活的品質負責任，賺錢是你的義務，因此你也應該要求金錢報酬——至少在你達到經濟完全無憂前，你必須這麼做。

　　你也知道，要想成功，想法比能力還重要。所以請你看重自己，並把這一點記錄在成功日記裡。

## 10・專注於能夠創造收入的工作上

　　這很簡單，只將時間集中於能夠增加收入的工作上。先挑選出，在你的領域裡有哪些是可以增加收入的工作。很多人可能都具有可以完成大部分工作的能力，但只有少數人具有只做能夠創造收入工作的原則。

　　你將會看到，只將心力投注於創造收入的工作，效果會讓人較為滿意；然而做其他的事，卻比較容易。但你不要忘記，收入高低的關鍵在於你做的事是否與眾不同。

　　在這裡同樣重要的是：愈快愈好。不要等到你有能力的時候才做，應該儘快把事情委派出去。如果這件工作別人可以做，就儘快發派出去，然後你將空出來的時間，拿來從事能夠製造收入的工作。你還能將更多事情委派給別人，利用餘下的時間充實自己。只要你在相同的時間內，收入比支付給幫手的費用還多時，那這筆帳單就有代價了。

　　大部分的公司都認為應該先成長，然後才有能力去聘請他們需要的人才。但正確的做法是：你應該以最快的速度聘請這些人才，那麼你才能成長。

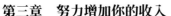

# 二、拓展收入的管道

如果把你的收入比作一條河，而你這條河只有薪資這條管道流入的話，永遠也不能擁有豐富的水資源。你需多拓展一些支流，來保證你收入的河流有充足的水量。

舉辦奧運是當今世界許多國家夢寐以求的美事，它除了能幫助舉辦國擴大知名度外，還能夠帶來大量的經濟收益。但有誰想到，二三十年前的奧運，是一場「虧血本」的「買賣」呢？

1976 年，加拿大承辦奧運，虧損 10 億美元，至今他們還要為此交納「奧運特別稅」，預計到 2030 年才能還清全部債務。1980 年在莫斯科舉行的奧運，據說蘇聯當局也花費了 90 億美元之巨。因此，對於 1984 年奧運，許多國家及城市望而生畏，沒有勇氣承辦，卻只有美國洛杉磯願意承辦 1984 年第 23 屆奧運。

1979 年，46 歲的企業家尤伯羅斯（Peter Ueberroth）知難受命，接受這項艱巨任務，擔任奧組委主席。奧組委成立時明確宣布，本屆奧運不由政府主辦，完全「商辦」；奧委會是獨立於美國政府以外的「私人公司」。為了籌集資金，尤伯羅斯絞盡腦汁，決定利用一切可以利用的力量。

這屆奧運最大的一筆收入，是靠出售電視轉播權籌集的。奧委會開出的國內獨家轉播權的價格是 2.25 億美元。這個價格是蒙特婁奧運電視轉播權價格的 6.6 倍，是莫斯科奧運電視轉播價格的 20.6 倍。價碼開出，美國 3 家最大的電視廣播網都認為價格過高，一時難以定奪。曾經買到過莫斯科奧運電視轉播權的全國廣播公司開了 4 次董事會都舉棋不定。美國廣播公司請了幾十位經濟專家仔細計算，認為有利可圖，於是，便先下手為強，搶在全國廣播公司前買下了電視轉播權。

第二項大收入，是請私人公司贊助。在這方面尤伯羅斯吸取了 1980 年紐約冬季奧運的教訓。那屆奧運沒有規定最低贊助金額和單位數目，結果贊助

廠商雖有 381 家，卻一共只給了 900 萬美元的贊助費。本屆奧運規定，正式贊助單位為 30 家，每家至少贊助 400 萬美元，在每一項目中只接受一家贊助商。而贊助商都可取得本屆奧運上某種商品的專供權。這樣一來，各廠商為了宣傳自己，互相競爭，出高價搶奪贊助權。

尤伯羅斯親自談判每一宗贊助合約，運用他卓越的推銷才能，挑起同行業間的競爭。當國際商業機器公司決定不參加贊助的時候，尤伯羅斯打電話給該公司的主席，指出贊助洛杉磯奧運的公司，可以在下一代青年腦海中留下全球性公司的形象。當然，他不會忘記警告對方，另一家大規模電腦公司也有興趣，逼得該公司乖乖簽約。

在伊士曼柯達公司（Eastman Kodak Company）認為贊助費太昂貴，表示沒有一家攝影器材公司願意付出 400 萬美元贊助費時，尤伯羅斯警告他們，已有外國競爭者與之爭奪贊助權，但該公司仍然執迷不悟。尤伯羅斯毫不遲疑地把贊助權售給日本的富士攝影器材公司。於是，日本富士軟片（Fujifilm）以 700 萬美元的贊助費，戰勝柯達，取得這屆奧運專用底片供應權，使柯達公司後悔莫及。

可口可樂公司（The Coca-Cola Company）和百事可樂公司（PepsiCo, Inc.）兩家飲料公司的競爭也十分激烈。「可口可樂」搶先一步開價 1,300 萬美元，成為本屆奧運開價最高的贊助商，取得了飲料專供權。本屆奧運贊助費總收入 1.3 億美元。

第三項大收入，是門票收入。這屆奧運的門票價格是相當高的，開幕式和閉幕式門票售價分別為 200 美元、120 美元和 50 美元 3 種。門票總收入達 8,000 多萬美元。

還有諸如聖火接力和出售會標的商標專利權的收入。火炬接力採取捐款的辦法，也是尤伯羅斯想出來的。奧運聖火是在希臘點燃的。這一屆洛杉磯奧運在美國國內的傳遞儀式，由東至西，全程 15,000 公里，沿途經過 32 個州 1 個特區，在 7 月 28 日奧運開幕時準時到達洛杉磯紀念體育場。聖火傳遞

權是以每公里 3,000 美元出售。不少廠商花錢買下，並雇人參加聖火接力，來宣傳自己公司，僅這一項收入就達 3,000 萬美元。

尤伯羅斯透過上述辦法，開拓了許多條收入的管道，終於籌集到 5 億美元，從此改變了前幾屆奧運經濟上虧損的歷史。

身為人，無論是上班族還是大老闆，都要學會尤伯羅斯「開源」的方法。個人「開源」的方法很多，比如說投資金融市場，從事第二職業等。

## 三、省錢就是賺錢

在日常生活中，人們都力求勤儉持家。工業生產也如此，要想取得更多的利潤，節約每一分錢，實行最低成本原則是非常必要的。著名企業都非常注意降低成本，節省每一分不必要的開支。

洛克斐勒是美國的石油大王，他擁有的財富無人可比，但他深深懂得節約的重要性，他曾對他的下屬說：「省錢就是賺錢。」

### 1·節儉是一種美德

社會上有些人與其說是在遭受著缺錢的痛苦，不如說是在遭受著大肆揮霍浪費錢的痛苦。賺錢比懂得如何花錢要輕鬆容易得多。並非是一個人所賺的錢構成了他的財富，而是他的花錢和存錢的方式造就了他的財富。當一個人透過勞動獲得了超出他個人和家庭所需開支的收入之後，那麼他就能慢慢地累積下一小筆錢財了，毫無疑問，他從此就擁有了在社會上健康生活的基礎。這點累積也許算不了什麼，但是它們足以使他獲得獨立。

節儉是一種美德，它能使我們免遭許多蔑視和侮辱，它要求我們克制自己，但也不要放棄正當的享受。它會帶來許多誠實的樂趣，而這些樂趣是奢

侈浪費從我們身上奪走的。

節儉並不需要很大的勇氣才能做到，也不需要很高的智力或任何超人的德行才能做到。它只需要某些常識和抵制自私享樂的力量就行。實際上，節儉只不過是日常工作行為中的普愛意識而已。它不需要強烈的決心，它只需要一點點有耐心的自我克制，只要馬上行動就立即能見成效！對節儉的習慣越是持之以恆，那麼節儉就越是容易，這種行為也就會更快地給自我克制帶來巨大的補償和報酬。

對那些收入豐厚的人來說，把所有收入全部花在自己一人身上，這種做法是多麼自私啊！即使他有個家，若他把自己每週的收入全部花在養家糊口上而不節省一點錢的話，也是十足不顧未來的行為。當你聽說一個收入頗豐的人死後沒有留下任何財產，他只留下他的妻子和一個赤貧的家，讓他們聽從命運的擺布、生死聽天由命時，你不得不認為 —— 這是天底下最自私而毫不節儉的行為。最後，這種不幸的爛攤子家庭會陷入貧窮的境地。

事實上，對於那些最窮苦的人來說，正是平日裡的精打細算，無論這種行為多麼微不足道，為以後他和他的家庭遭受疾病或絕望無助時提供了應急手段，而這種不幸的情形往往是在最意想不到的時候找上門。

相對來講，能成為富翁的人畢竟只是少數；但絕大多數人都擁有成為富翁的能力，即勤奮、節儉和充分滿足各人所需的能力。他們可以擁有充足的儲蓄以應付他們年老時面臨的匱乏和貧困。然而，在從事節儉的過程中，缺少的不是機遇，而是意志力，一個人也會不知疲倦地辛勤工作，但他們仍然沒法避免大手大腳地花錢，過著高消費的生活。

絕大多數人寧願享受快樂而不願實行自我克制。他們常常把自己的收入全部花掉。不只是普通勞動者中有揮霍浪費的人，也有些把多年辛勤工作的收入在一年中就揮霍精光的故事。

金錢有時代表了許多毫無價值或者說毫無實際用途的目的；但金錢也代表了某些極為珍貴的東西，那就是自立。從這個意義上講，它具有偉大的道

德重要性。

「不要輕率地對待金錢，因為金錢反映出人的品格。」人類的某些最好品格就取決於是否能正確地使用金錢 —— 比如慷慨大方、仁慈、公正、誠實和高瞻遠矚。有的人的惡劣品格也起源於對金錢的濫用 —— 比如貪婪、吝嗇、不義、揮霍浪費和只顧眼前不顧將來的短視行為。

沒有任何一個賺多少就花掉多少的人成就過大事。那些賺多少就花掉多少的人永遠把自己懸掛在貧困的邊界上。這樣的人必定是軟弱無力的 —— 受時間和環境所奴役。他們使自己總是處於貧困狀態。既喪失了對別人的尊重，也喪失了自尊。這種人是不可能獲得自由和自立的。揮霍而不節儉足以奪走一個人所有的堅毅精神和美德。

當人們變得明智和善於思考以後，他們就會變得深謀遠慮和樸素節儉。一個毫無頭腦的人，就像一個野人一樣，把他的全部收入都花光，根本不為未來作打算，不會考慮到艱難時日的需要或考慮那些得依靠他的幫助的人們的呼籲。而一個明智的人則會為未來打算。

若你的生活完全超出了你的財力，那麼，這種生活的代價是你花掉了所有收入，最後連生命本身也將為此搭進去。

所以你需要節省每一項不必要的開銷，避免任何奢侈浪費的生活方式。一項購買交易如果是多餘的，無論其價格多麼低，它也是昂貴的。細微的開支匯聚起來可能是一筆巨大的花費！

貧窮，不僅剝奪一個人樂善好施的權利，而且在你面對本可以透過各種德行來避免的肉體和精神的邪惡誘惑時，變得無力抵抗。不要輕易向任何人借債消費，下定決心擺脫貧困。無論你擁有什麼，消費的時候都不能傾其所有。貧困是人類幸福的大敵。它毫無疑問地破壞自由，並且，使一些美德難以實現，使另一些美德成為空談。

伴隨著每一項節儉的努力而來的是做人的尊嚴。它表現為自我克制，增強品格的力量。它會產生一種自我管理良好的心態。

有些人可能會說：「我做不到這點。」但是，每個人都有能力做某些事情。「做不到」是一個人走向墮落的徵兆。事實上，沒有任何謊言比「不能」更可笑了。

　　一個人若想行事公正，他就不僅應該為自己好好打算，也應顧及到對別人的責任。

　　你應該樂善好施。你可以生活得莊重而節儉。你能夠為不幸的日子事先做好準備。你可以閱讀好書，聆聽明智的教誨，接受最聖潔影響的薰陶。

　　即使一個最健康、最身強力壯的人也會被突如其來的偶發事件或疾病給擊倒。

　　如果一個人的人生目標主要是生產布匹、絲綢、棉花、五金器具、玩具和瓷器；在最便宜的商店收購它們，在最貴的商店賣掉它們；耕耘土地，種植穀物，餵養牲畜；只為金錢的利息而活，囤積居奇，待價而沽。如果你的生活目標僅限於此，那你就該反省自己的做法。但是，難道這就是人生的目的嗎？難道除了肌肉組織外，你就沒有才能、情感和同情心嗎？難道除了嘴巴和脊梁的要求外，你就沒有心靈的要求嗎？難道除了腸胃之外就沒有靈魂嗎？

　　金錢絕不是繁榮的象徵。一個人的本性和沒有繁榮的時候沒有什麼差別。讓一個沒有受過教育的、勞累過度的人的收入翻倍，你猜結果會是什麼呢？除了大吃大喝，沒有別的結果。

　　你應該在衣豐食足的美好時期裡為將來有可能降臨到自己身上的、誰也無法避免的壞日子做些準備；你應該為免於將來的貧困而累積一些東西，就像枯水期修好防洪堤一樣，並堅信哪怕是點滴的累積都有可能在自己年老時能派上大用場，既維持老年生活，維護自尊，又能增進他們的個人舒適和社會的健康。節儉絕不是與貪婪、高利貸、吝嗇和自私同流合汙的行為。

　　「不是為了要將它藏入金庫，也不是為了要有僕人服務——只是為了獨立的人格尊嚴和不受別人的奴役之苦。」

## 2‧不要入不敷出

如今有些人不再滿足於靠誠實和勤奮賺錢了，而是希望突然暴富起來──不論是透過投機、賭博還是詐騙。

在大街上、公園中、酒吧裡到處能看到奢侈現象。衣著的奢華只是奢侈的表現之一，揮霍浪費在社會生活中屢見不鮮。人們過著超過他們負擔能力的高消費生活，其後果可以在商業失敗中、破產清單上和審判罪犯的法庭上看到。在法庭上，生意人常常被指控犯有不誠實和欺詐的罪行。

外表一定要氣派，人一定要看起來有錢。那些一心想取得別人信任的人很常裝出有能力的樣子，一定要生活得「有品味」，住奢華的房子、吃精美的食品、喝高級的美酒、開昂貴的名車。

另有一類奢侈的人，雖然不靠欺詐生活，但也徘徊在欺詐的邊緣上。他們有自己賺錢的手段，但消費往往超過收入。他們希望自己成為「受人尊敬的人。」他們信奉的是有害的格言：「一定要和其他人一樣生活。」他們不考慮自己能不能負擔得起目前的生活，而是為了在別人面前保持面子必須要這樣生活。這麼做的結果是犧牲了自尊。他們看重衣著、家庭設施、生活方式和追求時尚，把這些看成受人尊敬的代表。他們精心策劃自己在世人面前出現的形象，雖然這可能是徹底的偽善和虛假。

但是他們絕不能顯得寒酸！他們必須用各種方法努力掩蓋他們的貧窮。他們在把錢賺到手之前就先花掉了──欠了雜貨店、麵包店、服飾店……一屁股債務。他們必須像有錢的店主一樣款待同樣追求時尚的「朋友」。可是，當不幸襲來，債務再也拖不下去的時候，誰還是他的「朋友」呢？他們躲得遠遠的，只剩下這個無依無靠的人在債務中掙扎！

什麼是「透過交際連繫感情」？它根本無法提高一個人的社會地位，甚至在生意上也無法提供任何幫助。成功主要依靠一個人的品格和他受到的尊敬。如果在尚未成功之前就想先品嚐成功的結果，那麼八字已有的一撇也會失去，有抱負的人也會掉入債務的貪婪大嘴而無人惋惜。

想成為與自己不同的人或者擁有他們沒有的東西的非分之想，是一切不道德的根源。

　　有人打腫臉充胖子，生活水準低下也要做出氣派的樣子。他們努力把自己打扮得看起來比實際上更高級些。

　　為了這個目的，你一定要富，至少看起來像富人。因此，你為追求時尚而奮鬥，為外表的富裕而努力，為過中上層的生活而沾沾自喜。

　　這樣的例子還很多：那些「令人尊敬的人」從一種奢侈走向另一種奢侈，肆無忌憚地揮霍著不屬於他們的財富，為的是維持他們遠揚的「名聲」，並在崇拜者面前大出風頭；而這一切突然像泡沫一樣破滅了，隨之而來的是破產和毀滅。

　　為奢侈而背負債務是多麼不理智的舉動！你購買精美的物品 —— 比你能負擔的價位的商品更好，你因此要用 6 ～ 12 個月去償還貸款！這是店主的計謀，而你欣然中計。你太缺乏依靠自己生活的骨氣，一定要依靠別人。

　　當誘惑擺在面前時，果斷地馬上說「不」。「不行，我負擔不起。」許多人沒有道德勇氣這樣做。他們考慮的只是自己的滿意，不能實踐否定自我。他們屈服、讓步於「自我享受」。而結果往往是貪汙、詐欺和毀滅。社會對這種情況的判決是什麼呢？「這個人的享受超過了他的支付能力」。而以前受他款待的那些人沒有一個人會感謝他，沒有一個人會可憐他，也沒有一個人會幫助他。

　　這種人是除了他自己之外，是所有人的「朋友」。他最大的敵人就是他自己。他很快把自己的錢花完，就找到朋友要求借錢或做貸款的擔保。當他把最後一分錢花光的時候就死了，留下了卻是十足愚蠢的名聲。

　　他的人生原則似乎是對每個人有求必應。究竟是他一定要和別人同呼吸共命運，還是害怕得罪別人，這不得而知。

　　只要他打開錢包，朋友就無窮無盡。他到處做調節者 —— 是每一個人的保證人。

他是每個有需求的傢伙都能來撈一把的口袋，是每一個口渴的人都能接水喝的水龍頭，是每個餓狗都能啃一口的醃肉，是每個無賴想騎就騎的驢子，是一個給除了自己之外所有人磨粉的磨坊，簡而言之，是個一生都說不出個「不」字的「好心人」。

如果一個人想要平和、順利，那麼他應在適當的時候說「不」。許多人就毀於不能說或者沒有說「不」。

一個人如果不量入為出，那麼就會直到一無所有，在負債累累中死去，「社會」將在他進入墳墓後還繼續控制著他。他必須像「祭祖」要求的那樣下葬，舉辦一個時興的葬禮。

在這個時代改變這種風俗是很困難的。你可能急於去改變，但通常會有這麼幾個問題：「別人會有什麼反應？」、「社會會有什麼反應？」你會不情願地退回來，成為像你的鄰居一樣的膽小鬼。怎麼樣？該醒醒了吧！勇敢些，先承認自己是一個平民，等到有一天成為富翁，你會欣喜你的勇敢。從拒絕入不敷出做起。

## 3‧不放過任何一個可以節約的機會

鋼鐵大王卡內基就曾說過：「密切注意成本，你就不用擔心利潤。」在他的一生中，從未為利潤擔心過，因為他最注重的就是節約成本，省下每一筆不必要的開支。卡內基在商海中縱橫一生，他從來沒有忘記節約，一輩子堅持最低成本原則。

為了降低成本，卡內基可以說是不擇手段，不放過任何一個可以節約的機會。卡內基的努力效果是明顯的，正是由於他掌握了這一原則，才使他在鋼鐵業中超過眾多同行，獲得「鋼鐵大王」的美稱。

前文所談及的奧運功臣尤伯羅斯，雖然他在「開源」這一環節為奧運增加 5 億美元收入，但對於「節流」他同樣毫不手軟：那屆選手村的建設利用了加州大學洛杉磯分校和南加州大學暑假期的學生宿舍，23 個比賽地除游

泳、射擊和自行車賽場新建外，其餘全是舊地翻新的；游泳場建成露天的，交通工具是借來的大型轎車；所需器材大多是靠各國企業的贊助和捐贈，就連為奧運服務的 5 萬工作人員有一半是不領薪水的自願參加者。尤伯羅斯就是從開源和節流兩個方面著手，創造了震驚世界的奇蹟。

## (1) 降低管理費

福特公司總經理李‧艾科卡（Lee Iacocca）在他的自傳中說：「多賺錢的方法只有兩個：不是多賣，就是降低管理費。」

節約成本開支和降低產品售價，這是提高競爭力和改善經營效益的關鍵所在。艾科卡在福特公司（Ford）和克萊斯勒公司（Chrysler）都非常重視降低成本。減少開支也是他經營成功的祕訣所在。

艾科卡剛擔任福特公司總經理時，第一件要做的事就是召開高級經理會議，確定降低成本的計畫。他提出了「4 個 5,000 萬」和「不賠錢」計畫。

「4 個 5,000 萬」也就是在抓住時機、減少生產混亂、降低設計成本和改革舊式經營方法四個方面，爭取各減 5,000 萬美元管理費。

以前工廠每年準備轉產時，都要花兩個星期的時間，而這期間大多數工人和機器都閑著。這不僅構成人力和物力的浪費，而且長期如此，這也是一筆可觀的損失。

艾科卡想，如果更好地利用電腦和更周密地計劃，過渡期可以從兩星期減為一星期。3 年後，福特公司就能利用一個週末的時間做好轉產準備，這一速度在汽車行業是前所未有的，為公司每年減少了幾百萬的成本開支。

3 年後，艾科卡實現了「4 個 5,000 萬」的目標，公司利潤增加 2 億美元，也就是在不多賣一輛車的情況下，就增加了 40％的利潤。

一般的大公司，都有幾十項業務是賠錢的，或者說賺錢很少，福特公司也如此。艾科卡對汽車公司的每項業務都是用利潤率來衡量的。他認為每個分廠的經理都應該心中有數：他的廠是在幫公司賺錢呢？還是他造的部件成

本比外購還貴，使公司虧損？

　　所以，他宣布：給每個經理 3 年時間，要是他的部門還不賺錢，那就只好把它賣出去了。

　　艾科卡甩掉了將近 20 個賠錢部門，其中有一個是生產洗衣機設備的，開工廠幾年，沒有賺過一分錢。這就是艾科卡的「不賠錢」計畫，他透過這種辦法盡量減少公司負擔，節約原材料、勞動力和機器設備，使公司的相對利潤急劇上升。艾科卡也因此得到了眾多員工們的一致好評。

　　「不賠錢」計畫實行了兩年，該賣的工廠都賣掉了，為公司收回了不少資金，也在很大程度上降低了成本。

　　在克萊斯勒公司，艾科卡在其他管理人員的幫助下，裁人減薪，減少勞務成本，並以此為基礎，雙管齊下：改善庫存管理、改變採購辦法。

　　他大膽地引進日本「豐田無庫存生產」的庫存管理技術，取代原來的「以防萬一」大量庫存的制度；採用「基本部件一體化，車型品種多樣化」的產品策略，將產品零配件由 7 萬多種減少為不到 1 萬種，進一步減少了進貨與庫存，節約了大量管理費用；廢止將產品存放在公司的「銷售銀行」待機而售的制度，實行與銷售商訂貨生產的新制度，改變了產品庫存的局面。經過上述改革，克萊斯勒公司的年庫存額由 21 億美元下降至 12 億美元，管理費用也大大下降，為公司節約了一大筆資金。

　　艾科卡還從多方面強化成本核算，盡量降低成本。自產零部件如果比外購貴，就依靠外購；進口零部件較貴的，就不依賴進口而自己生產；各工種的成本預算，必須與同行業中的低成本作比較，而不能「按需編制」。這一切都有效地降低了成本。使企業在競爭中立於不敗之地。

## （2）降低經營成本

　　霍華‧休斯（Howard Hughes）曾被喻為美國「飛機大王」，曾是控制美國十大財團之一的老闆，他是環球航空（Trans World Airlines）的創辦人。

有關這位商業大亨的創業過程，是充滿曲折和神祕色彩的，並非三言兩語能說清的，這裡只選一件小事：

有一次，霍華・休斯開車前往機場，車上還有另一位美國富豪福斯先生。他們邊開車邊談生意。福斯在滔滔不絕地談起一宗 2,300 萬美元的大生意，他說要設法做成。休斯聽了福斯的話，似有所悟，立即把車靠邊停下，趕著往路旁的一間藥店走去。

福斯不知怎麼一回事，只好在車上坐著等候。一會兒，休斯回來了，福斯困惑不解地問休斯去做什麼了。

休斯回答：「打電話，我剛把環球航空公司的機票退掉。因為我要陪您搭另一班機。」他答完後又說起福斯所說的那宗 2,300 萬美元生意的事。

福斯笑著說：「我們正在談著 2,300 萬美元的大生意，而您卻為了節省150 美元的機票把我放下去打電話了，這麼急停下來差點要把我們撞死了。」

休斯卻認真地回答：「這 2,300 萬美元的大生意能否成功還是個問題呢！但節省 150 美元卻是實實在在的現款。」

「一鳥在手勝過兩鳥在林」這正是休斯的經營思想，這是他的制勝之道。他認為，既然 2,300 萬美元也是由若干個 150 美元組成的，那麼，就沒有理由因 2,300 萬美元可能到手而放棄和浪費 150 美元。其實，注重效益，不該花的錢一分不花，正是在競爭中積小勝為大勝的道理。也是穩紮穩打，降低經營成本增加收入的道理。

## 4・拒絕揮霍浪費

有的不幸是自私造成的 —— 或者是出於對增值財富的貪婪，或者是揮霍浪費。增值財富已經成了這個時代巨大的動機和熱情。絕對貧困的人是不存在的，只要人們能夠適度節儉或稍有遠見，他們就無需為度過失業、生病等臨時的困難而把自己置於尷尬之境。一個碼頭工人，在他年輕力壯和沒有成家的時候，可以把他一週薪資的一半存下來，而且這種人幾乎可以肯定不

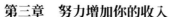 

會失業。

　　節約幾乎是每個人都能做到的事，即使生活在社會的最底層也能做到。如果節約成為一種普遍時尚的話，那麼，這個城市的貧困和疾病就會保持在一個可以控制的範圍之內了。

　　因此，一個能幹的工人，除非他在節儉方面養成了良好習慣，否則，他們生活要求不會高於肉體的需求。他收入的增加僅僅能夠滿足他的畸形消費願望的膨脹。

　　在經濟景氣時，有些人日日笙歌，狂歡作樂，一旦情況逆轉，他們就「傻眼」了。他們的薪資，用他們自己的話說是「小管子進，大管子出」。當經濟繁榮結束，他們被解僱時，就只能靠運氣和上帝的保佑來生活了。

　　人們容易被引導到痛苦的路上去，有不少人是心甘情願和自願負責的──結果就是虛度光陰、揮霍浪費、自我放縱、行為不端。因為大多數人所受的苦而去責備別人，比責備自己更容易被自尊心所接受。肯定的是，那些生活一天到晚沒有計畫的人、缺乏條理的人、沒有事先考慮的人，他們花掉了全部收入，沒有為將來留下任何積蓄，便是在為今後的痛苦種下苦果。一切只為了「今天」必然會損害「將來」。一個信奉「只管今天吃好喝好，哪管明天是否去死」的人，能有什麼希望呢？

## 四、光省錢不花錢也是錯誤的

　　在美國，只有 4.9％ 的家庭有 100 萬美元以上的淨資產。許多人的收入應該使他們步入百萬富翁的行列，但是他們住在豪宅中，缺乏基本的理財技巧。他們有巨大的收入、巨大的房子和巨大的債務，但幾乎沒有淨資產。他們擅長準備貸款申請書，而大多數申請書不要求填寫淨資產的真實情況。與

他們形成鮮明對照的是那些有心計的富翁們，這些人時刻關注資產的增加。他們的資產遠遠超出他們的負債，他們幾乎沒有或根本沒有債務。

迄今為止，各國學校裡仍沒有真正開設有關「金錢」的基礎課程。學校教育只專注於學術知識和專業技能的教育和培養，卻忽視了理財技能的培訓。這也解釋了為何眾多精明的銀行家、醫生和會計師們在學校時成績優異，卻一輩子還是要為財務問題傷神；國家岌岌可危的債務問題在很大程度上也應歸因於那些做出財務決策的政治家和政府官員們，他們中有些人雖然受過高等教育，但卻很少甚至幾乎沒有接受過財務方面的必要培訓。

由於學生們沒有獲得財務技能就離開了學校，成千上萬受過教育的人追求到了職業上的成功，卻最終發現他們仍在財務問題中掙扎。他們努力工作，但並無進展，他們所受的教育不是如何賺錢，而是如何花錢，這產生了所謂的理財態度——賺了錢後該怎麼辦？如何防止別人從你手中拿走錢？你能擁有這些錢多長時間？你如何讓錢為你工作？大多數人不明白為什麼他們會身處財務困境，因為他們不明白如何支配金錢。一個人可能受過高等教育而且事業成功，但也可能是財務上的文盲。這種人往往比需要的更為努力地工作，因為他們知道應該如何努力工作，但卻不知道如何讓錢為他們工作。

此外，一夜致富往往更容易使人驚慌失措，難於適應。彩券的大贏家如何調適心理？伴隨震驚、狂喜、自由等感覺而來的，往往不是快樂的感受和經驗。正如一位英國作家所說：「實現了願望的人，要比未實現的人流更多淚。」

買彩券中了 60 萬美元大獎的羅絲說：「人性本惡，一點都不錯！以前我不知道人可以這麼卑鄙。我完全沒想到，生命會變得這麼悲慘。我的厄運始於報紙將我的住址登出來那天。大街上到處是心懷不軌的壞蛋，我想當個虔誠的教徒，也希望恢復以前的生活。我對這筆天降之財感到恐懼和不安。包括工作、鄰居和家人。除了離開，我沒有第二條路可走。」

一位百萬美元彩金得主說：「我換了兩次電話號碼，總有莫名其妙的電

話打進來，或有陌生人敲我的門。有一天居然在凌晨 4 點電鈴大作，而我知道門外肯定不是我的朋友。我也接到過各種千奇百怪的信，有人要我捐款支持飛碟研究，有人要求代繳保釋金，甚至有人從獄中來信，信上高呼『我是冤枉的』。我被一個密密的大網罩住，這樣過了 8 個月，最後我下定決心要掙脫出來。」

中了大獎以後的調適期充滿壓力，而新的生活方式又是如此陌生。英國一項對 191 位彩券大獎得主進行的抽樣調查發現 70％的「幸運者」在辭掉工作、搬家後，覺得比以前寂寞──這一切都是因為他們中了巨額獎金。

當然，一夜致富並不必然帶來煩惱。一項針對 22 位彩券中獎人進行的調查發現，他們的快樂程度與一般人無異。

一位因寫一本書賺了 77 萬美元的作家說：「我買了一幢別墅，有紫檀木牆壁和桃木地板，這是我一直夢想的美麗家園。此外，我把那部 65 年的老福特扔了，換了一部全新的賓士。我原先以為，有了很多很多錢以後，自己就會成天躺著不做事，只管理財和花錢。可是，我的工作習慣已經根深蒂固。上次我到夏威夷度蜜月，原本計劃停留兩個星期，結果一個星期後，我便寂寞難耐，想回到打字機前工作。」

娛樂圈人士，特別是演員，錢財常常來得很快，去得也快。一位演員成名後表示：「我賺多少花多少。沒有人能夠永遠保有名氣，所以我選擇及時行樂。」

「小時候，我曾經是富家少爺；但天有不測風雲，後來我和哥哥們都淪為街上的擦鞋童。因此我早就看透人生，繁華不過是過眼雲煙，不如及時行樂。」

雅達利公司（Atari Inc.）董事長、電動玩具的發明人對賺得財富與個人滿足間的關係看法如下：「成功，是那種一旦你得到了，就開始覺得無趣的東西。它對我生活造成的主要改變，是讓我變得比較沒有時間自娛。在發明出電動玩具和建立這家公司以前，我是個月薪 1,000 美元的工程師，最大的

希望是有一天擁有 25 萬美元，當作投資老本，然後就什麼事都不做，雲遊四海以度餘生。我現在的財產已經遠超過當初的目標，可以隨心所欲做想做的事，照理說，應該是實現夙願的時候了。但我卻打消了這些念頭，因為工作實在有太多的樂趣。我每天在辦公室待 12 個小時或 14 個小時，樂此不疲。迎接新的挑戰，跟一群有趣的人，做許多有趣的事，思考、判斷和下決心，讓事情按自己的想法完成。喔，我愛我的工作！最讓我驚訝的是可以花錢的地方那麼有限。我買了一輛摩托車、一艘船和一套高傳真音響。如果說還有什麼特別的，就是收集遊樂器材了。我有許多古董棋盤、棋子和古董彈球機，我專門有一個房間放這些數量不斷增加的遊樂器材。」

因此，理財的宗旨不只是純粹的賺錢，手段當然也不僅限於各種開闢財源的方式。會賺錢之餘，懂得如何花錢更是重要的一環。

怎麼才能做到「會花錢」呢？

## 1·編制預算

編制預算應視為個人日常生活計畫的一環，比如年內大型休閒旅遊計畫或一週內購物金額，花費多少都與你的生活計畫和品質有關。

預算的編制也應注重實際可行性和彈性。比方說，如果每天三餐中固定一餐必須在外頭吃，買微波食品、便當和去餐廳用餐就有很大差別。但是也不宜把預算定得死死的，萬一同事、朋友起鬨要你請客，或者是碰到好朋友生日，你臨時想起，超支也是不可避免的。因此，預算應有某種程度的彈性。

其次，預算的編制也要注意意外的開銷。例如醫藥費或臨時資金，雖然金額大小難定，但應在能力範圍內列入意外開銷，以免到了月底捉襟見肘。

除了個人的預算之外，如果你是一家之主，整個家庭的預算也應有所計劃。通常整個家庭的預算以年、月為單位編制比較合適，不必太細碎繁瑣。

預算雖然不一定百分之百地被執行，畢竟預算不是用來綁死你錢包的工

具；但是預算訂了，並不表示已經達到節流。計劃性消費的目的，如果你每個月花費超過或低於預算的 20%～ 30%，就應該仔細評估一下你的預算是否編制得太寬鬆或太緊湊，逐步修正。

當然，修正預算不能成為你恣意消費的藉口，否則就達不到預算的節流功能了。

## 2．準確記帳

每日記帳才能落實預算的編制。不論平時家居或出門旅遊，都不能忽略記帳的重要性。有帳目可查，預算才可能有效控制。

編制預算只是「節流」的構想，執行是否徹底應從每日、每月的記帳本上自我檢查。編了預算，勢必要按實情記帳，否則預算就失去了意義。記帳的方式毋庸贅言，市面上記帳簿的樣式有很多種類，主要內容不外乎收入、支出、項目、金額和總計等五項。

另外一種簡便的記帳方式是保存購物的收據、發票以及一些其他的購物憑證。大部分商店都會把收據、發票給顧客。許多人習慣隨手丟棄或只是用來對獎，其實發票計帳最為省事方便。只是發票上通常只有金額，而沒有項目，如果你要詳細記帳、分類標明支出，就必須另外整理。

## 3．把錢花在關鍵上

每個人都希望少花錢多辦事。花費同樣多的錢，如果設計得當，就可以獲得額外收益。額外收益越多，錢當然花得越值。

把錢花到點子上，就要注意幾個效益：

### (1) 邊際效益

人們消費每一商品時，所帶來的效用或滿足感是不同的。比如，一個人吃蛋糕，吃第一塊時感覺到香甜可口，心裡非常滿足；吃第二塊時也感到不

錯；但吃第三塊時可能就飽了，不想再吃了。因此，在進行消費決策時，應把幾塊蛋糕的開支分散到其他需求上去。比如，吃兩塊蛋糕，再看一場電影或買一本雜誌等。花錢差不多，但效用大大提高。

### （2）感情效益

同樣是添置衣物，倘若父母能在孩子上學前或生日時，帶著孩子一起去選購，那麼買回來的就不單是一兩樣實用的東西，同時也增加了親子之間的感情。同樣的，夫妻在添置家用設備時，若能考慮對方的需求，將對雙方感情有極大促進作用。夫妻一方外出時，若能惦記著對方的喜好，為對方買些需要或喜歡的紀念品，就會把一次普通的花錢過程變成一次愛的體驗，使對方每次接觸這件物品時就會想起美好回憶。同理，如果夫妻雙方都主動承擔贍養長輩的義務，那麼，不僅使雙方長輩老有所養，同時也能在夫妻愛的天平上放上一顆重重的砝碼。否則，互不關心對方長輩，甚至抱怨、提防對方多寄了錢給父母，結果花了錢還不滿。

### （3）時間效益

在生活中，有時你會碰到這種情況：為了學外語，你想買某某牌的平板電腦，可是一時買不到，等過了很久好不容易買到時，已經耽誤了很長一段學習時間。或者，一位親友病重想吃某種新上市的水果，你為了省錢，想再過幾天再買。不料，病人竟在你等待水果降價期間與世長辭了。這種事會帶給你終生的遺憾。雖然想省點錢，結果卻帶來了無可挽回的損失，所以，該花的錢別猶豫，這也是把錢花在點子上的重點之一。

## 4·用花錢的辦法省錢

用花錢的辦法省錢，這聽起來可笑，不是嗎？但這卻是千真萬確的。以道路不好和交通堵塞為例，不知道有沒有人曾經計算過，由於道路不好和交通堵塞，多消耗的油料費用、多付的車輛維修費用、浪費的時間的價值和神

經緊張的代價，把這些加在一起共值多少錢？這都是非常真實的開銷，加在一起一定是個很大的數目。現在用於改善道路和建設立交橋等設施的錢，甚至不出一兩年就能收回來。

### (1) 最便宜的往往是花費最大的

為什麼自動設備的製造業成了世界上最大的工業之一？並不是因為人們的特別喜好，而是因為自動設備意味著更大的生產能力、更低的成本和更好的品質。

降低成本並不意味著不管三七二十一地削減開銷。以電腦為例，它的價格很高，在使用的最初幾年是很難回收成本的，但透過它所帶來的良好的服務、更好地協調和效率提高等實際價值，毫不費力就能收回成本。

### (2) 優質能得益

人們發現良好條件（如整齊、安排得當的辦公室）能提高工作效率。創造這些條件的額外開銷會帶來許多倍於原來開銷的收益。

人們往往受到「買便宜東西」的強烈誘惑，但對所購買的東西是否作過全面考慮呢？是否會發生因機器損壞而引起的嚴重生產損失？所買設備是否合乎標準化的要求？是否會因缺少必需的備件而導致費時費錢的拖延？總之，最划算的並非總是最便宜的，應該考慮到實際情形的各方面。

明智的經理們力圖找出「以花錢來省錢」的方法，具體說就是增加一些額外的開銷來取得未來更大的收益。增加的開銷可能影響產品品質的提升，這意味著銷售額提高；增加的開銷可能有助於減少機器的損壞，這樣可以節省維護費用，還可提高產量；增加的開銷還可能提高員工的工作速度，減少失誤和神經的緊張程度。後兩者是不能用金錢衡量的重要因素。

# 五、重視理財

古人云：「大富由天，小富由儉」。長輩也總是教導我們要勤儉持家，因為致富離不開節流。然而，在此我們要傳達一個重要的觀念：開源節流固然重要，理財更重要。

設想一下，假如你目標賺到 1 億元（只是設想），那麼在 1 億元的財富之中，究竟有多少錢是由勤儉、開源節流而來？假設從你的薪資中一年存 1.4 萬元，那麼 40 年共存了 56 萬，約占 1 億元的 5％，而 95％ 的財富都經由投資理財而來，也就是用錢賺錢的方式而來的，每年 20％ 的報酬率，經過 40 年利滾利賺來的。因此，一生能累積多少錢，不是取決於你賺了多少錢，而是你如何理財。

大家是否認真想過，單靠開源節流不靠理財的話，一年即使儲蓄 100 萬元，也必須在 100 年後才能累積到 1 億元。可見，靠儲蓄要成為富翁，是很難成功的。

如果一位上班族到年老時，發現自身的財富，大多是自己一生吃苦耐勞、省吃儉用所賺來、省來的，那麼幾乎可以肯定，他一定不會很有錢。利用理財累積財富之道，不在於「開源節流」的能力，而在於是否能充分發揮「以錢賺錢的複利力」。對多數人而言，要改善財務狀況的當務之急，不是加強開源節流，而是應加強投資理財。

理財，簡言之就是「處理錢財」，只要有錢，不管多少，能夠合理運用和處理，就稱之為理財。

人與人不同，每一個人的理財方式也各不相同，從而便導致了不同的境遇。有的人理財較好，有的人理財糊裡糊塗，甚至很盲目。

許多孜孜不倦工作，每日為錢辛苦、為錢奔忙的上班族，都曾有過共同的經驗，眼看著富人穿高級服飾、住豪華別墅、開名貴轎車，威風八面，令人羨慕不已。然而在欣羨之餘，你可曾想過：「是什麼因素使他們富有，而我

卻沒有？」

　　不少人將這些富人致富的原因，直接歸於他們生來富有、創業成功、比別人聰明、比別人努力或是比別人幸運。但是，家世、創業、聰明、努力與運氣，並無法解釋所有致富的原因。但不少有錢人家，也不是什麼大生意人，他們不見得很聰明，並沒有受過什麼高等教育，也沒有比我們勤儉，甚至不少暴發戶整天遊手好閒，他們唯一比你厲害的，似乎只是他很有錢。

　　到底那些富人擁有什麼特殊技能，是那些天天省吃儉用、日日勤奮工作的上班族所欠缺的呢？他們何以能在一生中累積如此巨大的財富呢？這正是許多人極欲探尋的問題。用家世、創業、職業、學歷、智商及努力程度等因素來解釋他們致富的原因，似乎都是失敗的。最後發現一個眾人所忽略但卻極為重要的原因，那就是：投資理財的能力。

## 1·理財的範疇

　　理財的範疇，包括以下四個方面：

### (1) 確定合理支出

　　所謂合理支出，指的是：

#### ·固定的開支

　　包括：每月的房屋租金或管理費、水電費（按每月基本用量計）、瓦斯費（按每月基本用量計）、電話費（按每月基本用量計）、貸款償還（每月平均數）等。

#### ·非固定開支

　　包括：食物（每月平均）、家庭生活用品（每月平均）、個人開銷（每月平均衛生清潔費用）、衣物被褥（每月平均）、交通費用支出（每月平均）、傢俱、設備等（每月平均）、醫療費用（每月平均）、娛樂消遣（每月平均）、交際費用（每月平均）、儲蓄（每月平均）和其他支出（每月平均）。

在這裡，我們使用了固定支出這一專用名詞，但即使是「固定」的，也仍然有可能是變化的。固定支出包括一些基本的決定，在這個意義上說，這些基本決定為其他的財務計畫打下了基礎，而且，這也是實行財務控制所必需的步驟。

一個人大部分固定支出，在回答下面三個問題之後，都可以被確定下來：

1. 你應該買房還是應該租房？
2. 你應該擁有多少人壽保險？
3. 在何種情況下，你應該借或是買某件東西？

對許多家庭來說，有時租借住宅，有時則自行購買。無論租借還是購買，兩者各有利弊。這要根據你的具體情況靈活決定。

### (2) 把錢花在事業上

一個滿懷雄心壯志的人，應該為增加自己的成功機會而慷慨地花錢。在獲得一定程度的成功之前，他在滿足個人享樂方面的開銷，應該像個守財奴似的小氣。

這就意味著，他應該盡可能優先考慮擺在他面前的這類開支，例如：參加一個提升自我的課程，加入一個有利於事業發展的俱樂部等等。而對另一類花費，如夜生活、賽車、快艇等等則應該十分吝嗇。如果他首先考慮滿足事業上的需求，那麼，其他方面的生活內容也將逐漸豐富起來。

這個有關花錢的忠告，不僅適合那些在企業中剛剛準備起步的人，也適用於事業已經很順利的人。一個真正希望成功的人，如果他把自己的時間和精力耗費在對他的事業毫無助益的消遣上，是愚蠢的。那些已經成功的人之所以成功，是因為他們把事業擺在首位。

### (3) 有一筆應急儲蓄

隨著一個人年齡的增長，他所負擔的責任也逐漸加重。家庭日益增加

的吃用、醫療、娛樂、交通和接受教育等各方面的開支都要靠他的收入來滿足。他所擬定的最合適的家庭收支計畫，可能被一次未曾預料到的突發事故所損害，甚至被永久地毀滅掉。即使他為了防止意外事故替自己作了部分保險，也會因為對飛來的橫禍毫無準備而摔倒。因此，對任何一個人來說都需要應急儲蓄，就像一間公司為意外開銷或負債而保持一定的儲蓄一樣。

### （4）為未來投資

一位成功的企業家曾對資金做過生動的比喻：「資金對於企業如同血液與人體，血液循環欠佳導致人體機能失調，資金運用不靈造成經營不善。如何保持充分的資金並靈活運用，是經營者必須注意的事。」這話既顯示出這位企業家的高財商，又說明了資金運動加速創富的深刻道理。

有些私營公司老闆，初涉商場時順利賺到一筆錢就想打退堂鼓，或把這一收益趕緊投資到家庭建設之中，或把錢存到銀行吃利息，或一味等靠穩妥生意避免競爭帶來的風險；不想把已贏得的利潤投資做生意再去賺錢，更不想投資到帶有很大風險性的房地產、股票生意之中，從而造成把本來可以活起來的資金封死了，不能發揮更大的作用。

其實，經營者最初不管賺到多少錢，都應該明白「家有資財萬貫，不如經商開店」這個道理。生活中人們都有種感覺——「錢再多都不夠花」。為什麼？因為「坐吃」必然帶來「山空」。試想，一顆雪球放在雪地上不動，只會越來越小；相反，如果把它滾起來，就會越來越大。錢財亦是如此，只有流通起來才能賺取更多的利潤。正所謂「錢財滾進門」。

有這樣一個故事：從前，有一個愛錢的人，他把自己所有的財產變賣以後，換成一大塊金子，埋在牆根下，每天晚上，他都要把金子挖出來摸一番。後來有個鄰居發現了他的祕密，偷偷地把金子挖走了。當那人晚上再挖開地皮的時候，金子已經不見了，他傷心地哭了起來。有人見他如此悲傷，問清原因以後勸道：「你有什麼可傷心的？把金子埋起來，它也成了無用的廢物，你找一塊石頭放在那，把它當成金塊，不也是一樣嗎？」

現在，大家若從經濟學的角度看，這人所勸說的話是頗有一番道理的。那個藏金塊的人是一個愛錢的人，他把金塊當作富有的象徵，忘記了作為「錢」的黃金只有在進行商品交換時才產生價值，只有在周轉中才產生價值。失去了周轉，不僅不能增值，而且還失去了存在的價值。那麼和埋藏一塊石頭，確實沒有什麼區別。如果那個人能夠把黃金作為資本，合理加以利用，一定會賺取更多的錢。即便一個公司老闆手中有一定數額的資金，但他從思想上已不再願意把錢用來賺錢，不願意把錢用來周轉，那麼對於他未來的事業來說，就像是人體有了充分的血液，但心臟已壞死，無法再促進血液循環一樣，他的事業也會因靜止不動而死亡。

資金只有在不斷反覆運動中才能發揮其增值的作用。經營者把錢拿到手中，或存起來，或納入流通領域，情況則大不相同。經營者可以把錢用來開工廠、開商店、買債券和買股票等等，把「死錢」變成「活錢」，讓它在流通中為你增利。其實，看過一點資本論的人都知道，流通增利的奧妙在於錢財能夠創造剩餘價值。一個簡單的道理，用貨幣去購買商品，然後再把商品銷售出去，這時所得到的貨幣已經含有了剩餘價值，也就是說，原來的貨幣已經增值了。假若經營者能夠出色地管理著自己的工廠和公司，看準炒股的時機，讓它健康地運作，時間越長久，錢財的雪球便越來越大，經營者手中的錢財也會變為一棵搖錢樹。

也許有許多人會反對上述的闡述，他們還是認為儲蓄能夠使自己的錢財四平八穩地增值。是的，儲蓄並非不好，但世上有哪個百萬富翁是靠儲蓄起家的？在創造財富的過程中，儲蓄也扮演了重要角色，這並不是說儲蓄的錢重要，而是那份決心，自知才重要，人們千萬不要指望你的儲蓄會使你致富。

你在投資時，應注意以下問題：

### (1) 明確選擇為何種下

這等於到園藝店去選種子。你若去過園藝店就會知道選種子有多重要。

你不能只說「我想這邊種些蔬菜，那邊種幾種花」。園藝店的人要知道你想的是哪種蔬菜，至於花，不但涉及哪種花，還要看什麼顏色。人生亦然，我們有一大堆選擇。但是，追根究柢，種下什麼種子，就會得到什麼植物。

這麼做，你會有信心，因為你是依據你自己的經驗在播種。

你的理想體重如果是 70 公斤，而你目前 85 公斤，那就為 80 公斤「下種」。達到 80 公斤這個目標，再為 75 公斤而「下種」。

這種漸進過程可以適用於任何目標。

### (2) 播種要保密

你播種以求什麼以及你播種的所有細節，全都是你和你的對手力量之間的事，別告訴別人。播種要守密，播種是神聖的。

播種有了結果，即你的目標清楚達到之後，可以呼朋引伴到府上吃自栽自煮的一餐，以示慶祝。然後，你可以拿這本書給你所有朋友，說：「都寫在上面，不過，先把這頁以前的都讀一讀。」

### (3) 照料你的園地

別打擾種子，任它們生長，以肯定與行動來澆灌它們，但也不必每 3 分鐘就檢查它們的進展。

偶爾，你可能心生疑慮。這時候，加強一下工夫。把目標當成一項肯定來陳述，對自己說個幾百遍。或者，也可以為那個目標製作一幅寶藏圖。也許該進入你的聖所，穿上與那個目標有關的能力裝，或者為你的錄影機下些功夫。此外，和你的大師閒聊，也許能解除疑慮。

### (4) 做必要的工作

一如土壤需要耕耘，你的種苗成長之際可能需要身體上的工作。那工作無論是什麼，只要它出現，做就是了。

### (5) 把你的進展記下來

一個目標實現了，在你的單子上做個驗收的記號，不過，要在同一張單子上繼續記最新的播種。時間過去，你會有一頁又一頁的種子。請記住，下種的作用可能有以下兩者之一：其一是，我們得到我們播種之物或更好的東西；其二是，我們對播種之物的欲望可能消失殆盡。如果有一天我們檢視我們所播種子的名單，說我不要這一項了，那就把它劃掉。

## 2．理財的祕訣

理財需要一定技巧。掌握了以下的祕訣，你理財的本領會大大增加。

### (1) 控制自己的費用

在花每一分錢之前都要仔細考慮一下是否該花，不要讓支出超過收入。如果支出超過收入的話，你就應該提高警惕了。

人們常為自己無法得到滿足的欲望所困擾。總以為金錢可以解決一切、獲得一切，這種思想是不正確的。一個人的時間有限，精力有限，能到達的路程也有限。而欲望是無窮盡的，能滿足的卻十分少。

我們中很多人已經形成了一種浪費的生活習慣，事實上許多支出是不必要的。我們可以盡力地把支出減少。要把這句話當作格言：「花一塊錢，就要發揮一塊錢百分之百的功效。」

把一切必須的開支做個預算，合理的預算能幫你保住已經賺得的金錢。

### (2) 以錢賺錢

投資一定要注意安全可靠，必須能收回成本，同時還可獲得一定的利潤，這樣才叫以錢賺錢。要向有經驗的人請教，聽從有發財經驗的人的勸告。記住：本金有保障的投資才是最佳的投資，為求高利而損失本金的投資，絕不是聰明的投資，冒險的結果極可能就是損失。所以投資前一定要先仔細研究分析，當確信絕無冒險成分的時候，才可以拿出部分金錢來做資金。不

要受急於發財的心理蒙蔽，做毫無所獲的投資。

### (3) 培養理財能力

人須先有欲望然後才能成功。希望必須堅定不移，而且必須具體可行。不堅決的欲望會變成沒有結果的欲望，因為意志不堅的人向來不會有多大的希望獲得成功。一個人如果有賺 5 塊錢的欲望並努力實現這一願望，當他實現以後又會有賺 10 塊錢的欲望……最終他賺錢的能力就能不斷增強。因為賺小錢使他得到賺大錢的發財經驗，而且財富是日積月累逐漸形成的。首先儲蓄少量金錢，再過一段時間就會變成較大數目的金錢。等到你賺錢的本領增大的時候，你的財富也就隨之增大了。

一個人沒有錢不重要，收入高低也不重要，影響一個人未來財富之多寡，重要的是有沒有開始理財。儘管這項工作並不輕鬆，但絕對值得你去做！

## 六、慧眼識「錢途」

想賺更多的錢，莫過於選擇經商；而經商最大的重點與難點，莫過於不知道把東西賣給誰，認不準對象，沒有一個目標明確的消費族群，只能眼睜睜看錢「溜」走。

針對哪一類族群的消費者的生意較為賺錢呢？以下將一一分析和講解。

### 1・富人

所謂富人，就是在經濟條件允許下追求高品質消費的人。高品質的商品大凡是以昂貴的價格來說話的，同類商品因為價格等級不同才顯示出它們的高低等級的不同。富人由於手中有較多的錢，所以他們購物較注重商品的等

級。高價位是富人消費的真正目標之一。

　　從以上分析看，那些平日動輒就出門購物的人，其所及之處大多是酒店、飯店或高級商廈，因為只有這類地方的商品價位才能滿足他們的消費欲望。你若是有意到這類地方開店，你在組織貨源時就必須想富人之所想，做富人之所需。事實證明：在高級商店和富人做一筆交易所得到的利潤，比在小商店做好幾天生意所得的利潤還要可觀。既為富也敢露相者，其社交圈自然在常人之上，消費頻率和消費種類也就比常人都多。花錢買痛快，這是他們這類人基本一致的消費觀。儘管從理論上說錢不是萬能的，但在現實中，錢對人所能產生的魔力還是不可低估的。你能了解富人的消費心理的同時也能擺正自己的賺錢心理，你就有能力去賺富人口袋裡的錢。倘若主客心理都擺不正，別說賺錢是空話，就連成天受氣、受委屈也夠你累的。

## 2・女人

　　女人是市場消費者的主體，這句話不用印證也會得到大多數人的認同。你只要在商場裡駐足一個小時便會發現，在鏡子面前試來試去不厭其煩的都是女人。女人喜歡逛街和買東西，這是她們的天性。

　　百貨公司老闆大木良雄開業時注意到了一個有趣的現象：百貨公司的顧客 80％ 是女人，男人多半是陪著女人來的。這些女顧客白天來的大部分都是家庭主婦，而下午 5 點以後來光顧的多是下班的小姐們。他想，要使已婚婦女和未婚小姐產生購買欲望就必須依時間更換商品，以便迎合她們。於是，白天他就擺上婦女用的衣料、內衣、廚房用品、手藝品、襪子等實用類商品。一過下午 5 點，他就將時髦、充滿青春氣息的商品擺上貨架，光是襪子類就有數十種色彩，內衣、迷你裙、迷你用品等都排列出年輕女性喜歡的大膽款式和花樣，凡是年輕小姐需要的可說應有盡有。

　　大木良雄又特別關注 5 點以後的顧客。5 點以後來光顧的顧客不僅多，而且 5 點後的一小時內銷售額是日間一小時的兩倍。他注意到這種情況後，

就傾其全力來銷售年輕女性用的流行性服裝及用品，當然最重要的是便宜供應。就這樣，日伊百貨公司的商品既流行又便宜的消息很快傳開，每天吸引成千上萬的顧客，使他在半年後又設立了 6 家分店，三年後他的分店遍布全國，一共有 108 家。

原來以為女人喜歡去逛街，看到喜歡的東西必買無疑，而網路購物的形式只有懶得逛街的男人才熱衷。誰知道看到美國的一項調查資料表明：只要是購物，無論在哪裡，以什麼形勢，都絕對是女人占上風的。美國在 2001 年的新年假期中，女性網路消費者的人數首次超過了男性；另外，各類網路購物者在網上的消費金額也超過了去年。多年來，男性網路購物者的人數一直高於女性。但據美國一個專門研究網路對社會各階層影響的機構的統計，在 2001 年新年假期，網路購物的女性人數首次超過了男性，所占比例達到 58%。調查還顯示，女性對網路購物的評價高於男性：有 37% 的女性稱她們非常喜歡網路購物；男性方面，這一比例僅為 17%。有 29% 的男性稱，他們一點也不喜歡網路購物；但女性方面，這一比例僅為 15%。如果你是商家，這段資料肯定讓你笑逐顏開了，盯住女人，在哪裡她們都有把錢扔進你的口袋的可能。

「瞄準女人」是猶太人經商的格言。在那些富麗堂皇的百貨公司裡，那些昂貴的鑽石、豪華的禮服、項鍊、戒指、香水、手提包……無一不是等待著女性顧客的。普通百貨公司甚至超級市場所賣的各種商品也是以女性產品占主要地位，而且只有女人才關心品牌和新款，百貨公司裡的新商品總先打動女人的心。

現代女人的經濟獨立了，更造就了商家賺女人錢的契機。且不說日常用品，許多男式的商品的設計包裝也著重取悅女人的審美眼光，因為女人經常代替男士購買或者在購買過程中發揮決策作用。聰明的商人就是瞄準了這一點，在賺錢上從不輕視女人的作用，贏得巨利。

### 3．孩子

除了女人之外，孩子是又一個不容置疑的消費族群，他們沒有收入，但卻有不可忽視的消費能力。看準孩子的市場，抓住時機，只會賺不會賠。

孩子是一個家庭最關注的對象，這些「小」人的要求是絕對會被重視的。有些家庭，大人可以少消費，但花在孩子身上的錢和其他富裕的家庭相差不多。所以聰明的商家只要盯住孩子的興趣，獲取利潤絕非難事。

再說麥當勞和肯德基，經常見到小小孩路還走不穩，但一見到那個巨大「M」或那個戴眼鏡老人就拉著父母的衣角往內走。

孩子的商品雖然數量有限，但很容易形成「風潮」，因為孩子的分辨能力不強，又不在乎個性化，他們只要求「人有我有」。孩子又常聚集活動，所以極容易互相影響。如果你善於開發孩子商品的市場，相信不難在經商的夾縫中求得生存。

身為商人，你要能從中嗅出金錢的「味道」。無論孩子或大人，無論消費能力是否有限，只要有消費的需求，商人就要為他們創造條件，搶占市場。

### 4．肚子

俗話說：「民以食為天。」自古以來，人們參加各種生產勞動的首要目的無非是先解決溫飽問題。沒有溫飽，信仰、理念全是空話。在溫飽問題中，「飽」又是最重要的。

人要填飽肚子就得不斷的吃，不斷的消費，不斷的購買食品。因此可以說，肚子是無底洞。地球上有 70 多億個「無底洞」，其市場潛力非常大。為此，猶太商人設法經營凡是能夠進入肚子的商品，如開設雜貨店、麵包店、魚店、肉店、水果店、蔬菜店、餐廳、咖啡館、酒吧、俱樂部等等，不勝枚舉。

生理規律告訴我們，凡是進入肚子的東西必然要消化和排泄，不論是為

飽餐一頓而大魚大肉，還是為解口渴而，進入人的肚子幾小時後，都會化作廢物排泄掉。如此不斷地循環消耗，新的需求會不斷產生，做食品生意的商人可從經營中不斷賺到錢。

按照猶太人的觀點，「肚子」生意絕對賺錢。為什麼？道理很簡單：進入肚子裡的東西，必被消化而排泄，一個 35 元的麵包，或者一盤 200 元錢的牛排，經過數小時後，都會變成廢棄物排出。換句話說，人總是需要不斷地吸收能量，消耗能量，因此作為有一定能量、人人需要吃的商品，總是不斷地被消費。在吃完麵包和牛排幾小時後，人體內吸收的能量被消耗掉，又需要其他的能量商品來補充。賣出的商品，通常當天就被消化變成廢物。如此迅速就得到循環消費的商品，除了「肚子」，還有什麼呢？「肚子」只要存在一天，就絕無停止消費的理由，因此不管平日、假日，它永不休息，命令著主人乖乖把錢送進商人的錢包。

# 七、突破創業的瓶頸

三歲定終生。做生意同樣如此，創業的第一步，直接關係到你未來經營道路的平坦與否。

## 1‧痛恨早晨就別開麵包店

投資做生意就是為了賺錢，這無需多說，大家自然都明白。但是如此廣闊的商業市場，大賺其錢者在你身邊隨處可見，不賺錢的人也大有人在。因此，對經商者來說，要多掌握一些商業知識，它使成功者能更上一層樓，而失敗者也可以從中尋找到突破瓶頸的方法。

不熟不做，有意創業，必須優先考慮的行業，就是你原本長期從事的行

業，或是相關的行業，或是自己的專業所長。

比爾蓋茲就是非常明顯的例子：他選擇了電腦這個他所熟悉的行業，終於成為業界泰斗。

有很多老字號的生意，雖然逐漸多元化，但依然以起家生意為主，在本行內樹立起權威。本行是起家和熟悉的行業，只要不是屬於黃昏產業，就不該因見到其他賺快錢的機會，而放棄本行，那是心血的凝聚，有血有汗，根基扎實，可以作為長久的事業。

有些人創業只求有錢賺，樣樣生意都做，只要有利可圖就做，滿天麻雀都想抓住，原本已經紮好了根基的本行，因為賺錢不如其他生意快，所以就輕率處理，將大部分的心力都放在賺快錢的生意上。結果卻是東挪西移，導致根基鬆軟，一有風吹草動，貌似強大的商業帝國一夜之間就轟然倒塌。

創業光靠熟悉還不夠，還需要熱愛。

只有熟悉，才能如魚得水；只有熱愛，才會全身心地投入。

亞里斯多德（Aristotle）曾說：想要成功的人，必須懂得多問問題。

如果你希望獨自開創一番事業，你需要回答以下幾個基本問題：

—— 我的事業能讓我感到樂在其中嗎？

—— 我的事業符合我的生活方式嗎？

—— 我的事業方向和我的價值取向一致嗎？

瓦格斯家族是來自墨西哥市最有名的空中飛人家族，家族數代成員都是空中飛人。大家長亞歷珊卓描述著他們穿梭於墨西哥叢林及村莊表演的精彩故事，他們一路奔走在泥濘的路上，並將馬戲團帶到最偏遠的地區，而村民們在綠色叢林中揮舞著彎刀辟出小徑，好讓瓦格斯家族帶著獅子、大象進來。大多數的村民都沒見過大象，更別說是在樹林間欣賞到這麼神奇的馬戲團家族，可以不用任何安全網就能表演神乎其神的空中飛人。

亞歷珊卓的幼子及幼女每晚都練習空中飛人的技巧，他們很快也能加入演出。亞歷珊卓的姊妹瑪利秋拉與他搭檔演出空中飛人，同時負責演出服裝

的設計工作。亞歷珊卓的老婆羅莉絲掌管生意的大小事項，諸如決定演出日期、爭取最佳合約及公共關係都由她負責。羅莉絲說她計劃去法學院進修，這對他們的生意將大有幫助。以羅莉絲的精力、熱情和動力，她必能做得很好。不過表演才是羅莉絲的最愛，而她一有機會也總會回到舞臺上。對表演的熱愛及家庭價值將瓦格斯家族緊緊的結合在一起，馬戲團表演就是他們的生命，而他們確實也專注在自己最愛及最了解的專業上。

如果你痛恨早晨，那麼你千萬別開麵包店；如果你對草皮過敏，那麼你千萬別開庭園設計公司。

## 2‧靠優勢說話

在某一行業中，生意成功或失敗的機率在很大程度上取決於進入該領域的難易程度。進入某一行當越容易，競爭就會越激烈，失敗的可能性也越大。

未來的創業者面臨著一條狹窄的道路。一方面，某些專業雖富有吸引力但卻難以進入，在這些領域裡，競爭會稍緩和一些。還有許多行業非常容易進入，如果大家都能夠毫不費力地進入這一領域，大家都將無利可圖，即使這一行業曾經利潤豐厚。

以下是一些與生意成敗有關的因素：

1. 資金
2. 專有技術及訣竅
3. 法律事項
4. 地理位置因素
5. 行銷
6. 對關鍵原材料的控制
7. 低成本生產設施

你如果不具備以上的一項或幾項策略優勢的話，你新創的生意將面臨激

烈的競爭和微薄的利潤。其中的一些因素對小生意來說難以構成保護，例如基金。而另外一些因素則為小生意掌握自己的命運提供了難得的機遇，例如對專利、商標和版權的保護使其擁有者能夠減少競爭。無論這些所有者是否參與了對該商品的生產，他都處在「收費站」的位置，能從被保護對象的收入中獲得分成。

## 3・找一個賺錢的地方

假如你決定選擇一處商業地點的話，不妨再仔細地想想看。因為選擇恰當的商業地點實在太重要了。

選錯了地點就猶如一頭往牆壁上撞去，無論你的公司組織有多完善；無論你的公司多有前途，僅僅就是選錯了地點，你整個的創業就泡湯了。

所謂的「選錯地點」，是指在一個無法配合市場行銷的地點開公司；是指為了某種特殊的原因，選擇了一處不利於產生公司營運所需銷售額的地點。

這種事常常發生，而且最常發生在業主或經理人出於「省錢」的目的，或租或買一處較差的地點來營業。或者，純粹出於無知或經驗不足，花了一大筆錢租或買了一處自以為適合的地點。

其實，這兩種錯誤你都可以避免。

首先，讓我們來解決低價租或買了房子就以為是占到便宜的想法。你以為資本額的 20％、30％甚至 50％用於一處你們認為最好的商業地點是浪費嗎？正好相反：這正代表你們能很有效的、很有競爭力地運用你們的創業資金。這是一項明智的商業抉擇。

每一位生意人都應該花較多的時間和精力去仔細地研究所有地點的可能機會，分析其優缺點，然後挑選一個最適合公司需求的地點。記住：沒有兩種行業是一樣的，也沒有兩種行業有相同的地點需求。所以，在你進行下一步行動之前，你必須徹底分析你們的需求。

這一步驟對新手、老手都適用。正如一間公司在一個不適合的地點營運

了好幾年，並不代表該公司不能考慮搬家的可能性一樣。相反的是，不斷地檢視所有更能促進生產力的機會是一種健康的商業行為。在這之中，地點永遠是要列入優先考慮的。

選擇地點的時候你該注意些什麼？以零售業為例，多年的經驗告訴我們，有大量消費人潮的地方是最佳的地點。即使是管理不善的公司，如果處在最佳地點的話，也會日進斗金；如果再有健全的管理配合，這種地方對你來說就是一座金礦。

談到消費群體，除了數人頭以外，我們還需要考慮一些其他的因素。比如說，我們還必須注意到「人口統計學」，也就是該地區消費人口在統計學上的分布狀態如何。他們是年輕的還是年老的；是貧窮的還是富友的；是單身的還是已婚的？客戶會光顧哪種商店，這些因素非常重要。在一個以中老年人居多的購物區開一家流行音樂影音店，如我們前面所說 —— 就好像一頭往牆上撞去。這樣的生意是絕對不會好的，因為它搞錯了市場環境。

從另一方面看，在一處正好適合自己產品和服務的市場開創一項事業，也許這也是錯誤的。為什麼呢？因為市場也許已經飽和，出售同樣產品或服務的競爭者早就已經盤踞了市場，經過多年的經營，累積了不少的客戶。這是一個很難解決的問題，就好像在登山比賽，你還沒有露面，別人已經在半山腰了。

那麼，你怎麼知道哪一處地點是必成的或是必輸的？你可以探詢一下，你也可以實地考察一下，或者你也可以很科學的調查一下。

以美國為例，美國普查局（Bureau of the Census）就有全國的人口統計的詳細報告。從這些報告裡，一位有經驗的生意人能搜集到相當有價值的資料，對生意地點的選擇十分有用。你也可以在各地的圖書館裡找到這些資料。

「為了取得這些資料，不管你要費多大的力氣，這種努力都是值得的。」一位在美國俄亥俄州的家用電器商蘭斯這樣說。

「我跟我的合夥人離開百貨業巨人西爾斯（Sears）的時候，我們已經當了12 年的百貨經理，當時，我們想說憑我們在這一行那麼多年的經驗，何不創業看看。」

「很自然地，我們選擇了老本行 —— 賣家用電器。我們要找的地方是一個正在穩定成長、有足夠購物人潮、競爭不激烈的地方。我們也從其他老字號那得知這種市場是不會從天上掉下來的。所以，我們決定做一點科學研究。於是，我們轉向了普查局的報告。」

經過詳細的研究，蘭斯和他的合夥人狄納發現，與他們原先的想法相反的是：在俄亥俄州，他們理想的創業地點不在主要的都市區。普查報告指出 —— 最新的市郊社區才最符合他們的要求。

「我們發現，這些市郊的新社區極有潛力，是待採的金礦。」狄納補充說道。「統計數字說得一清二楚：我們發現了多處有許多新房子、年輕家庭、中高收入者的新社區。大多數的家庭都有了基本的電器設備，當然，每個家庭注定會繼續成長的，電器的需求量也會隨之增加。」

「而且，最棒的是，商業普查的資料顯示這些地區的競爭者不多。我們將同行羅列了出來，結果發現，我們可以輕易以更好的產品、更優惠的價格擊敗他們。」

好了，長話短說，在一向利潤甚豐的家用電器業裡，蘭斯和狄納再一次證明，他們是這方面的最佳拍檔。只不過 3 年，這對合夥人就開了 11 家成功的連鎖店，年銷售額達到了 800 萬美元。雖然跟西爾斯比起來簡直是小巫見大巫，但他們已經是兩位快樂又富有的創業人了。

「當然，」蘭斯補充說：「並不是找對地點就萬事 OK 了，你還有很多要注意的，不過，那真的很有幫助。不久前，就在我們的業務開始成長的時候，我們聽說了城裡有至少 6 間家用電器行開業了。我聽到了以後不寒而慄，心想，我們當初要按原定的計畫在城裡開店，沒認真考慮其他可能地點的話，我們今天不曉得會變成什麼樣子。」

這是我們每一個人都可以參考的範例。

## 4・好朋友是差勁的合夥人

生活要像兄弟一般，做生意卻要形同路人，這就像油跟水一樣。生意和社交關係是無法混合的。

問題出在情感上。友誼是和情感相連繫的，出發點是在朋友的日常生活中保護他、支持他，使他免於災難和困苦。

雖然這樣的關係在社會上是很值得珍惜的，但用在經營中卻會對生意產生不良的影響。想要成功，創業者在任何時候都要能得到精確而直接的資訊。正如一位知名企業家常說：「頂尖的經營者永遠要堅持的就是『沒有意外』。」即使是負面的、災難性的資訊，也必須要立刻讓它浮到表層來。這是在問題惡化前處理問題的唯一方法。

蒙蔽壞消息，不讓合夥人知道，這樣的朋友實際上就已經嚴重傷害到了公司。而這正是我們要避免友誼關係和合夥關係混淆的理由。如果混淆了，我們根本就無法指望這位合夥人能發表有關生意上清楚而客觀的意見。因為先前存在的情感連繫容易混淆，扭曲了原本應該單純而有效的關係。

如果要建立一個有效的合夥關係，合夥的各方都要先對公司負責，而不是對個人。這對事業只有好處。尤其在公司走下坡的時候，合夥人擔心公司的營運遠比擔心對方要重要。

最佳的合夥關係是建立在純粹生意上的。通常，最好還是每一個合夥人都能為公司的營運帶來一股力量。

下列清單有助於你尋找事業夥伴或高級管理人才：

1. 找一位能平衡你的力量的人。假如你在市場行銷上很厲害，那就找一位在財務或技術上很在行的人。即使是小公司也需要良好的管理。
2. 要確定此人能與他人共事。在大多數情況下，不擅與人共處的就是不擅與人共事。合作是合夥關係的基石，要確定一開始你就能得到它。

3. 了解一下此人過去在商場上的經驗。過去紀錄不良的人很難為你現在的公司帶來一點賺錢的能力。

4. 最有勝算的是找一位有創業經驗的人 —— 一位曾經營運過公司的人。畢竟，有半數的小公司都是因為沒有經驗、管理不善而失敗的。

5. 確定這位合夥人也能對公司的成功有同樣的努力。不管這種情緒是對還是錯，沒有什麼情緒比自覺做了較多的事所懷的敵意更傷害合夥關係了。一般來說，要求你的合夥人多投資一點錢會有助於他的努力。實際情形也是如此，誰有越多的錢在承擔風險，誰就會越努力工作。

6. 從此人的學校紀錄開始調查，詢問他帳目往來的銀行，了解他從事過的行業。你最後必須要做的就是找到一位誠實的合夥人。

最後切記，也許這一點才是最重要的 —— 將你的朋友限制在麻將桌上和高爾夫球場上，在企業組織裡沒有好兄弟、好朋友的餘地！

## 5·創辦公司輕鬆點

在市場經濟的大潮中，每年都有數以萬計的人走出創業之路。在創辦公司之前，有三個問題是必須仔細考慮的：你如何起步？你如何創辦一家公司？你創辦的公司選擇的是哪一種組織形式？

事實上，盲目地成立公司會嚴重影響公司未來的生存與發展。獨資企業、合夥企業、有限責任公司以及股份有限公司是企業常見的四種組織形式。

下面分析各組織形式的優缺點，以避免你選錯你要經營的組織形式。

### (1) 獨資企業

對那些厭煩了束縛、視企業自由重於一切的人來說，獨資企業也許是最好的企業組織形式。

獨資企業是創業的一種簡單快捷形式。創業者不需要很多的資金與人

手，可以完全按照自己的計畫經營與管理。整體來說，獨資企業具有以下明顯的優缺點：

獨資是事業開創最簡單的形式，企業的成立、經營，只需要一個人就行了；並且，在組織成立的時候，能免除政府許多的繁文縟節，只需要向你當地部門登記一下就可以了。

在獨資企業裡，整個的企業收入都歸你自己。你擁有完全的決策權，並且能夠享受一些稅收優惠。

獨資企業最大的缺點就是負債的問題。在獨資企業裡，所有對企業的賠償要求也等於對業主個人的賠償要求。這意味著企業的負債會波及個人的財產。另外，信譽相對低以及缺乏鼎力的支持者，這是獨資企業不可避免的缺陷。

## (2) 合夥企業

從許多方面來看，合夥企業類似獨資經營的形式，不同的是合夥企業是集合了兩個以上的投資者共同出資來經營一項事業。合夥企業的形成也相當簡捷，只需在當地部門簡單註冊即可。

合夥企業的一個主要缺點就是合夥關係的變動，如合夥人的死亡、退出或新合夥人的加入等等。雖然事業並不會因此而停滯，但合夥關係每變動一次，合夥契約就要重新改寫一次。這是既耗錢又費時的。此外，合夥企業的負債也擴及一般合夥人的個人資產。另外，合夥人之間的信任問題、意見分歧與個性衝突，常常會導致合夥企業的動盪不安與破裂。

合夥企業的一大好處是能集合兩個或兩個以上的人的聰明才智來共同創業。其中一個也許熟悉財務上的事，或者對公司有資金上的投資；另外一個人也許既有市場行銷又有技術上的才能等。總之，合夥就會增加兩個人成功的機會。

### (3) 有限公司

這種形式的企業結合了合夥企業和股份有限公司形式的好處。投資者可以投資有限公司，但他可以不參與經營，也不必負擔這個企業的無限責任。公司虧錢了，只虧到投資額的上限為止。這種形式的好處是你可以吸引願意投資但不願意負擔償債風險的人。

由此可知，有限公司要比合夥企業值得我們考慮。此外，公司裡面至少要有一位合夥人參與經營。

### (4) 股份有限公司

對某些行業來說，股份有限公司的形式也確實是最理想的實體形式。這是因為股份有限公司有如下幾個主要的優點：

· 公司的股份可以選擇性地賣給投資人或大眾。而持股人對公司的要求權也不可能超過他所投資的金額。事實證明，這是一種良好的設計，有利於資金的募集。

· 股份有限公司是一個法人，有自己的身分。所以不管公司管理階層有何變動，如總經理去世或離職，公司都能繼續經營。

· 在大多數情況下，債權人對公司的索償權只涉及公司的資產 —— 很少涉及公司裡的行政人員。

· 假如企業的持續與否和責任的有限、無限問題並不是那麼重要的話，股份有限公司的形式有可能是最沒效率的一種組織形態。原因如下：

· 股份有限公司的繁文縟節比其他任何形態的企業組織都要多。要1,000萬元以上的註冊資本，公司的登記註冊手續相當繁瑣，需聘請專門的律師協助。

· 成立股份有限公司的手續費很貴。

· 股份有限公司的稅率要比個人的稅率高很多，這裡的個人是指合夥和

獨資形式下的業主。

分析每一種企業形式的優缺點，勾出適用於你的優缺點，客觀地比較其結果。你如果能這樣做，你該做的選擇很可能就會自動浮現了。

## 6・首戰務必取勝

在社交中，人們最為講究的是第一印象。做生意跟社交一樣，如果首次謀面就給人家一個壞印象，很可能，那印象會永遠留在別人心中。

更糟的是，如果搞砸了一次生意上的會晤，你可能永遠看不到這位潛在客戶了。

然而，這種事情還是經常發生。只因準備不足，與客戶初次見面的時候，有多少公司就這樣喪失了寶貴的生意。有太多的創業人對第一印象掉以輕心：他們不明白第一次上場就擊出全壘打有多麼重要。

這些公司哪裡出了毛病？為什麼有那麼多的經營者成了初次惡劣印象的犧牲者，喪失了他們公司的潛在銷售額？如何塑造第一印象，使其有利於公司？

一般說來，第一印象之所以出現問題常常是因為太急著開業。沒有經驗的創業者常會為了急著聽收銀機嘩啦啦地響，而不等公司做好服務的準備，就匆忙將大門開啟。可以想像，其結果必定是困惑、混亂和一屋子怨言，永遠不會再有光顧的客戶。

記住，開業後的頭幾週或頭幾個月的營運絕不可以當作是實驗而掉以輕心。就像一位優秀的音樂家一樣，一出場就要有最好的表現，練習只能在私下。所有的糾結、混亂，都必須要在開業彩帶剪下之前完全剔除。一旦公司走到了舞臺中央，所有的程序都要流暢完美。

如何才能流暢完美呢？很簡單，只要在開業的前兩天全心全意地將公司的運作流程排練至純熟為止。從應付郵購到商品交易，從現金流向控制到信

用卡操作,都要一而再、再而三地演練,直到員工和管理人員把這些程序烙印在腦海裡。

其具體操作可以舉行全面的演練,將一切正常生意下所有可能發生的狀況都搬出來進行實驗模擬。找一些員工扮演客戶前來購物,模擬付現、模擬抱怨。這是確定公司是否真能應付日常營運挑戰的唯一方法。

忽略了這一步驟後果會不堪設想。幾年前,有家珍珠奶茶店在開張沒幾天就得罪了其他公司一生都得罪不到的顧客數。原因是:經營者從來沒有預想開業後會遇到什麼樣的問題,他在完全沒有準備如何應對突發事件的情況下就貿然開張了。奶茶售罄了好幾次,店員在中午銷售高峰時擅離工作崗位,櫃檯上堆滿了髒杯子。惡名傳得很快,許多顧客都被嚇跑了。

準備一份開業日清單,確實照做,你可以避免出現這種嚴重錯誤。

在招呼第一位客人之前,檢查檢查下列各點:

1. 確定你是否已指派了一位負責人監督所有非管理階層的員工。即使你只有 5 位員工,將監督權委派給一位負責人也是很重要的。

2. 仔細指派所有的員工,鉅細靡遺地告訴員工他們的職責所在。確定他們每一個人都已經知道如何處理每一個營業日可能發生的任何意外。

3. 在這一段開業期,你的實際庫存一定要超出你的實際需求量。一條粗略但實際的準則:庫存要比需求量多 15%。理由很明顯:頭幾週或頭幾個月發生貨源不足的情形,你將會得罪那些失望的顧客 —— 嚴重的話,這些顧客可能永遠不再上門。反之,貨源供應充裕,你可以博得貨色多樣、服務良好的名聲。這種積極性的口碑正是創業初期所亟需的(一旦事業步上了軌道,你就可以精打細算恢復正常的庫存量)。

4. 整個裝潢、設備若不從天花板亮到地板絕不開門營業。這似乎是很基本的一件事,但許多經營者或管理人員還是常犯這種錯,邋裡邋遢地就開始營業了。現在的消費者絕對無法接受這種不專業、沒有良好形

象的公司。顧客是不會光顧這種寒碜的公司 —— 絕對不會！

5. 檢查所有處理顧客抱怨的程序。確定所有的不滿與抱怨都能快速、直接到達經營管理者的耳中。這種快速回應的態度有助於與顧客建立良好的關係，減低負面宣傳的機會，使公司有個良好而俐落的開始。更重要的是，你可以從顧客那聽到建設性的評價。這是公司發現何處出錯的最佳方法。從開始就聽顧客的 —— 他們是生計的來源。

6. 練習、練習、再練習。正如我們前面提到的，除了開業前密集的排練以外，我們無法應付實際營運上的嚴格考驗。有一句陳腔濫調還是很管用的：熟能生巧。

# 第四章
# 創意是煉金的催化劑

　　把一粒種子放進顯微鏡裡分析，會發現它只是由纖維、碳水化合物及一些常見的化學物質所組成，沒什麼特別。但把它放在泥土裡，給予水分和陽光，神奇的事情就出現了。它會發芽成長，開花結果，它可能是養活眾生的稻米穀物，可能是為生命添上色彩的鮮豔花卉，也可能是為世界提供氧氣的參天巨木。

　　人的創意思想也像一粒種子，在醞釀未成熟的階段時是那麼平凡、毫不顯眼，但把它放在合適的「泥土」裡，加入「養分」和「水」，讓「陽光」照耀著它，它同樣會發芽成長，成為動搖世界、影響眾生、造福萬物的神奇力量。

# 一、創意無限

創造力（Creativity）源自拉丁文「Creatus」，是生長的意思。創造不是天上掉下來的恩物，而是源自於地上，植根於泥土，發揚於生活。

## 1・兩種創意

創意就是去想出一些新的東西，這個「東西」可能是新的事物或是新的意念，能用來幫助解決一些問題、增加一些趣味、提高一些效率，善用創意，是成功的基礎。如果你擁有創意，無論你是在哪個行業、哪個職位上，你都會有優良的表現，有令人欣賞的地方。

創意的反面就是因循苟且。世間大多數人都沒有運用創意，而只是看其他人做些什麼，他們也做些什麼，就算不是完全抄襲，也抄了七八成，另外兩三成不是抄的，但也不是創意，只不過是亂放一些垃圾而已。

創意形式共有兩種：一種是綜合式，另一種是創造式。其中綜合式在商業中運用最普遍，而創造式運用在科學發明上較頻繁。

綜合式的創意，並不是新的發明，並不是從無到有，而是把過去一些已有的成果，運用創意加以組織、配合起來或刪除一些，加入另一些元素，加加減減，減減加加，那就會產生一種新的東西。創造式的創意則是全然的靈感，也不知這份靈感來自何方，總之就是突然爆發，有點像是冥冥中靈光一閃，從宇宙深處提取了一些東西，透過人腦去把它表達出來，這就是創造式的創意，很多科技上的發明和很多哲理，都是源於創造式的創意，並不是承先啟後的，與其說是學習而來，不如說是來源於啟示。

有時候，綜合式的創意，也會加入一些特別的靈感；而創造式的創意，也會經由一個人不斷地學習及吸收經驗之後才產生出來，兩者夾雜起來，也未必分得清是哪一類的創意。

創意對於賺錢非常重要，競爭者有那麼多，你憑什麼致勝、你有什麼條

件去說服準顧客，令他們接受你提供的貨品或服務，你一定要有一些特色，有一點創意，令人耳目一新，你才可以抓住對方的心。

你擁有豐富的知識和技術，創意通常會比較好，但那也不是必然的，愛迪生的成功例子就可以說明這個問題。他只不過讀了幾個月書而已，但他對於科技的濃厚興趣，開發了他的無限靈感，以致能平均每相隔 11 天就有一件發明專利面世。但毫無疑問的是，他頭腦裡的知識，要比很多自命接受過高等教育的人都要多。

在商業上取得成功，綜合式創意的作用非常巨大。那不必很高深的學問，只不過是頭腦轉一個彎，就可以產生新的事物，有時就是一個意念，你的前途就立即扭轉過來。雷・克洛克（Ray Kroc）看到麥當勞兄弟（Richard and Maurice McDonald）的速食店，他的意念一轉，麥當勞速食店就成為現在美式飲食文化的象徵。

## 2・可口可樂的成功史

無論在麥當勞，或在其他速食店，或是在餐廳，或在超市，或是街頭巷尾的販賣機，你都能買得到一種很奇特的食品，那並不是天然的產品如橙汁、檸檬茶之類，甚至不是這類天然物的仿製品，那是什麼？你一定飲過，你的朋友一定飲過，甚至很多人都是這飲品的信徒，永遠對它效忠，尤其是在天氣炎熱時，愛它的人更多。

你應該猜到了！那就是「可樂」。「可口可樂」是「可樂」創始者。可口可樂誕生的故事，是創意的最佳寫照。

在 19 世紀後期的某一日，一椿祕密交易在美國進行，賣家是一位鄉村醫生，買家是一位藥劑師。老邁的鄉村醫生從另一個村落來到這個小鎮上，在一家藥房旁邊，停下馬車，從藥房後門走進去，裡面有一位年輕的藥劑師，他見到這位老人家後，就邀他坐下詳談。那是一場商業談判，談了一個多小時之後，交易成功，雙方達成了買賣的協定。

於是，年輕人跟這位老人家出去，兩人從馬車上把一個銅壺搬下來，一起搬回屋內。年輕人小心地從身上隱祕之處取出了一疊鈔票 —— 500美元，那已經是年輕人的所有積蓄了。他買的，除了是那個銅壺之外，還有一張紙條，紙條上是一條化學配方，這條配方就是銅壺內液體的組成。

年輕的藥劑師再進一步，把另一些祕密元素加進這個配方之後。結果，一種不知世上有多少人飲過，但是又不知道那實際是什麼東西的流行飲料便面世了，這就是可口可樂。

只不過是轉一轉念頭而已，鄉村醫生要發明藥物，但卻不成功，不知道這些東西有什麼用途，但在藥劑師的無限創意之後，稍稍加工，便變成了另一樣東西，這是醫生做夢也想不到的。當然，兩者都有創意，沒有這位醫生，可口可樂就不可能出現。

這位藥劑師也不是什麼化學專家，他只是一個在小鎮上辦事的普通藥劑師，結果卻創造出驚人的大事業，那就是創意發揮的作用。

你一樣可能具備創造像可口可樂那樣大生意的潛能，就算只是在你目前的職位上，你一樣可以爆發出種種創意來，令自己受到賞識，或是使自己目前擁有的小生意更上一層樓。

## 3・創意成為新轉機

假設你現在開一個小店，做一些零售買賣，但生意並不很好，你需要謀求改善。如何改善？要做些什麼？這是要多方面檢討的，如果你有創意的話，當發現問題時，你將有新的意念去解決，令事情符合自己的意願，改善情況。

你可能發現，你售賣的貨品太沒特色了，在你這裡買得到，在其他店鋪亦能買到，在店鋪的裝修上無法令人留下深刻的印象，就算是店鋪的名字，也只是「X記」、「XX記」之類，那豈能從眾多競爭對手中突圍而出？

面對危機，就是你運用創意的時候了，你的腦開始在運轉，努力找出

解決問題的方法，認真地想，於是你的創意就爆發了。你或許會更改店鋪名字，形成特色；你或許會動用一筆資金去改變店鋪的裝修和設計，以前多類貨品堆起來，現在就精簡一些，在店鋪的主調以及經營手法上都做出調整。更進一步，你想出一連串的促銷策略，逐一實行。

只要運用創意，你就有很多事情可做，不會因為一時失意而驚恐，有時只要轉一轉，變一變，那就會有新的轉機，令自己的計畫不至於流產。

# 二、除了月亮還可以賣什麼

## 1‧出售月球的汽車商

如果我們身邊有人提出要「出售月球」，我們一定會認為他「窮瘋了」，然而一位叫霍普（Dennis Hope）的汽車商就想出了這異想天開的生意，儘管有許多人懷疑甚至諷刺，但霍普「出售月球」的生意卻異常成功。在全世界成千上萬的買主中，既有普通的老百姓，也有美國太空總署（NASA）的科學家，還有阿拉伯的酋長和俄羅斯的富翁們，甚至包括美國前總統雷根（Ronald Wilson Reagan）和卡特（Jimmy Carter）。

霍普的名字（Hope）在英語中是「希望」的意思。然而他經營汽車生意卻十分不如意，他失去了工作，也失去了妻子。1995 年聖誕夜，獨自望著一輪圓月的霍普先生突然靈機一動：「既然賣不成汽車，為何不試試賣月亮？」

霍普當即查閱有關月球的法律條文，結果發現一份 1967 年的《外太空條約》（Outer Space Treaty）規定：「禁止任何國家將任何一個天體據為己有。」條約上沒有規定「個人」不能擁有天體。於是霍普馬上請律師起草了一份文件，規定月球和其他 8 個星體從此歸他所有。他把文件和自己起草的星球地

契交給了公證機關，幾個星期後，「月亮大使館」公司就順利開業了。霍普把月球分成 11 萬份，每份單獨編號，每份的面積是 17 萬餘畝，價格是每畝 15.99 美元，外加 1.16 美元的「月球稅」。

1996 年秋天，美國一家頗具影響力的電視臺從奇聞怪事的角度播放了有關「月亮大使館」（Lunar Embassy）相關節目。結果原本是譏諷的電視節目卻幫霍普打了一次極好的廣告，在節目播出後沒幾天，他就賣出了近 2,000 份月球土地，當這個節目在瑞典播出後，一週內，就有 4,000 張訂單寄到⋯⋯

霍普先生「出售月球」居然能大獲成功，的確出乎許多人的意料。而儘管這是一個異想天開的主意，霍普先生卻是非常認真看待，他不僅查閱了相關法律條文、聘請了律師、進行了公證，還註冊了公司且明碼標價，的確付出巨大努力，而他的成功就不只是偶然了。

## 2 · 還可以賣什麼

十幾年前的美國，在家裡養鳥是時尚，而且許多人不願意把牠們關在籠子裡，想讓牠們自由地在屋裡飛翔。因此就有人登廣告，專門郵售給鳥用的尿布。它的用途自然是讓鳥主人可以不必擔心愛鳥在客廳、餐廳或臥室裡隨時噴灑屎尿，弄得主客難堪。鳥尿布賣家因此發了大財。

一個年輕人在湖邊散步，走著走著便琢磨出了一個點子，他稱之為「Pet Rock」（寵物石頭）。他將一塊圓滑的鵝卵石，放在一個小木盒裡，底下墊了稻草，另外附上「飼主手冊」，其中談到這是世界上最乖、最理想的玩伴，不像狗那樣邋遢，每天非牽去散步不可；也不像貓一樣執拗；它不吵不鬧，既不擔心餵食，也不用清理糞便⋯⋯這些包裝好的「寵物」，每件只賣 5 美元。那年耶誕節，「寵物石頭」變成全美最熱門的禮品，人人搶著買，一時還有鵝卵石短缺之虞。這個年輕人 —— 蓋瑞‧達爾（Gary Dahl）在 4 個月之內淨賺了 140 多萬美元，成為一名百萬富翁。

透過學習以上創意，能給你帶來什麼啟發嗎？如果有，趕快拿筆記下

來，然後盡力去實現！

# 三、角度 > 力度

專業知識經驗和技能雖然是創造財富的重要條件，但有時也會限制人的思想，使人跳不出原來知識的框架，打不破老一套操作方法的束縛。所以在思考問題的時候，一定要解放思想，不為陳規陋習所束縛，這樣才可能有突破性的構想。

以房地產市場為例，房地產市場是一個備受民眾爭議，也備受投資者關注的實質資產（real assets）市場。在一陣狂風把房地產吹上天之後，近幾年已經境況全非了，房地產似乎過了「只漲不跌」的時代。

是否房地產作為一種投資項目已經走到了盡頭？有沒有辦法在房地產下跌的情況下創造財富？

實際上，再也沒有比現在更恰當的時機了。

似乎和大家的常識相矛盾，你可能會反對在此時投資。但仔細想想，如果有下跌的房價，只會使你賺錢變得更容易，而不是更難。

你要是關注其他媒體，你就會發現報紙、電視上說的可不是這樣，他們紛紛警告大家不要被套牢！但是不要忘了，很多錯誤的、先人為主的觀念來自大眾媒介，在不利時機賺錢的祕訣便是將那些「投資常識」一條條列出來，然後一條條反其道而行。你只要了解使投資成功的基本原則，在別人都心慌意亂的時候，保持頭腦清醒就可以了。

「反其道而行之」，是一種高超的反向思維競爭策略。阿爾·里斯（Al Ries）和傑克·特魯特（Jack Trout）所著的《定位》（*Positioning: The Battle for Your Mind*）是這方面的經典。雖然這是一本行銷與市場方面的書籍，但相信

你看過後會為書中對市場和競爭策略的精到掌握而拍手叫好。

顛覆常識、換位思考，思考角度的轉變會讓你發現超越弱小力量的可能—— 角度勝於力度。

我們不妨從世界知名企業的角度定位成功實踐中獲得教益。商場如戰場，經營企業和經營人生的哲學大同小異。定位，實際上是一種觀念。把產品或服務或是努力方向放在唯一恰當的位置上，形成某一方面的優勢，即在選定的目標市場上接受眾多產品知覺差異性、評價程度，考慮競爭對手情況來設計製造產品。當今，買產品以外的東西的人越來越多。廠商賣的是概念；夜店賣的是參與；餐廳賣的是氣氛；飲料和酒賣的是文化；冰箱賣的是省電、無噪音。定位的反向思維就是從觀念的正常思維角度倒轉到某一角度進行定位。

## 1・與競爭對手抗衡的第一定位策略

當今競爭對手如林，各種傳播手段過多，爭得天昏地暗，為評比第一的真相鬧上法庭。可見「第一」的魅力。第一能最早進入消費者心中，第一市場占有率最高，第一往往具有壟斷地位的絕對優勢。市場競爭結果必定是該行業中幾個老大瓜分市場，其他只好被人兼併或退出或慘澹經營。企業必須想方設法建立與競爭對手不同的第一優勢。美國高原蘋果被冰雹打得遍體疤痕，廣告上卻宣傳「有疤痕的蘋果才是正宗蘋果，你咬一口，香脆可口」，一時市場上沒疤痕的蘋果居然沒人要。這種第一定位的反向思維包含了第一事件、第一說法、第一觀念等等，是與對手競爭的一把利器。

## 2・反第一的定位策略

各商家都擠第一班車，都說自己是最大、最好、最先進。其實，當行業中已有強大領導者時，倒不如甘居第二。第二策略是一種以柔克剛、以退為進、以守為攻的道家競爭術，非常適合中小企業。

- 百事可樂從不聲稱自己是老大，而是緊緊跟在可口可樂後面。
- 1963 年，安維斯租車公司（Avis Rent a Car System）以「安維斯在租車業僅排第二，那為何與我們同行？」（Avis is only No.2 in rent a cars. So why go with us?）的廣告標語和文案：「因為我們會更加努力！」（We try harder）深深打動乘客的心，一舉扭虧。不當第一，還可以反領導者定位。
- 菸酒化妝品業常以性別定位。萬寶路（Marlboro）以美國西部牛仔這種極具陽剛之氣的男子漢形象成功地征服了全球。
- 美國人一向喜歡豪華轎車。針對這種好車必須「大些、豪華些、漂亮些」的觀點進行反向定位，推出「又小、又黑、又醜」的金龜車，其廣告「從小著想」（Think Small）成為經典之作。金龜車創下出口量第一的紀錄。
- 貝克啤酒（Beck's）「喝貝克聽自己的！」定位於有獨立見解，不隨波逐流的人。

## 3・品質不是越高越好

產品品質是進入市場的通行證。一般講產品品質指產品的性能、壽命、可靠性和安全性。競爭中企業都期望自己的產品品質比對手更好些。於是建立品質保證體系、申請國際品質認證，從原料採購到產品銷售各階段進行嚴格的品質控制，成本也隨之增加。廠商始終不明白，為什麼這麼好的產品沒人買？

- 有一軍工企業開發鋁合金腳踏車，強度很高，但銷路不暢。外商告訴他們「顧客不需要強度這麼高的腳踏車，因為強度再高，僅僅也就是腳踏車而已」。
- 美國一個五金出口商向印度出口門鎖，那種鎖比較簡單，後來經商人

改進的鎖較牢固，但價格提高了 1/5，改進的門鎖出口到印度卻無人問津。原來印度的老百姓大多數都很窮，鎖掛在門上只做個樣子，找不到鑰匙時用棍子輕輕一捅就能打開，改進的鎖很不方便。這個商人得知後，又設計了一種更加簡單的門鎖使價格下降了一半，結果銷路大增。該商人成為美國向印度出口的最大五金商。

競爭學中產品品質的定義應為產品的適銷性。越來越精明的消費者對產品品質要求沒那麼苛刻，合理即可。砍掉產品可有可無的功能使價格降下來，讓企業在價格戰中占了上風。

對於服務性行業，大家都在提高服務品質、增加服務專案上做文章。經濟不景氣時期，美國各航空公司都虧本，只有西南航空（Southwest Airlines）賺錢。該公司不提供任何機上餐飲、空服員、行李托運等服務，不採用線上訂票、登機證，但票價僅及其他航空公司的 20%～ 30%。

現代市場競爭是人們知識智慧的較量，反向思維是由敏銳的洞察力及準確的預測得出的一種悟性。反向思維策略煥發出的魅力，使越來越多的企業和個人用於競爭中。

當然，中國有句古話「兵不厭詐」，正與反總是相對的，一時之「反」無法一勞永逸，很快就會被人學會，最終反而成了「正」。作為一個追求角度制勝的企業或是個人，如何在這個快速變動、到處充斥著不確定性和危險性的世界中，時刻保持獨特的思考角度，不斷創新，吸取新的精神力量，是大家都應該認真研究的課題。

# 四、用創意製造雙贏

現代商場上不再只有「你贏我輸」或「你輸我贏」的對手關係了。

「你贏我輸」或是「你輸我贏」是一般人的想法，一個人的勝利便是另一個人的失敗，唯一一條爬上頂峰的方法便是把別人踩在腳下。

有人說：「與其說是富人導致了貧窮，倒不如說是這種普遍的想法使貧窮得不到改善。」任何稍有理智的人都知道你不必剝削窮人便能致富，甚至也不需要向富人分一杯羹。

創造財富不需要「你輸我贏」，也不需要「兩敗俱傷」，它也必須是「雙贏」。

什麼是「雙贏」的哲學？誠如古人所言，「己所不欲，勿施於人」這句話在 21 世紀仍然適用。反論者可能會認為「誰有錢，誰便主宰一切」，當然，這句話就某種程度來說也是實情，但有錢人之所以有錢是因為他投入的努力、犧牲不比一般人少。現代社會成功的商人有一個不變的法則，那就是以合理的價格提供大眾想要的東西。

以欺騙手段致富的人僅能保持短暫的優勢，很快便會自「我贏你輸」進入「兩敗俱傷」的境地。所謂「雙贏」並不是一種暫時的手段或是策略，而是一種長期永久的哲學。

「雙贏」的哲學有很多思考方式和規律，在我看來，至少有以下 4 個方面：

### 原則一：如果不可能雙方都贏，就不要去做。

持「雙贏」理念的投資者不占人便宜，也不希望被人占便宜。他雖然不「奸」，但卻應該敏銳。「雙贏」哲學的第一原則便是仔細觀察情勢，若無法雙方都贏，大家都別玩。

聽起來似乎很簡單，其實不容易。我看過很多的房地產經紀人欺騙毫無

經驗的買主，也看過急於賣房子的人被買主欺騙。

　　想運用「雙贏」哲學的投資者，必須先決定他對「輸」和「贏」的定義。一旦進入洽談生意階段，他才知道自己的極限所在，也比較不會有損失。如果（我是說如果）你想從事房地產投資，你的目標是一年至少買一幢房子，如果你碰到一個賣主想高價脫手一幢二手房子，還要一大筆現金，你的直覺一定會告訴你事情不對勁，若賣方什麼便宜都占了，那你又有什麼好處？這就是「他贏你輸」。

　　正如美國思想家、文學家愛默生（Ralph Waldo Emerson）所說：「每個人都應小心不要讓鄰居欺騙你，總有一天你也要小心自己不去欺騙你的鄰居。然後才能一切順利。」

### 原則二：不要浪費時間和沒有問題要解決的人糾纏。

　　拿上例從事房地產投資來說，應盡量尋找賣房子動機比較強烈的人，他們比較有可能與你共同協商出對雙方都有利的價格及付款條件。

### 原則三：與賣主成為朋友，他會比較樂意與朋友而不是敵人共同解決問題。

　　懂得「雙贏」哲學的人知道如何製造互信、互諒以及誠懇的氣氛，只有在這種氣氛下，真正的問題才會顯露出來，也容易找到對策。

　　製造這種氣氛並不容易，通常賣方都會很自然地把你視為敵人，因為他們的思想早已經被灌輸成：只要涉及金錢，一定脫不了「有輸有贏」的規律。別讓這種情勢打擾你，你應視其為挑戰，緩解對方在談錢時一定會有的緊張。

　　恐懼是一種強大的力量。找出有趣的話題來中和不友好的談判往往會緩解對方的恐懼，並且往往可以找到對方賣這房子的動機，不管買賣成不成，至少「買賣不成人意在」啊！談錢時自然會有一些敏感的問題，應該大膽問，但在事前一定要很禮貌、很清楚地說明你為何要問這些問題。比如說「我可

能有點太挑剔了，不過這房子的裝修好像有點維護上的問題」就比直接批評對方要好得多。

有一句話適用於談判：「打得越重，反彈越強。」買賣時你的手段要是太激烈、壓價太狠，對方便會反抗，互相信任的基礎便會瓦解，雙方會一下子成為敵人，便不會有共同解決問題的想法。

事實證明，「雙贏」比「我贏你輸」要更有效，儘管生意沒成，但從此你也交了一個朋友，這個友誼很可能多年後為你帶來了另一筆生意。生意不成只是短暫的失敗而已。

有這麼一個故事：一位農夫請左鄰右舍幫忙收稻子，每一個鄰居都自帶了籃子來幫忙裝稻子，有的籃子小，有的籃子大。一天工作完成後，農夫宣布最後一趟裝的稻子可以帶回家，是他向大家表示謝意的禮物。結果帶大籃子的人拿了很多稻子，小籃子的人得到的則比較少。換句話說，耕耘多少，收穫多少，談判也是如此。

### 原則四：了解問題是解決問題的第一步。

怎樣才能了解問題呢？答案是「一切從聽開始」。

一個追求雙贏的談判者，必須試圖了解對方的動機。有一位年輕人去見神父，問了一個簡單的問題：「神父，我祈禱時可不可以抽菸？」

結果不說也知道，神父表示反對。

過了一段時間，年輕人又去找神父：「神父，那麼我抽菸時可不可以祈禱呢？」

神父不假思索地回答：「當然可以！一個人無論何時都應常常祈禱。」

這難道不是同一個問題？只是這個年輕人運用了大腦去想神父的看法，一旦他找到了神父的原則並有效利用它，問題便順利解決了，整個事情不過是在尋求另一個解決之道罷了。

# 五、舊產品，新風貌

　　現代人因為生活水準普遍提高，收入和消費能力成正比上升，因此，更有餘力去追求精緻的生活品質。人們不但生活要求精緻，連日常所需的用品也希望「與眾不同」，擁有個人獨特的品味。

## 1・賦予舊產品新定義

　　產品從銷售與利潤的波動情形來看，和人類的生命週期有些類似，也就是很多書都介紹過的出生、成長、成熟、衰老和死亡5個階段。對此，我們稱之為「產品壽命週期」。

　　並不是每一種產品都會走上死亡期。樂觀看來，只要生意人能在產品達到巔峰時，趁勢開發產品的新用途，或為產品增加附加價值，就可以使產品免於一死，甚至再創佳績。

　　為產品重新賦予定義就是一種舊瓶裝新酒的方式，產品本身不變，但是購買它時，消費者的心態卻變了。如果業者能針對目前社會上所流行的趨勢對產品進行新的變革，將可為產品換上一副全新的面孔。例如，現在流行的復古風、環保熱潮和休閒文化，使得各個廠商無不搶搭這些列車，期望為產品重新定義，甚至展現它另外的功能，使得消費者能有耳目一新的感受，認同它並且掏出錢包購買。

　　讓產品「福壽綿延」是普天下生意人的共同心願。但是，要讓產品活多久就紅多久，本來就不是件簡單的事，僅僅做好硬體規劃管理是不夠的，還需要配合整個消費環境，加一點新穎，多一點創意，這樣才能使產品活得愈久，賣得愈好。

　　下面列舉一些個案供你參考，在你考慮為產品打出什麼樣的訴求賣點時，看看別人是如何做的。

### 案例一：「無限延伸你的視野」的捷安特

自行車是一種非常重要的交通工具。它是人們上班、上學的代步工具。

但是，在強調快速、省力、舒適的摩托車搶占交通工具市場之後，自行車的銷量明顯萎縮，許多自行車廠商看到市場遭到鯨吞，便紛紛轉業。

捷安特（GIANT）這時卻以異軍突起的姿態，一舉推出了數款新型、多功能的自行車，並且暢銷的程度到了令人無法置信的地步，這是什麼原因呢？

人們大多對捷安特的廣告記憶猶新：一群年輕帥氣的男孩，騎著越野自行車，跋山涉水，最後奔馳在一望無際的草原上，廣告中沒有任何對話臺詞，只在片尾說了一句話 —— 「無限延伸你的視野 —— 捷安特」。

此時，自行車的定義已不再是「交通工具」或者「省錢器具」，它是現代化精緻的休閒運動之一。騎自行車既可以健身，又不浪費能源，更不會排放廢氣造成空氣汙染。在這麼多優勢條件下，它從萎縮的市場中起死回生，成為風靡一時的休閒器材。

除此之外，它更被創造了許多附加價值，例如越野自行車、登山車十段、十二段變速……顯示了它已從單純的交通工具變成戶外休閒的隨身密友，自行車廠以「騎上自行車，天地任遨遊」的創意，針對目前人們窮居在狹隘的都市空間裡，嚮往藍天綠地的大自然心態，賦予自行車新的定義。

### 案例二：「MARCH 不只是 MARCH」，那是什麼？

有一個很經典的廣告 —— 充滿淡紫色的神祕基調，女人、小孩、黃昏、曠野、美酒、蛋糕以及變奏的「生日快樂」背景音樂，在詭異中又帶有一點童趣，片尾文案說 —— 「MARCH 不只是 MARCH」。

「如果 MARCH 不只是 MARCH，那麼 MARCH 是什麼呢？」相信許多人會產生這樣的疑問。MARCH 是一款汽車的名字，基本上汽車該有的功能及配備它都有，只是車型比一般車種小，適合身材嬌小的女性或青少年駕駛操

作，是一款針對消費能力日益增加，卻仍買不起賓士車的女性上班族所設計的轎車。

根據廠商的調查，MARCH 銷售狀況比其他同樣迷你的車更好，甚至遠勝體積較大的汽車。事實上，其他品牌的汽車論其性價比不見得比 MARCH 差，但是只有 MARCH 能體貼地為女性身材設想，並打著「滿足童年時代的夢想」旗幟，因此深深地打動了女性的心。小時候，我們多麼嚮往能坐上駕駛座，像大人般神氣地掌握方向盤，讓車子開到世界任何一處想像的地方。這是童年的夢，長大了，即使有能力購買汽車，但是廠商所標榜的卻淨是「豪華牛皮座椅」、「馳騁的快感」……這些大多針對男性特質而設計，理性而準確；然而 MARCH 卻以感性的訴求配合女性容易受感動的心，為轎車賦予新的定義 —— 一部不只是會載妳滿街跑的車，更讓嬌小的妳不費力地用腳踩煞車；背部不會因座椅與方向盤距離太遠而懸空；毋需讓溫柔的妳去開一部和妳氣質不符的超大、加長型、笨重的車；更重要的，它讓妳恣意地馳騁在繽紛溫馨的童年夢想中！

### 案例三：賣房子與人性化有什麼關係？

一般房產商或房屋仲介賣房子時不外乎強調房子特點有多棒、距捷運有多近、與某某知名學府為鄰，再不然就是打著「低房價，高貸款」的口號，強調價格的便宜，或是房子湖光山色、風景宜人……然而，有一則房屋廣告，它不說房子的地段好，也不強調它的價格低廉，更不談它是如何寬敞舒適；它說，住在這裡，讓你有做「人」的樂趣。「人性化」便是這則廣告的訴求。你或許會奇怪，「人性化」跟賣房子怎麼扯上關係？

如鴿籠般的公寓；和鄰居只有一牆之隔，昨夜夫妻吵架，明早整條街都知道吵架的內容；擁擠的公寓底下全被攤販和機車占滿，出門如過五關斬六將；門前馬路上汽車、摩托車囂張而過，喇叭聲、嬉鬧聲，聲聲入耳；街坊鄰居們大事、小事，事事關心……這樣的居住品質，人們實在難以忍耐。

上面提及的這則廣告喚醒我們，原來我們是有權利以合理的價格購買一

棟不必與車爭道、山明水秀、鄰里和睦的房子，四周只見綠蔭大道，車子不可以開入社區，這宛若桃花仙境，是一處只有人與人相互尊重的淳靜住宅。

用「人類應享受居住『好環境』的權利」為房地產業對「住」的定義做一番大幅度改變，新的定義簡短而寓意深遠，比聲嘶力竭的標榜住宅本身的設備更為有效。所以我們可以看出現代人對居住的要求，不再是建築物本身的架構與價格，而是整個環境與「人」之間的互動關係，房子是人住的，人的感覺如何勝過其他任何條件。

### 案例四：好品味，要和好朋友分享

當孫越悠閒地和朋友啜飲咖啡，並說：「好東西，要和好朋友分享」時，是否在你心中泛著一股暖流，想拿起話筒，撥個電話給久未謀面的老友，重敘情誼；或者只是二人靜靜地品嚐一杯香濃醉人的咖啡，默契卻早已不言而喻？

在這則廣告裡，並沒有告訴你麥斯威爾咖啡是多麼香醇，甚至也沒有出現任何一句有關咖啡品牌的臺詞，但是透過「友情」這個強力溫馨的誘因，讓你不至於藉廣告時間上廁所，你會乘機重溫年輕時和好友年少輕狂的時光。你會去買麥斯威爾咖啡來喝，因為它讓你猶豫在眾多咖啡品牌卻不知如何選擇時，想到「不如找老友一塊品嚐、聊天吧！」而不由自主地伸手拿起了這一罐。

「咖啡」已經不再是具有提神效果的香醇飲料，許多精緻的咖啡廣告都強調它是「以平民價格品味上流社會」，也是「高尚、富有歐洲優雅格調」、「連繫友誼、喚回記憶」的象徵。

同樣改變飲料原本只為「提神解渴、好喝又不貴」印象的廣告尚有立頓紅茶，看著周華健一副悠閒的模樣，優雅地坐在沙發上品嚐著紅茶，片中流動著浪漫動人的歌聲，一句臺詞都沒有，只在片尾出現了一個空著的紅茶杯。

一則不到 1 分鐘的廣告拍得如此優雅愜意：動人的音樂、舒適的沙發、

昂貴的古董傢俱，加上周華健本身的優雅形象，營造了該品牌「高品味」、「輕鬆愜意享受生活」、「靜謐的下午茶」形象，它無意中傳遞了一個資訊 —— 你不是在喝一杯廉價的紅茶，而是在「品味人生」。

「品味人生」成了咖啡、紅茶等進口飲料所推出的新訴求，一反飲料給人的「解渴、好喝」刻板印象。

### 小結：賣「感覺」的時代已經來臨

日本羅曼蒂克公司，在一個情人節，推出「愛情詼諧故事」以促銷巧克力。在心形巧克力內，加上「你的存在，使我的人生更有意義」、「允許我熱吻妳」等感性字眼，結果那一年的銷售額增加了28％。其實，羅曼蒂克公司的巧克力與其他公司的巧克力並沒有兩樣，唯一不同的是消費者喜歡多一點浪漫感性的感覺。

廣告公司為司迪麥（STlMONAL）口香糖成功地塑造了形象，他們針對青少年的心理感受，以「我有話要說」打響了知名度，接下來延續這一類的社會意識形態，推出了「烤鴨篇」、「蝴蝶篇」、「逃婚記」、「資訊蔓延」、「貓在鋼琴上昏倒了」、「叢林野獸」、「上班族面具篇」等充滿省思與批判傳統的廣告片，與其他畫面唯美的廣告大相徑庭，塑造出司迪麥代表的社會現象深省者的形象。司迪麥口香糖與其他牌子的口香糖大同小異，但它之所以能迅速地攻占市場，在於它不只是賣口香糖，還推銷了它的創意，尋求青少年和上班族的認同。

在美國，有一個傢俱商人，在經營了四十多年的傢俱生意後，才深刻地感受到光是單純賣傢俱是不夠的，最主要是要能賣出傢俱所代表的象徵意義。例如，溫馨、舒適、隨心、適意，使家成為一個充滿愛與關懷的地方，也就是推銷「家」的感覺。

從巧克力的感性字眼、口香糖的社會意識到傢俱的溫馨，甚至前述案例中的友情、人性化、休閒、生活、品味，都在顯示出消費者重視產品所給予的感覺更甚至產品本身。

日本知名企劃師渡邊壽彥說：「推銷『物』的時代已過去了，現在是推銷『事』的時代。人們願意付錢購買有趣的事、美麗的事、愉快的事以及發人深思的事。」

渡邊的一句話，點出了所有產品銷售的關鍵。

## 2·用加法和減法改變產品

維他命加鈣是什麼滋味？愛因斯坦告訴你是「聰明的滋味」。生活中許多令人驚嘆、讚許的創意常來自一個偶發事件，它像是露出一小端線頭的創意泉源，聰明的人靈機一動，牽著它便能找到一線生機。

當市場出現太多類似的產品而呈飽和狀態時，如何研發出新產品以有別於其他品牌是勢在必行的事。開發新產品似乎是一件困難的事，可是有一些原則絕對可以給你一些幫助，讀完本節後，你會了解「開發」並不像你所想像的那麼困難。

如果企業資本雄厚，當然可以斥資在人力、物力上進行這項工程，倘若是小企業，不妨參考以下兩點小妙方：

· 為舊產品加料（組合）。

· 為舊產品去料（拆開）。

首先，如何為既有的產品加料呢？就像本文開頭所說，「維他命加鈣」的汽水。本來汽水給人的印象是「碳酸化合物」，一種好喝卻沒有營養的飲料。維他露公司的董事長許霖金有一天在開會時，想服用維他命片，卻找不到水，只好暫用汽水代替，結果不小心將維他命片掉入汽水內，這時，他腦中突然顯現了一瞬間的靈感：「何不將這兩種東西組合起來，同時達到解渴和保健目的呢？」因為這一「組合的觀念」，使得維他露商品在市場上大為暢銷。不管是否真能達到這兩者兼收的目的，至少人們在喝它的同時，感覺自己嚐到了維他命所產生的「聰明」滋味。

除了維他露的汽水之外，類似飲料加「料」的例子還有很多，像是咖啡加霜淇淋、加酒、加水果等現在正流行的創意咖啡，還有布丁加牛奶、加巧克力、加水果，甚至精緻實用的多功能文具組合、五金工具組合……這些都是經過多種同性質產品組合或添加一些口味所產生的新產品，不需花費鉅資就能達到創意的功效，也是產品的一大賣點。

其次，如何為產品去料呢？「健怡可樂」給了我們很好的示範樣本，將飲料中所含的糖分去除，使愛美的女性不會因為喝多了糖水而發胖。此外像無糖烏龍茶、低脂鮮奶，都是「去料」的飲料。不單飲料市場如此，其他產品也能做這類的革新。例如，從前有一位日本家庭主婦，有感於寒冬中戴手套做事不便，脫下手套又太冷，於是將手套的五指前端剪去一截，使手指能露出手套外，又不致受凍，這項發明造成現今市面上的手套都具有「可以露出五指工作」的功能。

產品革新並不難，重點在如何激發出創意巧思。專業人士自有一套創意思考模式，而一般的老百姓，只要能留心觀察生活中的點點滴滴，使看起來極為平凡的小事情也能變為致富賺錢的巨大契機。

## 3‧商品包裝

「包裝」是商品所有製造過程中最後也是最重要的一項步驟。在任何情況下，包裝都具有一種重要的實際意義。

人們不會完全理智地從生產技術、價格和生產過程去判斷一項產品的真正價值以及決定是否該買下它，但包裝可以決定產品給人的印象。成功的包裝可以讓產品看起來更為精緻，促進消費者的購買意願，相反，失敗的包裝只會讓商品看起來「不值得買」。

商品本身的價值，已經無法完全滿足消費者的需求，顧客之所以購買某一項產品，廠牌名稱與包裝所烘托出來的表面價值，可以說是促使他們購買的一個原因。因此，我們說包裝是「無聲的推銷員」。

俗話說：「人要衣裝，佛要金裝」，同樣，商品也需要靠「包裝」來凸現它的價值。

商品包裝最基本的原則是要讓顧客一眼就知道商品的內容，例如一碗泡麵如何沖泡、材料成分及價格多少，這些資訊都必須在產品的包裝上說明。

但是，同樣沿用泡麵的例子，幾乎所有的泡麵包裝上都印有看起來色香味俱全（牛肉大塊、蝦子大尾、青菜大片）的精美圖片。然而，實際上這些表面豐富美味的食品，經常濃縮在一小包調味包裡：牛肉一小塊，蝦子也是有，只不過換成了小蝦尾，青菜？別傻了，有玉米粒三兩顆就該謝天謝地了。

因此，生意人在思考如何將商品包裝得更誘人時，別忽略了產品本身是否具有誘人的條件，如果只是粗製濫造的商品，可別將它的包裝塑造得太過完美，因為重者觸犯法律，輕者讓消費者有受騙的感覺，下次絕不會再購買了。

如何在消費者購物時，從眾多相同的品牌中脫穎而出，「包裝」占有很重要的因素。

一般來說，品質和價格差不多的商品，促使消費選擇的是在於消費者對它是否「有印象」，而且包裝看起來比另一樣產品好。例如，瓶蓋不同的兩種葡萄酒，一種瓶蓋做得像易開罐般，拉開拉環即可飲用，另一種維持現今的軟木塞蓋，你會選擇哪一種呢？

固然易開罐飲用方便，沒有如軟木塞太緊、拔不出來的困擾。然而，一般人腦海中早已將軟木塞與葡萄酒聯想在一起，認為喝葡萄酒就得用軟木塞，才能顯出高尚、原始的風味；而且易開罐雖然開啟容易，卻無軟木塞的保存作用，也無法令人聯想到保存年代久遠的玉液瓊漿。因為易開罐給人廉價的感覺，所以葡萄酒商即使要改變包裝以促銷，也不應冒著向消費者挑戰固有印象的危險而改用易開罐式包裝。

大家在對產品進行包裝時，應注意以下三大要點：

### (1) 改變商品使用方法

你知道現在用軟管擠出的牙膏是怎樣被發明的嗎？早期的牙膏不叫牙膏，叫做「牙粉」。有一家公司專門製造牙粉出售，後來人們向該公司反映牙粉使用不方便，廠商便研究改良，將牙粉製成膏劑狀，讓人們用很小的管口擠出牙膏，將它均勻地抹在牙刷上使用。這項改良雖然造福了消費者，然而廠商卻吃了大虧，因為牙膏的管口太小，人們一次只用一點點，一管牙膏可以用很久，自然購買率就會降低。於是廠商再度研究，將管口增大，使消費者對牙膏的用量增多，廠商也樂得多賣幾管牙膏。

同樣道理，一杯奶茶，如果用大吸管喝，兩三口就喝光了，而改用小吸管喝卻可以喝很久。雖然是分量相同的東西，消費者會認為後者的分量較多。這就是包裝的魅力。

### (2) 襯托質感

包裝最重要的功能就是襯托質感，讓人感到買了一件物超所值的東西。同樣的花束和價格，用報紙包成一堆和用包裝紙、彩帶加以裝飾，試問你會買哪一種？

以化妝品來說，高價位的化妝品牌必定以超級巨星為代言人，將其打扮得雍容華貴，彷彿女士們使用後也能和她一樣美麗。而且化妝品本身的外觀包裝就非常精美，尤其是香水，各式各樣晶瑩剔透的小瓶子，讓人愛不擇手，甚至有想買下它收藏的衝動，這就是包裝的魅力。

### (3) 運用色彩

色彩在包裝運用上占有極重要的地位，它能為商品傳達各種印象，例如紅色代表熱情，白色代表純潔，黑色代表陰沉。運用色彩時，要配合公司的形象和產品的特質，例如咖啡的外包裝大多是咖啡色的，而「藍山咖啡」卻因為名字有「藍」字，便運用藍色罐裝，加強消費者的印象。運用色彩成功的例子很多，較為人所知的有「麥當勞」，用紅底黃字「M」來強調溫暖、舒

適及歡樂的感覺。

## 4．創意產品

### DIY 大行其道

自己動手做（DIY）已成為現代流行趨勢，年輕人常掛在口頭上的一句話：「Do it yourself！」各式各樣的產品跟著這股潮流走，一時之間蔚為風尚。工藝品要 DIY，玩具布偶要 DIY，甚至五金、傢俱、電器用品、電腦、服飾都要 DIY，就連餐飲業也搶搭 DIY 這趟列車。

近來，人們不再喜歡廠商把產品都替我們組合得完整無缺，人們喜歡享受自己參與製造過程的樂趣，即使組合成的產品不如成品完美，但是它多了一點「人情味」，在拆拆合合的過程中，彷彿回到了小時候拆開手錶看看內部齒輪運轉的趣味，而完成作品時的成就感，更是成品所無法替代的。

「趣味」和「成就感」是 DIY 產品風行的兩大因素。

暑假期間，年輕人紛紛傾巢而出，百貨公司也出現不少手工 DIY 專櫃，以老師現場傳授的方式，讓消費者現學現做。目前百貨公司最多的手工 DIY 是紙黏土、麵包花、一些金蔥彩帶及串珠首飾等等。這幾年來，自己動手做裝飾品的風氣大盛，吸引了不少消費者，在材質、色彩及種類的變化上日趨多元化。

此外，「麥當勞」多年前推出 Shake Shake 薯條（薯條自己搖），效果奇佳。據麥當勞的負責人表示：「因整個生產定額的限制及其國際化的競爭程度，要在既有的產品中推陳出新是一件不容易的事。」

目前，DIY 主要顧客層多為 12 ～ 35 歲年輕人。這類 DIY 產品，讓顧客擁有更高的自主性，是未來新趨勢。

### 與眾不同的個性化商品

隨著生活水準的提高與消費需求日益多元化，越來越多有個性的專賣店

相繼出現。這種專營某一類商品的店，因具備單一專精、個性明顯的特色，越來越受消費者喜愛。

由於這類商品本身具有特色，加上訴求明顯，業者通常不需做太多的廣告宣傳就能吸引顧客上門。

在經營形態上，專賣店大多採用開放式貨架陳列、自由選購等方式，在購買時，也不會有銷售員在旁鼓吹、推銷。而在裝潢上，個性專賣店更重視店面外觀及內部裝潢設計，按照顧客層次需求規劃商店的風格，或清潔明亮、或浪漫優雅、或前衛大膽，透過極具性格的外部特徵強化店鋪的訴求。

至於服務品質，更是個性專賣店一項賣點，店員不僅出售商品，更出售商品知識，所以每位店員都必須接受產品知識、功能、使用方法、銷售技巧的訓練。而為了掌握特定的客戶，最常採用的便是會員制的方法，通常是規定一次購滿一定金額以上或累積到相當的金額，即可獲贈貴賓卡，除享有折扣的優待，還能參加業者舉辦講習或座談會的活動。

## 六、突破傳統的生意經

人們的意識形態已經由「拚命生產，拚命消費」的成長主義，變成了「盡情享受，客人至上」的精神消費主義，也就是健全的生產、健全的消費。這種變化，聰明的生意人不可不注意。

### 1・反宣傳 ── 漲價

通常業者都會採取降價打折的方式來吸引消費者購買，然而在此，我們要告訴你另外一種反其道而行的宣傳方式 ── 漲價。

生意人最怕聽到顧客抱怨漲價，有沒有什麼祕訣可以讓顧客諒解呢？

有。例如：把漲價變成一種宣傳。

「因原料價格一漲再漲，本店情非得已，略漲小幅，懇請見諒。」假如是一個中規中矩，從不亂漲價的店，這段話可充分發揮了說服力。

有一個餐廳老闆，在漲價一週前，貼出了一張漲價通知的海報。海報上一一列記現在的價格和漲價後的比較表，這種大膽的作風引起了人們的注意。更聰明的是，他又在價目表下標示：「漲價前三日，五折大優待！」

從 50 元漲價到 60 元的小小一杯咖啡，可是在漲價前卻只賣 30 元 ──於是吸引了更多客戶前來。這三天裡，門庭若市，盛況空前自不在話下，有些人甚至不怎麼喜歡喝咖啡也盲目的搶搭這班「便宜列車」。也許是由於店主的古怪和幽默激起客人的消費欲吧？漲價之後，生意居然比以前更興隆了。

在新店面開張或是紀念創業週年，甚至結束營業、清倉等時候，用「X折大優惠」這一類的宣傳，已經是老套了，沒什麼新奇之處。可是用在漲價上，恐怕是推陳出新的新招。這種作法比起囉唆向顧客請罪更加高明。任何不利的情勢都不畏懼，反敗為勝，轉禍為福，這種創意才是屢戰屢勝的「生意精神」，值得學習。

## 2．開業前的宣傳

每一位生意人都想「開張第一天就有顧客蜂擁而來，造成搶購一空，訂單應接不暇的場面」。當然，小生意最重要的是跟地區的結合，開張之前，要下點功夫，像宣傳氣球、招待飲料或是發宣傳單、面紙、氣球等，這些花樣對顧客來說都已經司空見慣，沒什麼新奇了。因此，開張第一天的噱頭越來越花樣百出，出奇制勝，無非就是要引起人們的注意。但是，如因商店陳設普通，所經營銷售的貨品也沒有什麼特別之處，即使宣傳噱頭再怎樣創新，也免不了失敗的命運。所以要先有好的銷售內容，宣傳術才能得以發揮致勝。

在銀座，有一家咖啡店開張時推出「抓千元日幣」活動。這活動的遊戲

規則是：參加者只限於穿迷你裙的小姐，而且只能用腳趾去抓。這奇特的活動在週刊、新聞報紙上被大肆宣傳。好奇的客人一大早就跑到店裡，使店裡擠滿了人，連店外都圍了一大群人。然後該店又在新聞上大肆宣傳這次活動的盛況並配以多張照片，這個活動成了人們茶餘飯後的話題。但是沒過多久，店內生意開始走下坡，客人漸漸沒了。只因這間店給人一種「用鈔票招攬客人」的印象，客人心知肚明得很！

因此，除了噱頭之外，良好的經營方針及不斷改進的產品才是維持生意長久之道。

一位經營超市的生意人表示「譁眾取寵的花樣已經不受歡迎了」。他在開第三間分店時，並沒有像其他店鋪那樣大搞宣傳，或是辦什麼比賽，而是採「以舊換新」體貼客戶。

在開張前十天，每天讓店員挨家挨戶訪問，向社區內各戶人家回收廢棄品。每戶人家幾乎都有一些廢物捨不得丟棄，例如故障的電視機、收音機、老祖母的百寶箱、坐壞的沙發等，想丟棄又捨不得，放在家裡又占空間。這家超市就幫他們「以舊換新」，以舊物折舊後的價格換取公司等值商品。這正符合「用後即丟」的經濟原則，實在是深謀遠慮的策略。

不見得每家小商店都要學習這家超市的宣傳手法，而且此種作法須有雄厚預算成本才行得通。然而那種挨家挨戶訪問的精神，不但可為商店打廣告，而且可拉攏居民的感情，贏得居民「腳踏實地、親切熱誠」的良好印象。

## 3・「大特價」不如「小減價」

現在已經沒有人會被「全面大特價」、「全場五折起」這一類的大減價所矇騙，之後只會是小減價時代。

顧客因為常常看到「大特價」的廣告，走進商店一看，品項不多，尺寸也不齊全，價格也像灌水之後再打折，一下子就識破「大特價」的虛偽伎倆。事實上，即使是資金雄厚的大型商店，搞一次大特價也是吃不消的，往往不

得不魚目混珠，商品良莠不齊。小商店如果想要東施效顰，更不是一件容易的事。

有些商店會打著「跳樓大拍賣！」、「老闆不賣了！」、「最後一天！」的口號，希望讓客人產生撿便宜的心態，但現在的消費者何其精明，早就看穿了這些拙劣伎倆，今天來看是「最後一天」，隔一個月再來，還是「最後一天」，老闆也沒有跳樓，大眾早就對這種廣告詞不以為然了。同樣，也沒有人會因此而入店搶購一番。

減價商品的準備、商店的布置、大幅度的打折，樣樣都是令人頭痛的事。至於「清倉大減價」、「換季大拍賣」，那些只為賣光產品，清理存貨，不求賺錢，另當別論。如果純粹只為了生意好，何必花那筆冤枉錢，瞎忙一陣呢？

一般小商店作「大特價」這種噱頭，不是掛羊頭賣狗肉，瞎熱鬧一陣，就是真正的不惜血本。因此，建議各位，某些產品小減價比全面大特價更能取信於人。例如「女士皮夾八折」、「長袖襯衫五折」。這樣，只要將打折那部分搞定即可，商品準備也很簡單，而且產品賣光的大幅度打折也很容易做到。多做幾次，不但使商店生意興隆，也不會造成商家諸多困擾。

這種小減價可以獲得普遍客戶的支持，他們甚至會抱有「下次是什麼東西要打折？」的期待心態。除了某產品小打折之外，推出「每日一物」也是很好的點子。同樣的道理，每天推出店內一樣商品，打著 99 元的口號，配合「百元有找」的促銷手法，讓顧客有便宜又期待的感覺，對生意來說一舉兩得。

## 4・了解顧客的心

對於你的顧客，了解得越清楚越好，要了解顧客是怎樣一個人，不只是了解他「個人」，同時還要了解他的消費習慣。這話怎麼說呢？

從前，日本名古屋熱田區有一家居酒屋，店主是一名大學剛畢業的年輕

人，他從父親遺留的財產中，繼承了這家居酒屋。他並不只是抱著玩玩的心態想嚐一嚐做生意的滋味，而是打算將在學校所學的經營學加以運用。「店在市中心，這麼一來，生意必定興隆！」他樂觀地想。可是不久，那些跟他父親熟稔的老顧客紛紛發出「感覺不習慣」、「怪怪的」怨言，這使他惴惴不安。儘管店內裝潢和布置都經過他細心改良，但是顧客卻日益減少，不免使他喪失了信心。

有一天，偶然在架子上發現了一本父親的備忘錄，字跡潦草，但是仍可以辨認出記著「哪一個客人愛喝什麼酒」的文字。對他來說，這無異是一個強而有力的指引，就像黑暗中出現了曙光一般。從此以後，他努力收集客人的資料，根據這些資料，不待客人開口，他已能熟悉地說出他們要點的菜、要喝的酒，使客人有「深得我心」的感受。這位年輕小老闆重拾信心，使他不只是重新建立了客人的光顧習慣，也讓店裡的業務蒸蒸日上。

最近有些美髮店做了像醫院病歷表一樣的資料卡，詳細記錄每個顧客的髮質、髮色、喜好、年齡、職業、生日等資料。

「這款髮型較適合你的身分地位」、「你的髮質燙這種髮型較不會受損害」。像這樣無微不至的關心，給予顧客的印象一定不同凡響。

顧客的所有資料並非那麼容易收集整理，但是這種了解顧客的方法，日積月累，與顧客建立了互相信賴的關係，是比什麼都有用的。顧客的資料是小商店寶貴的無形資產。

## 5‧轉禍為福好時機

災難本是禍，但切記，禍福本相倚，禍的另外一面就是福。天災人禍都不失為宣傳良機。

曾有一次大水災，使每家店一樓和地下室都受到損失。其中，尤以布店、服裝店所受損失最為嚴重，幾乎所有商品都報銷了。然而，水災退去的第二天，各布店、服裝店無不貼出「災難大拍賣」的廣告，五折、六折、七

折……人們的心理本來就懷著「趁水災過去買件服裝、布料，一定會便宜很多」的心理，於是蜂擁而至，爭相搶購。不但是水漬布料、成衣，甚至店裡多年賣不出去的存貨也被搶購一空。一次水災所帶來的不是災難，而是大把大把的鈔票。

「塞翁失馬，焉知非福」，店主經過這次搶購風潮，店內存貨一空。揣測著未來必將有數日冷市，於是就運用這筆現金，乘機把多年想要整修而找不到機會的店面好好整修一下。之後，又是一番新面目。

報紙上曾出現一則不醒目的小新聞，報導一家鐘錶行遭到小偷光顧，損失數十隻手錶。但是過幾天，這家鐘錶行在報紙上的新聞中加入宣傳，上面寫著：「Ｘ月Ｘ日遭逢失竊，承蒙各方關注，本店無限感激，為答謝顧客，即日起至Ｘ月Ｘ日止，一律Ｘ折優待。」這是多麼誘人的宣傳。新聞報導給人的印象是很淡薄的，但這些宣傳單卻充分發揮了宣傳效果。

被大貨車撞擊、瓦斯意外爆炸，現代的災難可謂五花八門。遭逢到這些災難的確是很不幸的，但是只顧著嚎啕大哭、茫然若失是無濟於事的，這個時候才是生意人表現其經商創意的良機。

# 七、打開潛能的月光寶盒

人人都有一個巨大無比的潛能等待他去開發。只要能保持積極成功的心態就會心想事成，走向致富。消極失敗的心態會使人怯弱無能，走向貧困，這是因為放棄了偉大潛能的開發，讓潛能在那裡沉睡。

任何致富者都不是天生的，致富成功的一個重要原因就是開發人的無窮無盡的潛能，只要你抱著積極心態去開發你的潛能，你就會有用不完的能量，你的能力就會越用越強，你的財富就會越聚越多。相反，如果你抱著消

極心態，不去開發自己的潛能，那只有嘆息命運不公且越消極越無能！

　　無論遇到什麼樣的困難或危機，只要你認為你做得到，你就能夠處理和解決這些困難或危機。對你的能力抱著肯定的想法就能發揮出積極的力量，並且因此產生有效的行動，直至引導你走向致富。

　　下面是一隻鷹自以為是雞的寓言故事：

　　一個喜歡冒險的男孩在他父親養雞場附近的一座山上，發現了一個鷹巢。他從巢裡拿了一隻鷹蛋，帶回養雞場，把鷹蛋和雞蛋混在一起，讓一隻母雞來孵。孵出來的小雞群裡有了一隻小鷹，小鷹和小雞一起長大，因而不知道自己除了是小雞外還會是什麼。起初牠很滿足，過著和雞一樣的生活。但是，當牠逐漸長大的時候，牠內心裡就有一種不安的感覺。牠不時想：「我一定不只是一隻雞。」只是牠一直沒有採取行動。直到有一天，一隻老鷹翱翔在養雞場的上空時，小鷹感覺到自己的雙翼有一股奇特的力量，感覺胸膛裡心正猛烈地跳著。牠抬頭看著老鷹的時候，一種想法出現在心中：「養雞場不是我該待的地方，我要飛上青天，棲息在山岩之上。」牠從來沒有飛過，但是，牠在內心有著飛翔的力量和天性。牠展開雙翅，飛到一座矮山頂上，極為興奮之下，牠再飛到更高的山頂上，最後飛上青天，到了高山的頂峰。牠發現了偉大的自己。

　　當然會有人說：「那不過是個很好的寓言而已。我既非雞，也非鷹，我是一個人，而且是一個平凡的人。因此，我從來沒有期望過自己能做什麼了不起的事。」或許這正是問題的所在 —— 你從來沒有期望過自己做出什麼了不起的事。這是事實，而且，這是問題嚴重的事實，那就是我們只把自己釘在自我期望的範圍內。

　　但是人體確實具有比表現出來的更多的才氣、更多的能力、更有效的機能。

　　有句老話說：「在命運向你擲來一把刀的時候，你可能會抓住它兩個地方：刀口或刀柄。」如果抓住刀口，它會割傷你，甚至使你送命；但是如果

你抓住刀柄，你就可以用它來劈開一條大道。因此，當遭遇到大障礙的時候，你要抓住它的刀柄，換句話說，讓挑戰提高你的戰鬥精神。你沒有充足的戰鬥精神，就不可能有任何成就。因此，你要是能發揮戰鬥精神，它就會引出你內部的力量，並把它付諸行動。

每一個人的真正自我都是有磁性的，對別人具有強大的影響力和感染力。通常說某個人「個性很有魅力」，這是因為他沒有壓抑自我的創造性和具有表現自己的勇氣。

「不良個性」（也可稱為被壓抑個性）是對個人潛能的一種壓抑，其特徵是無法表現內在的創造性自我，因而顯得停滯、退縮、禁錮、束縛。受壓抑的個性約束真正的自我表現，使人總有理由拒絕表現自己、害怕成為自己，把真正的自我緊鎖在內心深處，並大量地消耗著心理能量，使身體終日處於疲憊不堪的狀態，思維也幾乎陷於停頓境地。

壓抑的症狀很多：羞怯、靦腆、敵意、過度的罪惡感、失眠、神經過度敏感、脾氣暴躁、無法與別人相處等等。

正如前文所述，每個人自身都蘊藏無限的潛能，只是未被激發或受到壓抑。

如果你見了陌生人就害羞，如果你懼怕陌生環境，如果你經常趕到不適應、擔憂、焦慮和神經過度敏感，如果你感覺緊張、有自我意識感，如果你有類似面部抽搐、不必要的眨眼、顫抖、難以入眠等「緊張症狀」，如果你畏縮不前、甘居下游，那麼，說明你受到的壓抑太重，你對事情過於謹慎和「考慮」得太多，限制了你的個性發揮和表現。

假如你是由於潛能受到壓抑而遭到不幸和失敗，就必須刻意練習解除抑制的方法，讓生活中的你不那麼拘謹、不那麼擔心、不那麼認真，試著戒除說話、行動前「過於仔細」的思考。

打開潛能的月光寶盒，你會發現一個與眾不同、優秀的自己！

# 八、創意與人格

## 1・創意人的性格

　　美國某大學從 1950 年代開始進行了一項歷時 35 年的追蹤研究，他們追蹤了 1,500 位所謂高智商的「天才兒童」，考查他們成年後的發展和成就。這些高智商兒童普遍來自中等或高收入的家庭，由於有較高的學習才能，所以幾乎都接受過優良的教育，他們成年後，大部分都有頗佳的發展，享有中等以上的收入和物質生活，有人成為企業主管；有人成為議員；有人當了大學教授，偶爾發表一些學術著作。但令研究人員驚訝的是，沒有發現一個像愛因斯坦、愛迪生、畢卡索（Pablo Picasso）等能改變世界的創意天才，他們都只能做到表現平凡以上而已，研究結果遠遠低於研究員的期望。由此可見，創造力其實與智商的高低並沒有直接的關係。

　　我們認為，創意能力的高低可能和性格的特質有較大的關係，因為性格是由一個人的成長經歷、眾多思考和行為框架所組成的。以下的性格特質有助於你打破常規思考框架和接受新鮮事物：

- ・好奇。對未知的事物有極強的好奇心和求知慾，勇於提出疑問和異議，喜歡獨立思考，不會沒經過思考就接受別人的結論。
- ・靈活。反應敏捷，易於接受新的事物，能夠隨機應變，具備融會貫通各種觀念的能力，做事有彈性，不喜歡做刻板和不斷重複的工作，不喜歡按既定的成規辦事。
- ・包容。相容並蓄，寬容大度，能容忍和接受矛盾的事情。
- ・樂觀。以正面積極的心態看事物，永遠都抱著沒有失敗、只有回饋的心態。
- ・主動。有很強的內在行動動力，精力充沛，興趣廣泛，喜歡接受挑

戰。獨立思考，不被權威嚇倒，能主動提出質疑，並有堅毅不屈的精神，沒找到答案絕不放棄。

· 專注。對自己的目標，有異於常人的追求，幾乎到痴迷的地步，全情投入，廢寢忘食，不離不棄，直至顛倒日夜無法自拔。

· 幽默。幽默是語言思想的改道，笑是解決難題的最佳藥方，有幽默感、愛笑和令人快樂的人比悲觀的人更容易誘發靈感和新的想法。

· 幻想。豐富的想像力、相信直覺、愛沉思可以說是創意人的代表。

我們無法保證擁有以上特質的人就一定很有創意，但卻可以肯定這些人活得更有彈性，能掌握更多的心理和環境資源，會有更多的選擇。選擇越多，成功機會越大。

性格創造命運，對於愛進行創意性思考的人來說，擁有以上的性格特質往往比高智商的人更有能力開拓新世界。

## 2·創意的「前提假設」

前提假設是在做事之前，人們對事物的「信念」、「規則」及「價值觀」。創意絕對不單是技術習慣那麼簡單，它是一種生活方式、一種信念和一種價值觀，價值觀是個人的是非準則，是給予我們生活的方向，使我們前進時可以有所依從，它是行為的基礎動力。在掌握創意技術之前，先裝備自己，相信以下的「創意前提假設」：

### (1) 地圖並非現實

不要完全相信手裡的地圖，因為即使地圖畫得再精細，也不可能反映真實的場景，更何況是每個人的腦內都有不同的過濾網，會形成不同的地圖。每個人都擁有一幅自己的地圖去理解世事，只需確認大家有不同的地圖，就能減少許多無謂的爭論。如果能夠不停地擴大自己的地圖，就能越來越接近真實。學習的目的，就是要擴大自己的地圖及相容別人的地圖；能相容其他

人的地圖，就可增加一種選擇，令自己更有彈性，更易適應不同的人與事。多一幅地圖等於多一個參考指標、多一分創意的本錢。

### (2) 若有一個人學會做某件事，任何人均能學會

我們可以透過觀察及模仿，去做別人做得到的事。學習是可以透過觀察和模仿掌握得到的，你可以模仿愛因斯坦，但這並不代表要你成為物理學家，而是要你模仿他的思考過程。心理學家發現，愛因斯坦思考時是會先抑制文字和語言的干擾，用圖像化的方法去想像自己想要的，圖像清晰後再以文字符號深入探索。你也可以用同樣的程序來思考，改變一下慣用的模式，肯定會有精彩的發現。模仿能為自己提供多一個選擇，令自己能達到自己想學習的技能。

### (3) 身心同源

大腦影響身體的運作，同樣身體的律動一樣可以影響大腦的狀態，因為身心是互動的。

當你想著你很疲倦時，你的身體亦會做出相對的反應，例如眼皮下垂；當你覺得自己很有精神時，你的姿勢也會因而轉變。知道身心同源之後，當你想有所轉變時，就可以從兩個方法著手：一種方法是「改變心裡的想法」，但要改變想法並不容易，所以我們可以用另一種方法「改變姿勢」，從而改變心理的想法。

當你昂首闊步向前行時，會覺得人生充滿希望，信心十足。因此，如果某一天當你覺得自己信心不足時，可刻意抬起頭來，以避免垂喪氣。

給你一個小訣竅：當你遇到不如意的事時，或者需要力量來完成工作時，可以想一些開心的事，抬起頭做個積極的動作，你必定會感到有動力，因為身心同源，互相影響。

### (4) 你不能「不溝通」

只要有人的地方，你就不能不溝通，即使你不發一言，參與本身亦已是

溝通的一種。

### (5) 溝通的定義在於你得到的回應

像發射飛彈一樣，要不斷收集回應，才可以知道是否需要改變及如何改變。每一個人的接收系統都不同，對同一句說話的反應也不同，溝通的原則就是你發出資訊，等待回應後，再做進一步行動，回應才是你最重要的收穫。

### (6) 每一項行為背後均有正面的動機

如果遇到一個有暴力傾向的人，我們是很難改變他的，那麼請用另一個角度來看，他在實施暴力時是有他的正面動機的。所謂正面動機是指該行為對他個人或者環境是有正面的、善良的原意，例如暴力行為是為了宣洩情緒，宣洩情緒對身心健康是有正面影響的；再進一步想想，要宣洩情緒，暴力是其中的一種選擇，用其他方法如運動、跳舞同樣可以達到目的，於是便多了其他選擇。

當我們有這個信念，許多行為都變得中性，而不會認為一個犯錯的行為就代表此人無藥可救；我們會有更多其他選擇來滿足這個正面的動機，而無需要用一些侵略性的行為來滿足這些正面的動機，只要我們可以尋找到每件事的正面動機，就可以有更多選擇，能掌握創造和改進的道路了。

### (7) 沒有失敗，沒有回饋

回饋可以視為一個結果，即是表達世界上沒有任何一件事能稱為失敗，例如：愛迪生在試用了 9,000 多種方法都沒發明出燈泡時，他的朋友對他說：「你失敗了 9,000 多次，不如放棄吧！」愛迪生表示他並沒有失敗，只是成功地找到 9,000 多種無法製造出燈泡的方法，因而越來越接近成功。

如果你也有這個信念，你會減少許多挫折感。

許多人因怕失敗而停步不前，因為他們不允許自己犯錯，他們會將一次犯錯視為天大羞恥，所以不會成功。人可以犯錯，只要不再犯同樣錯誤。

### (8) 越多選擇，越大成功

越多選擇，越大成功。假如你有五招，別人有七招，對方贏的機會就比你大；相反，如果你有十招，對方只得七招，你就有機會贏。一個徒弟問他的師傅：「如果對手和我在地上均有一條相等長度的線，如何贏到對方？」他的師傅回答：「我們沒有辦法令對方的線減短，但我們可以無限延長自己的線，這就是勝利的法寶。」

### (9) 如果現在的方法不行，用其他方法

用拳頭無法將釘子釘入牆壁時，你不該再「大力一點」，你應該找個錘子或磚頭，一切問題就迎刃而解了。

### (10) 你擁有所有需要的資源

人們已經擁有所有需要的心理資源，包括創意、自信、快樂、活力、勇氣和健康等等，只是我們不懂得在適當時間提取出來，加以運用。

## 九、創意修練心法

### 1・學會創意的四部曲

如果你認為你天生就沒有創意，不用擔心，因為創意是可以學習的。

無可否認，人生就是個大課堂，每一天我們都要學習新事物，否則無法適應時代迅速的步伐，既然我們不能不學習，那麼我們就需要知道什麼是學習？否則可能會浪費了寶貴的時間，但卻得不到好的成果。

回想一下剛學騎腳踏車的時候，或是剛學打字、彈琴時，你的動作如何？是慢還是快呢？是純熟還是笨拙呢？想想你第一次跨上腳踏車、第一次

將手放在鍵盤或琴鍵上時，你的心情如何？是不是覺得要記的事項太多，令你有如坐在針氈的感覺？

如果你坐上新手開的車，為了安全著想千萬不要與他交談，因為他正忙著應付各方面的情況。但過了一段時間，這個新手再載你一程時，你卻發現他可以一邊與你交談、一邊聽音樂，又能安全平穩地駕駛，新手已今非昔比。

這就是學習的過程，學習一些新技能時，會經歷以下四個階段：

### (1) 無意識的不懂

無意識的不懂即是你不知道自己不懂什麼。出現無意識不懂的最重要原因是你根本不需要這種知識。當你每天都重複做同一件事情時，每天都只是昨天的複製，你不可能意識到你需要有創意，潛意識被那重複的習慣所蒙蔽，創意絕對與你不相干。

### (2) 有意識的不懂

當你覺得要轉變了，你開始要學習一些你不懂的技能時，你就進入這個「知道不懂」的狀態，很多新事物會令你感到新鮮。這時，你意識到自己有許多事情是不懂的，於是願意花時間去學習。

### (3) 有意識的懂

當你已學習一段時間後，你不再像初學時要花很多時間才能搞懂基礎，但你仍然以摸著石頭過河的心態去運用你的技能。此時，電話、一切交談只會令你分心，無法繼續手中的工作，因為你用的是「顯意識」處理。其實我們的顯意識每次只能處理一件事情，因此，如果你覺得你時常無法集中，其實只因為很多時候你只是運用你的意識這一部分。但請不要放棄，很快你就會跳到下一個階段。

### (4) 無意識的運用

當你繼續努力，到這個階段時，你已不是在意識層面來操作你的技能，而已是運用你的潛意識了，你可以一心兩用，甚至一心多用。而根據心理學家的研究，我們可以同一時間處理 5～9 件事情，但這些必須是你熟練的事。當你能融會貫通時，這種學問或技能就能跟隨你了。

當你仍然像活機械人一樣，只按既有的程序生活，你活在無意識不懂的狀態，創意與你無關；你總不可能就這樣生存下去！於是你意識到你需要學習創意這比較抽象的東西，這時候，顯意識世界開始當道，你會很刻意地想些與平時不同的東西，有意識地買一些教你創意思考的書閱讀，做一些所謂有助創意或解決難題的練習，上培訓班等等。你知道自己不懂，你會刻意去學習。你開始掌握一些技巧了，而且開始嘗到創意帶來的好處，你會不斷練習，反覆運用所學過的技巧，做決策時亦會刻意想一想有沒有其他可行的方法。到最後，創意已經成為生活的一部分，根本沒有必要刻意地想「創意」這東西，潛意識已經接管了這個學習區域，有關的技巧和意念會很自然地跑出來，你會進入一個更高、更新的境界，就是活出創意人。

請緊記：不斷練習，不斷運用，才能成為賺錢創意大師。

## 2·學習、再學習

有沒有見過一些無師自通且打保齡球打得不錯的朋友，他們雖然偶有全中，但其姿勢就不敢恭維，而且還很容易傷害了腰骨。當你這個朋友想改善他的技術時，教練會讓他了解到以往姿勢及動作是錯的，可能會有回頭太難的感覺。於是他又開始重新學習打球，即是回到意識地懂的狀態，但越學就越會發現有許多動作要做出改良，有時彷彿完全不懂打保齡球一樣，突然會停下來，不知道下一步應該做什麼，而這個階段屬於意識地不懂，只要堅持學習，很快就能一步一步地回到無意識懂的狀態。

這個過程就是再學習的必經之路，但經過再學習後，我們懂得多一個招

數來處理日常要事，如果你懂得越多，你的生存能力一定會比那些只懂一種甚至不懂的人強。

如果你已是一杯注滿的水，如何能裝得下新加添的水呢？只有在你喝下原有的水後，新的水才能加入，而你就能擁有更多的技能，擁有更多的選擇。

學習、再學習是保持競爭力唯一的法門。請緊記：越多選擇，成功機會越大，學習新的事物是增添自己選擇機會的最好方法。

## 3・學習呼吸

其實大部分人活了半生仍不懂得呼吸，呼吸不單只為吸取氧氣以維持生命，更是為了恢復精神的活動，保持大腦清醒，解除焦慮，使全身放鬆和使思維更加清晰，促進創意。

人們習慣了用肺部呼吸，只將空氣吸入肺的上半部，這對身體不但無益甚至是有害的。人體大半的血液都儲在腹部，將下腔（橫膈膜）的血液壓送到心臟和肺葉，對肺部交換空氣和心臟的保健是很有益處的。同時，將意志力集中在丹田，可促進身心安全，使全身進入舒緩的狀態。

正確的呼吸方法應該是用橫膈膜呼吸，吸氣是腹部微微脹起，呼氣時腹部收縮，全身放鬆。練習的方法如下：

- 先深深地呼一口氣，把體內汙濁的廢氣呼出體外，呼氣時腹部收縮；
- 輕輕地吸一口氣，腹部微微脹起（心裡數「1」）；
- 集中精神，讓吸入的氧氣停留在體內（心裡由「1」數至「4」）；
- 緩慢地呼氣（心裡數「1」、「2」）；
- 如此反覆練習，保持緩慢的速度，吸氣時你會感覺到氣體走遍身體，心情會變得更平靜，頭腦變得更清醒，思路會更清晰。

當需要創意思考時，就讓新鮮的氧氣進入你的腦部，深呼吸更可以將體

內的廢氣排出，維持身體健康，心靈愉快。

# 4．放鬆同時又集中

有許多人常常說自己的注意力無法集中。如果你也有這個問題，就請留意你的意識結構部分。原來若只用那 3% 的顯意識來處理事情，真的會出現無法集中的困難，因為顯意識越希望集中精神，越會緊張，緊張時血液和能量分散到肌肉去，腦部血液相對減少，如何能集中呢？

保加利亞心理學家及快速學習法的創始人洛扎諾夫（Georgi Lozanov）運用音樂、律動和圖像方法，協助學生達到精神的阿爾法波狀態，即腦波為 7～13 CPS 的放鬆狀態，這是最佳的學習和創意狀態，亦是潛意識最活躍的時段。

你也可以運用最簡單的「視線定位法」來使自己的精神集中。方法是在放鬆的情況下，同時將視線集中在自己的手指，思想越集中，身體就越放鬆，直至覺得身體同時處於既放鬆又集中的狀態。

身體放鬆的方法如下：

## 第一個步驟：靜坐

- 找一個舒適、安靜的地方坐下（可以的話，最好盤腿而坐）；
- 頭部輕微下垂，頭蓋頂部對著天花板；
- 閉上眼睛，好好享受靜坐時的感覺；
- 利用腹式呼吸法，緩慢地呼吸，當吸氣時，心裡唸著「吸」或「1」，呼氣時則唸「呼」或「2」；
- 先呼氣，再吸氣，呼氣時間要比吸氣時間長，好讓體內的廢氣可隨之排出；
- 為免受不必要的騷擾，靜坐時需關掉所有通訊設備。

## 第二個步驟：能量球練習法

· 放鬆你的身體，找一個你喜歡的坐姿，讓你的身體更加放鬆；

· 慢慢放鬆你的身體，有些人閉上眼會覺得更加放鬆，如果你覺得睜開眼會更加放鬆，那麼就睜開你的一雙眼；

· 用你的幻想力，幻想有一個能量球在你的頭上，你看見它在慢慢轉動，亦看見它的色調，是你喜歡的色調。你開始看見能量球進入你的身體，它進入你身體的時候，你會慢慢感到非常放鬆、非常舒服。能量球進入到你的頭，你的頭、前額、後額慢慢放鬆，你會非常舒服。能量球慢慢落到你的面部，你面部的肌肉也隨之放鬆，覺得非常舒服。能量球慢慢落到你的頸，你的頸、氣管也隨之放鬆，非常舒服。能量球慢慢落到你的肩膀，你的肩膀隨之放鬆，非常舒服。然後能量球一分為二，落到你的雙臂，你雙臂的肌肉慢慢放鬆，非常舒服。然後能量球再落到你的一雙前臂，一雙手，並且每一根手指，你的前臂、手和每根手指都完全放鬆，非常舒服。然後能量球返回你的胸前，你胸部肌肉亦隨之放鬆，非常舒服。能量球慢慢落到你的腹部和你的腰，你腹部和腰部的肌肉亦隨之放鬆，非常舒服。能量球慢慢轉到你的背部，你的背部肌肉及你的背脊骨亦隨之放鬆，非常舒服。能量球慢慢落到你的臀部，你的臀部肌肉亦隨之放鬆，非常舒服。然後能量球慢慢落到你的雙腿，你的雙腿的肌肉隨之放鬆，非常舒服。能量球慢慢落到你的膝蓋、小腿、腳及每一根腳趾，你的膝蓋、小腿、腳及每一根腳趾也隨之放鬆，非常舒服。上述過程你越放鬆，便越舒服。

· 每天練習最少兩次，每次 20 分鐘。

## 5‧圖像思考

科學家利用腦部掃描技術發現，當身體處於放鬆和集中的狀態下，大腦後方的視覺中心比平常活躍，視覺與創意有很直接的關係。

愛因斯坦是以想像一幅畫面的方式來思考並發展出相對論，他承認文字是他思考的限制，他少年時曾經想像坐在一束光在時間中飛行。美國心理學家兼身心語言程式學大師羅伯特‧迪爾茲（Robert Dilts）研究愛因斯坦的思考模式，發現他是先以圖像觀想出整個問題的畫面，然後感受內容，再用文字加抽象符號把概念寫出來。

足球運動員也會在練習射每一球前先幻想自己的最佳姿勢，入球時的動作和勝利後的歡快情景，全都在腦中預演一次，到練習及真正比賽時，表現會比沒有思考過更佳。

要培養圖像思考，除了學畫畫外，亦可利用視覺空間，先問一問你自己想要些什麼，並強烈地相信你是能夠實現的，然後觀想當中的情節，在腦中播放，你越常在腦中播放自己想像出來的電影，就越容易在當中找到你需要的創意答案。

圖像化的過程：

‧ 訂立一個目標；

‧ 想像自己想要創新的東西或者想出現的景象，要仔細具體，最好可以配上顏色、聲音、說話等，像電影一樣在腦中播出；

‧ 持續想像這東西，可以的話把它畫出來，釘在自己常見到的地方；

‧ 相信自己可以實現；

‧ 行動。

對於潛意識這個巨人來說，越簡單直接的圖像就越能打動它，越經常想到和提到，就越容易使它相信，它就越有動機使之付諸實踐。

## 6 · 聯想、亂想法

蜘蛛思考法即是「聯想」，聯想是一條橋梁，將兩個不同的概念聯結起來，產生新的構想。自由聯想、相關、組合是打破時間、空間和功能的限制，任意把事物的不同元素和特質，和看起來水火不相容的聯想起來，產生無窮創意。

「量」是創造力的中心點，在相同的時間和環境之下，如果能夠產生更多的構思和概念，賺錢的機會必定更多。自由聯想（或稱為「自由亂想」）可以使我們在平常中產生更多的意念。

先找出一個主題或刺激，然後以多種方式自由反應，根據既有的知識和經驗去做擴散式的聯想，以尋找全新的聯結關係。在聯想的過程中不能批評建議，完全讓潛意識自由發揮。聯想的題材可以是圖畫、文字、音樂甚至是一種味道，總之，只要開放身體所有的感觀，就可以想得更多。

## 7 · 模組思考

大腦的思考不是直線的，而是以擴散的方式與其他資料連結成為一塊有意義的概念。腦神經就好像章魚一樣向外伸出吸盤，將其他東西吸住，並賦予意義。腦是以模組方式運作的。

在腦海中，每一個概念都是一堆模組，每一堆模組都是一層包著一層地向外擴散。每一個模組的核心點通常和感覺情緒有關係，心理學家稱之為重大情緒經驗（Significant Emotional Experience），是主要的記憶體，我們會記得重大情緒經驗，重大情緒經驗是指最重要、具有巨大影響力的事情。

所有的事情都圍繞著重大情緒經驗，所以當你想起一件事，就會有連鎖反應地想起其他的事情，如果這個重大情緒經驗是一件快樂的事。

思考和記憶的結構是一步跟隨一步，見到一個現象，就會想到下一個現象，一連二、二連三，是一連串的，例如想到初戀，就會想起和溫柔可人的

她的初次約會，當時的環境氣氛、日期、對話的內容，那醉人動聽的背景聲音等一連串你以為已經消失的影像，都一下子回來了。其實所有曾發生在你身上的故事或經驗，都已儲存在你的潛意識內，模組思考就像鉤子一樣把它們整塊勾出來。

假如你所記得的事是以 1 ～ 5 來代表，當你記得其中的第 3 件事，那麼第 2 件及第 4 件事亦會隨之而憶記起來，之後才會想起第 1 件及第 5 件事。模組思考也可以用於勾出創意。

# 第五章
# 巧借外力幫你賺錢

為什麼那麼多富翁能夠白手起家？

因為他們深諳取長補短、借力使力的訣竅。一個人的能量畢竟太小，但若能借助外界的力量，其能量則不可估量了。

# 一、借「口袋」賺錢

　　做生意或投資都免不了資金的流入流出，手上資金短缺時，高財商的人選擇借或貸都是再正常不過的事了。但在許多亞洲人心目中，欠債依然是一件很不光彩的事情。當一個美國企業家正在為借到了一大筆錢而興高采烈時，在地球的另一邊，一個臺灣家庭可能正在為借不借錢而發愁。

　　這個陳舊的觀念應該徹底改變了。在市場經濟的大潮中，負債經營已經成了一種再自然不過的事了。從生產、消費直到國家的經濟行為，無不用負債方式，或者說靠負債支持。在發達的國家，幾乎再也見不到個人掏腰包投資企業的事情了。企業的資金籌集，幾乎都是靠負債的方式。企業在市場發行債券，籌集資金用於生產，是企業對債券持有人的負債。利用債券籌資，是負債經營最明顯的形式。企業還可以從銀行獲得貸款，這是企業對銀行的負債，而銀行的錢又來自客戶的存款，這又是銀行對客戶的負債。可見，用負債的辦法來進行生產並不令人奇怪，恰恰是不負債才令人奇怪。

　　你想一想，靠你的薪資收入一分錢一分錢積攢生意本錢，不僅時間漫長，而且也很容易錯過機會。所以，在進行艱苦的原始資本累積的同時，還應該善於借用別人的錢來為自己賺錢，在今天，最聰明的做法是借銀行的錢。因為，銀行到處都有，並且它們都有十分充足的資金供你借用。

　　遺憾的是，能賺錢的人不少，但善用銀行的錢賺錢的人卻不多。

　　銀行的錢，存與貸都要計息。存與貸之間的利息差額就是銀行的利潤和生存錢，所以不少商人就為歸還銀行貸款利息，整天自嘲地說：「在為銀行工作。」其實這是一種極大的誤解。為什麼？因為靠自己的原始累積做生意，只能一步一步地往前爬行，成不了大氣候；善用債務作槓桿，生意才能有大的發展。

　　借用銀行的錢賺錢，不僅僅是用來買賣周轉，最重要的是借銀行的錢去投資。而能借到銀行的大筆資金去投資的人絕對要有信用。沒有信譽度的人

是不可能借到銀行一分錢的。

白手起家的美國富豪阿克森，原是一位律師，他的財商高過常人。有一天，他突發奇想，要借用銀行的錢來賺大錢。於是，他走進一家銀行說要借錢修繕律師事務所。由於他在銀行裡人脈廣，因此，當他走出銀行大門的時候，手裡已經有了 1 萬美元的支票。

阿克森一走出這家銀行，緊接著進了另一家銀行。在那裡，他存進了剛才借到手的 1 萬美元。這一切總共才花了 1 個小時。看看天色還早，阿克森又走進了第三家銀行，重複了剛才發生的那一幕。過了幾個月之後，阿克森就把存款取出來還債。此後，阿克森在更多的銀行玩弄這種短期借貸和提前還債的把戲，而且數額越來越大。不到一年光景，阿克森的銀行信用已經「十足可靠」，憑他的一紙簽條，就能借出 10 萬美元以上。他用貸來的錢買下了費城一家瀕臨倒閉的公司，幾年之後，阿克森成了費城一家出版公司的大老闆，擁有 1.5 億美元的資產。

可見，用智慧可以增加信譽，信譽高了就可以借錢，可以作銀行的「雇主」，可以讓銀行為自己賺錢。

既然借錢可以為我們賺取更多錢，那麼借錢就很有講究。借錢首先是講時間的。在利率高時，借錢所要付的利息就會十分多。正確的借錢時間，也決定了你借來的錢是否能夠替你賺取更多錢。

借貸運用是個人理財之中的重要一環。借貸在今天已經是件很普通的事。現代人不免要涉及一些賒帳和借貸，只要不是盲目舉借，越陷越深，借錢確實可以增加自己賺錢的致富機會。

如果你借錢的目的是用來生活的話，相信任何銀行和信託投資公司都會拒絕，但是如果你借錢的用途是用來投資，且有一定額度的抵押，銀行就可以貸款給你。你可以用他人的錢買股票，也可以借錢來支付帳單和開銷，例如交稅、購物等。

借錢終究要還錢，借貸確實有風險。但若在上述情況下，我們就沒有理

由不去借貸消費、借貸投資、借貸經營。不會借錢，甚至羞於借錢的理念，肯定不利於在今天這個時代發展。

## 二、借「腦袋」賺錢

　　智者千慮，必有一失。但現代社會是個十分複雜的社會，政治、經濟、文化各個巨大系統，縱橫交織在一起，加之現代科學技術和生產力的快速發展，又使社會中的各個系統處在不斷的變化之中。面對這樣複雜的不斷變化的社會，任何高明的領導者，單靠個人的能力都是不夠的，還必須借用他人的力量，即發揮智囊人物或團體的決策參謀作用。因為憑藉許多智者的「一慮」，有時可避免很多不必要的失誤。

　　現代決策的特點正是「斷」、「謀」分家。「斷」是領導者的決策，「謀」則是指專門智囊人物或團體為領導者決斷而出謀劃策，在你最終決策之前，智囊團積極地發揮作用，為決策者提供各種資訊資料，擬定各種可供選擇的方案。現代一個成功的決策離不開智囊團的參謀作用，在一定意義上甚至可以說，領導者的決策正是智囊團的「謀」的結晶。因此，任何一位高明的領導者都必須充分了解智囊團的功能，並積極發揮其作用。

　　智囊人物古已有之。中國古代就有所謂食客、謀士、軍師、諫臣之稱，這些人為當時的統治者出謀劃策，安天下、鎮國家、禦外侵。歷代統治者也都懂得要鞏固基業和擴大統治單憑自己的能力是不夠的，因而不少統治者廣納賢士、賢臣、諫臣，如秦始皇招納李斯、韓非等人才。劉邦重用張良、蕭何、韓信等賢士，劉備更是「三顧茅廬」，請求諸葛亮出山。這些歷史上著名的謀士都為當時的統治者貢獻了巨大的智慧。現代智囊團就是從這些古代的智囊人物發展而來的。

　　智囊制度在國外也有著悠久的歷史。1630 年代瑞典國王古斯塔夫二世

（Gustav II Adolf）在他的軍隊中以非正規的形式設置了諮商助手，在國王需要時助手便發揮作用。17 世紀中葉，法國路易十四（Louis XIV）的軍隊中就有了參謀長的職位，他為軍事首長出主意、想辦法。19 世紀初，普魯士軍事改革家沙恩霍斯特（Gerhard von Scharnhorst）在軍隊中建立了參謀本部制，用參謀的集體智慧協助軍事統帥進行決策。1829 年上任的美國總統傑克森（Andrew Jackson）把一些傑出人士安插在他的周圍，這些人雖沒有官職，但對總統卻有很大的影響。傑克森常和他們在白宮的廚房內討論國事，決定大政方針，被人們稱為「廚房內閣」。

　　智囊人物雖然古而有之，但智囊團卻是現代社會的產物。第二次世界大戰期間由於科學技術的進步，交戰的雙方在先進軍事技術的發展部署和運用方面，展開了競爭。美國把一些科學家和工程師集中起來參與軍事機構，適應了軍事的需要，取得了巨大成功。第二次世界大戰以後，美國陸軍航空兵團（USAAC）與道格拉斯飛行器公司（Douglas Aircraft Company）簽署了一項合約，在道格拉斯公司建立一個從事「洲際戰爭的廣泛題目」的研究部門，為陸軍航空隊推薦運用於戰爭的儀器。這就是所謂的「蘭德計畫」，進而又成立了一個綜合性的策略研究機構 —— 蘭德公司（RAND Corporation），蘭德公司被稱為西方世界「智庫」的開創者，現已響滿全球。隨後，世界各國都建立了相應的智囊機構。

　　現代智囊團是決策者決策過程中必不可少的機構。現代科學技術飛速發展，各種知識不斷更新，領導者個人根本無法迅速接受所有的新知識，因此，需要智囊團予以幫助。有人統計，1970 年代以來的發明和發現，超過以往 2000 年的總和。

　　18 世紀知識的更新週期大約為 80 ～ 90 年，19 世紀減少到 30 年，近 50 年又減少到 15 年，而當代某些領域內的知識更新週期只有 5 ～ 10 年。自 1970 年代以來，世界每年出版圖書 50 萬種，平均每分鐘出版 1 種圖書，而且各學科之間相互滲透和融合，各種新學科、邊緣學科和新的理論層出不

窮。在這樣的情況下，決策者進行決策，沒有智囊團的幫助是不可能的，任何一位有能力的領導者也難以做出合理的科學決策。正如前面所說的「智者千慮，必有一失」，作為決策者日理萬機，難免有考慮不周的地方，在處理重大問題時，也不可能對事物的前因後果都了解得非常清楚。因此，任何高明的決策者都需要借助智囊人物的智慧。

「得士者昌，失士者亡。」人才是世界上最寶貴的財富，只有不拘一格，慧眼識英才，勇於借助外腦的智慧，你的事業才會興旺發達。

心理學大師總結了許多成功人士的經歷後，都有一個共識，那就是：世界上第一寶貴的「資源」就是人才。事業成就的取得，無處不需要人才的聰明和智慧。人才更是創富者的珍寶。善用人才，善用外腦，當是創富者的成功智慧。

在當今世界，「人才是最重要的資本」已成為國際經濟活動中新的價值觀念。為爭奪這種「最重要的資本」，各國展開了激烈的人才競爭。例如，瑞士一名研究生研製成功一支電子筆和一套輔助設備，可用來修正遙測衛星拍攝的紅外線照片。美國大企業和瑞士大公司為了引進這位人才，就曾展開了一場提高薪水的人才爭奪戰。荷蘭飛利浦公司（Philips）為了在美國挖走一個做第五代電子電腦的工程師，提出年薪 200 萬美元的條件，但沒成功，最後竟花 3,000 萬美元把包括該工程師在內的整個公司全部買下。可見人才在當今社會中的價值。

重視人才，重用人才，已成為中外商界的共識。

# 三、借「名牌」賺錢

日本一家專售清潔用具的公司。獨具匠心的經營者煞費苦心，找到一對

全日本出名的百歲雙胞胎，姐姐叫成田金，妹妹叫蟹江銀，姐妹倆在廣告中各自亮相：「金婆婆100歲，銀婆婆也100歲，打給樂清100號100號」如此一來，原來鮮為人知的清潔用具公司及電話隨兩姐妹廣泛傳播，廣告的轟動效應由此引出生意額的不斷上升。

你還可以借人人都有的「崇外」心理為你賺錢。

例如，美國東海岸某城的一船香蕉在冷凍廠受損了，香蕉仍然可口，只是外面的皮太熟了一點（很黑）。貨主讓職員把這批香蕉賣掉，任何價格都可以。

那時2公斤變質的香蕉可賣25美分。老闆建議職員開始以每公斤9美分推銷這批香蕉，如果沒人買的話，再降低價錢。

公司裡一名較資深的職員想了一個絕招，他沒有把這個巧妙的方法告知老闆，就在門口擺滿了堆成山的香蕉，然後，他開始喊叫起來：「阿根廷香蕉！」

根本沒有什麼阿根廷香蕉，但是這個名字蠻有味道的，聽起來很高貴。於是一大堆人圍過來瞧這「黑香蕉」。

推銷員說服他的「聽眾」：這些樣子古怪的香蕉，是一種新型水果，第一次外銷到美國。他說為了優待大家，他準備以驚人的低價 ── 每公斤20美分，把香蕉賣出去。

這個價格比一般沒有受損的非「阿根廷香蕉」差不多貴一倍，但3小時之內，他就把這些香蕉賣光了。

## 四、借「景色」賺錢

在客觀條件不變的前提下，充分利用現有人力、物力、財力，發揮自身

優勢，挖掘自身潛力，是贏利的最佳途徑。

日本太陽工業（Taiyo Kogyo Corporation）的董事長能村龍太郎，在東京新建分行時，慧眼獨具，把十層大樓的外壁口以構思設計，別出心裁建成一座斷崖絕壁，收費供人充作「斷崖攀登練習場」。這座遍植花木苔藤的斷崖，巍然聳立在車水馬龍的東京市內，彷彿自天而降的高山，妙趣橫生，原野風味十足。

這座世界首創的人工斷崖一竣工，喜愛登山的年輕人就結伴蜂擁而來，他們爭先恐後地往上爬。斷崖的盡頭雖然沒有層巒疊峰和雲海變幻，卻使年輕人奔騰的熱血、無盡的精力得到盡情的發洩。在涉險攀登之後，他們大呼過癮！

在熱鬧非凡的東京鬧市區，忽然出現只有崇山峻嶺之中才得一見的景觀，一時吸引了成千上萬看熱鬧的人群，也使得能村龍太郎的生意獲利番了數番。隨後，該公司又在隔壁開設一家品項齊全的登山用品商店，自然也會生意興隆。

一個都市人工斷崖的巧妙構思，使得能村龍太郎的公司三面獲利！

## 五、借「人緣」賺錢

如果有人問你除了你的頭腦，你最大的一筆資本是什麼，你可能會說是房子、汽車、土地、發明專利、公司股票等等。這些當然都是，並且很重要，但是人際關係或許也是你非常重要的一筆資本。你是否曾感受到你的人際關係直接決定了你在投資上的成敗？相信任何人都會感覺到這一點，有時候一個電話號碼對於你的價值遠遠超過前面幾項資本價值的總和，隨便翻開一張報紙，你會發現招聘廣告裡幾乎所有的公司都在找那些有工作經驗、在

專業領域內較熟悉的人。毫無疑問，這些公司與其說是在招人，不如說是在網羅自己的關係網，他們懂得利用人際關係的好處。

能夠把「有用」的人吸收進你的人脈關係網，使之成為你要好的朋友，便可大大增強你賺錢的能量，這個能量越大，你的賺錢能力也就會越高。

放長線釣大魚，多從對方的心理上做文章，相信不會讓心血白費，日後辦事就會處處有援手。

## 1‧人緣層次越高越好

為什麼有些人無論辦大事小事，經常四面碰壁呢？原因當然是多方面的。但最基本的原因則是由社會的複雜性決定的。

人都是生活在社會中的，人的本質屬性就是社會關係的總和，人的一切活動都深深地打上了社會的烙印，所以，也可以說幾乎人的一切活動就是社會性活動。

一般人從校園踏入社會，為了自己的獨立和發展而奮鬥，這是一個發揮自己才智和能力的過程，而一個人的能力必須穩固地落實到他與他周圍每個人的關係中。

「感謝身邊人對我的幫助」，這是多數成功的生意人常掛在嘴邊的話。周圍的人就是潛在的人緣，是否有人緣，往往決定著事業的成功與否。所以欲求辦事成功者要注意建立人緣，建立高層次的人際關係。

說到人緣，也許首先想到的是朋友吧！學生時代的同班同學、前輩、同鄉朋友、朋友介紹的朋友等等，當然，這些故交也是一種人緣。

立志要賺錢的人，不應該過分地依靠舊友，要不斷地建立新的朋友圈。重要的是透過新的人緣擴大自己的世界，擴大視野。不同行業、不同職業的人，或者不同年齡層的人，層次越多越好。年輕的時候與長輩，年長以後與年輕人交往最好。

那麼，如何建立起新的人緣呢？為此，要有具體的行動。一言以蔽之，

即積極地走出去，擴大與人交往的機會。

公司內外各種聚會都要積極參與。不僅是公司，親戚朋友聚會也要參加，不要嫌麻煩。如果有不同行業的交流會之類，也要主動地參與籌劃，加入有關興趣的圈子也是極好的機會。

性格內向的人會經常回避這種聚會，其實這正是鍛鍊自己的場合。你必須以堅強的意志克服自己的厭倦情緒，積極地參加。要有堅強的意志，具備「要當大人物」、「要成就事業」的願望。

參加各種聚會時，要注意以下幾點：

### (1) 互相「舔拭傷口」的聚會不要參加

那些懷舊的、安慰的聚會，一邊喝酒互訴牢騷，以求互相怨天尤人的聚會只會使人衰老得更快，意志更為消沉。曾見過一次這樣的同學聚會：一群已進入職場 30 年的同學聚到一起，由於分別太久，見面就是一陣淚雨。談起現在的工作，幾個提前退休或離職的同學更是抱頭痛哭，全無當年那種「戰天鬥地」的氣概。這種聚會有百害而無一利，還是少參加為好。

### (2) 努力做聚會的領導者

如果只是滿足於一般成員，就沒有多大的意義，無法建立起人緣。當然，有發言的機會時要常常積極地發言，提出各種方案。第二次聚會自己要首先邀約。總之，要使自己的存在得到好評，讓自己獲得實質上的主宰地位。

### (3) 無保留地付出

只求獲取，沒有付出的人會讓人討厭。付出了自然就會有獲取的機會，給予別人發展資訊與建議，自然會得到別人的回饋。各種類型的聚會，與其去受教育，不如抱著力爭主動的心情參加，結果不是能獲得更大的收益嗎？

在這裡給你建議一種最為重要的結交人緣的方法，即充分利用頂級場

所。「頂級」這一點很重要。頂級的俱樂部等場所會聚集頂尖的人物，去幾次以後在一定程度上面熟，彼此會自然地成為熟人。有時，根據情況，不用拜託，老闆也會說「給你介紹個朋友」，為你介紹一番。俱樂部的老闆是高明的介紹人，會為你考慮合適的人選。

當然，頂級的場所費用也是昂貴的，但是從長遠來看，這筆錢往往會成倍地獲得回報。立志賺大錢的人，應不惜為投資而傾囊。總之，為了建立高水準的人緣，有必要把自己置身於高水準的場所。即使有點破費，也應該出人頂級的社交場所。

## 2・與重要人物保持聯絡

要建立一個好人緣，織起一張人脈關係網，你必須積極主動。光有想法是不夠的，必須將它化為行動。

在這個世界上，各個行業都有許多出類拔萃的人物，他們的影響非同小可，必須利用與他們接觸的機會和他們建立良好的關係，這對你的事業和前途非常有利。不要等待，一味地等待只能使你錯失良機，絕對不可能使你建立良好的人際關係，你應該積極地一步一步地去做，沒有什麼不好意思的。

在各個場合，你有許多接觸他人的機會。如果你想接近他們，讓他們成為你人脈關係網中的一員，你必須付出努力。假如你到一個新的環境，在彼此都不認識的時候，你要主動「出擊」，以真誠友好的方式把自己介紹給別人。

如果你想多結交一些朋友，你就需要主動地了解對方的興趣愛好。你可以透過多種方式去得到他們這方面的資訊，要注意與其相處時累積一些有關的情況，還可以透過他的朋友了解他的為人處世，你也可以透過他的一些個人資料了解他。

有一個年輕人，當他要結交某人做朋友時，總是想方設法問到對方的生日。於是他四處請教他欲結交的某些名人，問他們生日是否會影響一個人的

性格和前途？並借機叫他們把生日告訴他，然後他悄悄地把他們的生日都記下，並在日曆上一一圈出，以防忘記。等他們生日的那天，他就送點小禮物或親自去祝賀。很快，他們就對他印象深刻，把他當作好朋友了。

人與人交往中會出現一些交際的好機會。多一些有益的朋友，拜訪一些成功的前輩，也許會改變你的一生。

朋友在關鍵時候幫你一把，可能會直接助你事業的成功。所以，要時刻注意能結交朋友的好機會，你對此必須有所準備，因為機遇只光顧有心人。

比如有朋友請你去參加一個生日聚會、舞會或者其他活動，你不要因為自己手頭事忙，一時懶得動身而放棄，如果不是有十分要緊的事的話，盡自己可能去參加，因為這些場合是你結交新朋友的好機會。又如新同事約你出去逛商店或者看場電影什麼的，你最好也不要隨便拒絕，這也是一個發展關係的好機會。

人與人之間接觸越多，彼此間距離就可能越近。這跟我們平時看東西一樣，看的次數越多，越容易產生好感。我們在廣播或電視中反覆聽、反覆看到的廣告，久而久之也會在我們心目中留下印象。所以，交際中一條重要規則就是：找機會多和別人接觸。

一旦和別人取得聯繫，建立初步關係之後，你還不能放鬆，最好抓住機會深入一下。交際中往往會有兩種目的：直接的和間接的。直接的無非就是想達到某項交易或有利事情的解決，或想得到別人某方面的幫助。如果並不是為了解決某個問題，或者為了某種利益關係，只是為了和對方加深關係，增進了解，以使你們的關係長期保持下來，可視為間接的目的。無論你想達到什麼目的，你最好有意讓對方明白你的交際目的，如果對方不明白你的交際意圖，會讓他產生戒備心理，那樣就很難跟對方深入下去。

## 3·善於結交名流

與名流結交並不容易，特別是那些「明星」更是難上加難。這裡介紹一

些可能與名流相交的方法。

### (1) 事前了解名流的背景

這方面的資料要盡力蒐集，多多益善，力求全面詳細。比如他的出生地、過去的生活經歷、現在的地位狀況、家庭成員、個人興趣愛好、性格特點、處世風格、最主要的成就、最有影響力的作品（歌曲、著作……）、將來的發展潛力、他的影響力所及範圍，總之，凡是與他有關的資料，只要能搜集到的就盡力蒐集。當然，也許你蒐集到的有些資料是關於他的隱私的，那麼就要特別慎重，不可輕易傳播出去，更不能作為日後「要脅」他的把柄，只能作為你全面了解他的參考資料而已。

### (2) 請人介紹

這是比較常用的辦法，一般託那些與名流交往密切的人作為中間人引薦能得到事半功倍的效果。因為名流對與他交往密切的人引薦來的人，自會刮目相看，他會鄭重地對待你。

找中間人需要注意的是：你要讓中間人盡可能地了解你，並獲得中間人的充分信任和欣賞，這樣他才會有引薦的積極性。對一個不太了解的人或不太賞識的人，中間人是不會輕易引薦的。貿然引薦，令名流不高興，也等於減少了自己在名流心目中的「印象分」。

### (3) 主動出擊

這也是結交名流心切的追星族們常採用的辦法，就是「冒昧」寫信、打電話給名流，主動提出結識要求，這種方式也不乏成功的案例。

需要提醒一點的是：當你「冒昧」的寫信給名流而且又希望名流能回賜佳音時，千萬別忘記隨信附上寫好地址、姓名並貼足郵票的信封。

### (4) 出入高級場所

對於政界要人、影視明星、歌星、球星、富商等名流來說，會經常出入

一些高級場所。這些地方就是結交名人的理想場所，只要努力尋找，到處都有。比如高爾夫球場、高級酒店的健身娛樂場所（游泳池、保齡球館、咖啡廳）、高級影劇院和音樂廳、高級商場等，甚至高級理髮館、酒吧都有可能是這類人物出入的地方。

出入高級場所不知不覺就會培養出高級的消費習慣，這就是所謂近朱者赤。常去高級場所可了解其規矩，也可體會到名流的生活方式。即使未結識上名流，能學到一些東西也是值得的。

### (5) 不要刻意尋訪名流

名流不是你想結識就能結識的，有時再費心機也是徒勞的。因此，不要刻意去尋訪名流，本著自然的態度，隨緣而定，有緣分的話，你會在意想不到的地方與之相識；沒有緣分的話，就是近在咫尺也無緣相會。比如你想當場得到作家、歌星、球星、影視明星的親筆簽名並不難，但因此而與之相識恐怕不大可能。

## 六、借「關係」賺錢

每一個生意人都希望自己的人際關係良好，希望自己被更多人喜歡，被更多人支持。

然而，關係的好壞不是自封的。從一定意義上說，它是一個人的品格、形象和處世手段的總和。關係好是社會對個人的處世品格、交際形象和辦事手段的一種肯定評價。

社會是十分複雜的，每一個人都套在盤根錯節的社會關係網中，每一件事都在明裡暗裡交織在錯綜複雜的社會關係網中。善於建立和利用關係的人，在賺錢過程中遊刃有餘，心想事成。

建立和利用關係網是指現代社會中因某種機遇（暫且理解為緣分）與他人相遇並相處後，相互利用自己的「長處」幫助對方克服他的「短處」。說穿了，這是一種社會中的「團隊精神」；是沒有形式的一種無形「組織」；是一種在社會競爭中，避開那些不「遵守規則」、不「講誠信」的人的一種自我保護手段，是被逼出來的無可奈何的辦法。

　　我們要用心學習建立以下各方面的人際關係：

## 1・良師益友 —— 出謀劃策

　　一個人要成大業比登天還難，但是一個人如果能得到良師益友的鼎力相助而形成一個團結的集體，那麼要成大業就易如反掌。

## 2・朋友關係 —— 兩肋插刀

　　一個人在外賺錢實在不易，如果能得到朋友的幫助就如雪中送炭、如虎添翼，所以說「多個朋友多條路」實是人生的大幸。

　　一些彼此海北天南的人常在初次交往後會發出這樣的驚嘆：「哇！這世界簡直太小了，繞幾個圈，大家都成熟人了。」其中奧妙就在於此。

## 3・親戚關係 —— 血濃於水

　　俗話說：「是親三分近」。親戚之間大多是血緣或親緣關係，這種血濃於水的特定關係決定了彼此之間關係的親密性。這種親屬關係是提供精神、物質幫助的源頭，是一種應該能長期持續、永久性的關係。因此，人們都具有與親屬保持聯絡的義務。在平常與親戚保持密切聯繫，在困難時期，求助親戚才最有利。

## 4・同學關係 —— 常聚常新

俗話說：「十年寒窗半生緣。」可見，同窗之情如果處理好，在某種程度上要勝過手足之情、朋友之情。能成為同窗，在這個世界中也算是一種緣分。這種緣分因為它純潔、樸實，有可能會發展為長久、牢固的友誼。

同學關係有時的確能在關鍵時刻幫上自己一個大忙。但是要值得注意的是，平時一定要注意和同學培養、聯絡感情，只有平時經常聯絡，同學之情才不至於疏遠，同學才會心甘情願地幫助你。如果你與同學分開之後，從來沒有聯絡過，你去求他辦事時，特別是辦那些比較重要、不關乎他的利益的事情，他就不會幫你。

# 第六章
# 創業產業獨領風騷

# 一、舊行業，新潮流

　　做生意真的很難嗎？以下介紹目前一些舊行業所採用的新花招，也就是如何創意地開闢多元化的營業形態，讓你在經營時有參考的對象，或許可以啟發你更棒的靈感。

## 1‧旅遊業潮流 —— 多元化主題

　　提起旅遊，浮現在你腦海中的不外乎是隨著觀光團讓導遊牽著鼻子走；到某一定點，一群人紛紛下車，拍照、購物、上廁所、走馬觀花；回程時帶了大包小包的物品，至於風景呢？暫時映入眼簾，但不久就忘了。

　　這種走馬看花式的觀光到底能達到多少休閒的目的？令人置疑。生活水準提高了，人們不再滿足這類觀光方式，因此有一段時間觀光業曾略有萎縮。為此，旅遊業者莫不紛紛改變形態，推出新的旅遊方式以求拉回逐漸流失的顧客。有的旅行社以名人伴遊為號召，有的以精緻文化之旅為主，也有以參觀名人故鄉、定點旅遊、森林旅遊、半自由行……花招百出，名目林立，將旅行的意義 —— 休閒，延伸為知性、感性及其他各種目的。

### (1) 名人伴遊

　　日本近來興起一股「名人伴遊」的旅遊風潮，改變了以往用景點為號召的方式，吸引顧客的踴躍報名。

　　凡是為日本大眾所熟知的名人都是旅遊業者所推出的代表。「看風景」在「名人之旅」來說只是次要的目的，最重要的是，普通百姓平日難以親近的名人，如今可以親臨這些名人所生長及工作的環境，有機會親睹他們的風采，這正是參加名人之旅的遊客們的真正目的。

　　當大家出國的頻率增加，平常無奇的旅遊行程已無法滿足一般人後，旅遊業者改變以往的經營模式，迎合一些強調個性化顧客的需求，推陳出新，

捨棄以風景為主題，改以類似「歌迷俱樂部」、「影迷俱樂部」為號召，吸引一些游離客戶的方式，使得許多平常捨不得花錢旅行的人，為了和心儀已久的偶像見面，紛紛掏出錢包報名參加，而這類主題訴求的旅行使崇拜者趨之若鶩。這類旅遊噱頭所引起的連鎖反應是 —— 名人供不應求，許多有點知名度的人表示，這種賺錢方式對名人來說既輕鬆又容易，且不失其面子，為了錢包能更飽滿，大多會答應旅行社的邀請。

有的旅行社因為影視名人伴遊團大賺之後，再趁勢推出「世界名廚伴遊」、「運動名星伴遊」、「藝術家伴遊」，以此來吸引對這方面主題有興趣的顧客。由此看來，旅遊的市場正隨著顧客的喜好在轉變之中，有心經營旅遊業者，必須視顧客的口味來炒出別具心裁的菜色才行。

### (2) 定點旅遊

傳統旅遊業者都以在一定時間內讓人遊遍數個甚至十幾個景點為號召，使人有「划得來」的感覺，這種貪小便宜的後果是走遍了許多景點，但對那些景點的風土人情都毫無認識，只是走馬觀花似的「逛」一次而已。有些人往往下了車還沒來得及欣賞美景，就被導遊催著上車趕往下一個景點。其中，熱門觀光區的參觀更是只能以「人看人」及「霧裡看花」來形容，排隊上廁所的時間都不夠了，哪還有時間細細體會城市的風光或自然美景。

有鑒於大家對休閒文化的品質要求日益提高，旅遊業者推出了「定點旅遊」，亦即「深度旅遊」。旅遊天數和一般旅遊無異，然而所參觀的景點大幅縮減，讓人在某一個特定地區玩上數天，有充分的時間享受休閒的樂趣，更可以親身體會當地人的生活，認識當地的歷史、古蹟。這類旅遊方式廣受上班族及學生族喜愛，所到的地方少，花費就不會過於龐大，並且有充裕的時間可以細細地品味旅遊的樂趣，對平日忙碌異常的上班族來說，可以達到充分休息的目的；對學生而言，更可吸取課本中找不到的知識及生活體驗。

嚮往在奧地利湖光山色的小屋中住上一星期、聆聽「動物狂想曲」、「圓舞曲」的美妙音樂、享受湖面汽船的樂趣、聽風吹動竹林驚起鳥兒振翅聲的

寧靜、讓身體徜徉在小船中隨波蕩漾、心靈得到完全的釋放與自由。你也可以在多瑙河畔品嚐香檳，目送來來往往的小船，乘著歌聲的翅膀，徜徉在「藍色多瑙河」的樂章中；甚至坐在河畔兩旁的咖啡屋裡，欣賞街頭藝術家的表演，體會另一種異國風情。

你可以悠閒地漫步在槭葉鋪成的大道上，恣意地讓陽光灑滿一身的金黃。「時間」在定點旅遊中不再是「趕！趕！趕！」的代名詞，這就是它迷人且廣受遊客青睞的原因。

### (3) 文化之旅

隨著出國旅遊機會的增多與人口結構的改變，越來越多的人意識到旅遊品質、內容的重要性。如何在有限的時間中，充分享受休閒的樂趣，並且體驗截然不同的異國情調，便有賴行程設計的用心與創意了。順此潮流，許多更深入認識異國文化的定點旅遊或單一國家的旅程設計便應運而生。

以印尼巴厘島為例，就是非常適合發展定點旅遊及文化之旅的地區。旅行社推出「巴厘文化之旅」，捨棄一般的印尼七天行程，入駐真正的巴厘文化心臟，使人在看風景、看熱鬧之外，還要看內涵、看門道。旅客們在此待上一段時間，在日常生活中體驗巴厘人的食衣住行甚至休閒娛樂，並讓你親身感受巴厘在藝術上的種種表現。其他諸如此類的文化旅遊團尚有「當代藝術重鎮 —— 巴黎之旅」、「服裝文化之旅 —— 米蘭」、「神話之旅 —— 希臘」……不勝枚舉，讓對某些特定主題文化的旅遊有興趣的人，可以視其需要而參加，是屬於知性的旅遊。

### (4) 半自助旅行

現代人追求獨立、冒險的精神，表現在旅遊文化上就是自助旅行風氣大盛。因為自助旅行的關係，使得各旅行社的生意銳減，旅遊業者於是想了一套方法 —— 半自助旅遊。

半自助旅遊的特色在於具有團體旅行的優點，如方便省事，也有自助旅

行的自主性、獨立性的特色，最適合喜愛無拘無束逍遙遊人士選擇。

　　由旅行社為你安排所有的行程規劃、出發日期、住宿酒店等相關的繁雜事宜，酌情收取一定的手續費用，再由你自己去闖蕩天下。「半自助」對旅行社來說，可賺取手續費，對遊客而言，也可省去繁縟的相關手續，專心享受自助旅遊的樂趣。

### (5) 先享受，後付款

　　日前某家旅行社提出了「先享受，後付款」的口號，打破了傳統的先繳費後享受的慣例，讓一些想出國旅行卻又無法一次付清款項的人有機會體驗旅遊的樂趣，同時也可抓住潛在的客戶。

## 2．娛樂業潮流——24 小時不打烊

　　繼全天候為你服務的便利商店之後，娛樂業也紛紛跟進，推出 24 小時營業方針。全天候的休閒活動越來越多，對於喜好夜生活的人來說不啻一項福音。無論靜態或動態的娛樂，延長營業時間讓這些夜貓族有了流連之所。喜好靜態的人，可以選擇咖啡廳、西餐廳等和同事、好友徹夜談心；而偏好動態活動者，更可以將白天所受到的委屈與疲累，在夜晚盡情發洩，隨著汗水一次流完。

　　全天候營業的店有 KTV、卡拉 OK、保齡球館、棒球練習場等等。現在的保齡球館幾乎全為 24 小時營業，有些甚至結合了餐飲、舞廳，讓人們在打得暢快淋漓之餘能得到適當的休息。根據報導，球館越晚生意越好。許多大老闆談生意也捨棄價格昂貴的商務飯店，改在保齡球館進行，這樣既可以運動，價格也不貴，同時還可以讓客戶在打球時將注意力都集中在球技上，省了二人對峙鬥智，往往能輕鬆地簽下一張合約。

### 3‧珠寶界潮流 —— 知性＋感性＋促銷＝暢銷

專業的店員、寬敞明亮的店面，在玻璃櫃內所有的珠寶首飾皆清楚可見，並且標明了價格，店內擁有專門的鑒定專家……這些都是現代珠寶企業化經營的基本條件。

除此之外，不定期地舉辦展示會，配合節日推出相關促銷活動，結合服裝界、香水界、美容界的聯合展都是珠寶促銷的手段。由於珠寶設計觀念漸受重視，大家不只是重視珠寶的保存性價值，擁有別緻、獨具意義的個人首飾也是購買的動機。消費能力增加，大家對珠寶知識的渴求也越來越強烈，人們不希望自己花了大把錢卻買到含雜質的鑽石戒指，徒當冤大頭。以往珠寶價格全由商家決定的習慣，聰明的消費者已經不吃這一套了，他們要知道當日黃金交易價格以及具有法律效力的鑒定資料，來防止自己被商家欺騙。

### 4‧餐飲業噱頭 —— 「吃」不驚人死不休

一位餐廳老闆大嘆：「現代消費者的胃口真是越來越難伺候了！」現代人到餐廳已不只是為了「填滿肚子」這項單純的目的，還希望能吃到一些特別的食物，享受到一些附加的服務，滿足口感以外的視覺、聽覺。但抱著純欣賞餐廳的裝潢或因為喜歡店內所播放的音樂，只想感受餐廳獨特的氣氛的大有人在，種種目的千奇百怪。為了滿足消費者多變的心，業者莫不在硬體（裝潢、設計）及軟體（活動設計、菜色、服務）等推陳出新。現代人不但要吃得飽，還要吃得好，甚至吃出不同的味道來，難怪這個老闆強調：只有具

創意的點子才能吸引老饕前來光顧。

目前餐飲業所設計的新營業手法歸納出以下幾點：

消費方式：完全自助式。

店面裝潢：前衛派、懷舊派、印象派、個性派。

服務創意：裝扮成宮女的服務生；一碗只賣50元的麵卻使用水晶刀叉、銀盤碗筷；老闆特意為客人設計專屬的杯盤；享用名人也愛吃的美食。

### ．帝王才能享受的滿漢全席

有一家中式餐館推出一套古代帝王才能享受的滿漢全席，不但菜單上的菜名富麗堂皇，菜色完全依照古代流傳下來的「食譜」所做，連所用的餐具都是銀盤象牙筷。最奇特的是，餐前照古例，有十數位打扮成嬪妃、宮女模樣的美少女跳舞助興，曲目當然是「霓裳羽衣曲」之類的宮廷舞；用餐時一切規矩都得按古式要求，一項也不可少。根據店主表示，為了「滿漢全席」這套菜，事前做了不少考據工作。而用餐間為你服務的也是穿著古代宮廷服的「宮女」。置身在這種金碧輝煌的餐廳內，讓你實現帝王的尊榮。當然，一場宴席吃下來，帳單也是很「尊榮」的。

這種極盡豪奢的吃法雖然所費不貲，然因創意玩得別出心裁，一些富人仍趨之若鶩。

### ．用水晶碗筷吃擔仔麵

剛來到這間光彩耀眼，金碧輝煌的餐廳，便為那尊貴非凡的氣勢所懾服，再看到一件件精工雕飾的水晶餐具，更是自慚形穢，心想這裡的東西絕非我們這類上班族吃得起的，還是走吧！但是看了菜單上的價格，卻讓人跌破眼鏡，是貴得離譜嗎？不，便宜得令人無法置信——上面寫著「擔仔麵，50元」。用如此豪華的氣派來賣一碗50元的擔仔麵，這個創意真是夠大了。

吃不起昂貴的滿漢全席？沒關係，擔仔麵依然讓我有「尊榮」的享受。

### ・用自己的咖啡杯喝咖啡

到美髮院洗頭可以攜帶自己的洗髮精，如果是常客，把洗髮精放在美髮院裡 —— 用自己的洗髮精洗頭，更是習以為常的事。然而你聽說過到咖啡廳喝咖啡要用自己專屬的咖啡杯嗎？這些顧客沒有潔癖，也不是帶原者。

有些咖啡廳為老顧客設計專屬於他們的咖啡杯，造型各異，這些老客人用自己的咖啡杯喝咖啡，頗有「家」的感覺，倍感溫馨。而為了吸引客人上門，有的咖啡店推出了消費滿一定次數就免費為你設計個人餐具，讓你上門來就享有特別待遇，這也是留住客人，使其長期消費的方法。

### ・打明星牌

「這是成龍下榻本飯店必吃的玉米湯」、「阿拉伯石油大王最偏愛這道生蠔」、「柴契爾夫人吃了這道龍蝦拼盤後讚不絕口」。

近來，各家飯店及餐廳紛紛打出名人、明星牌作為促銷，希望透過人們崇拜名人的心理，能點一道「名人也愛吃」的菜。據某飯店經理表示「這一招非常有效」，許多人聽說名人愛吃這道菜，往往會試著自己也點一道嚐嚐，看看這道菜味道是否真的如此絕妙，讓平日挑剔，吃慣美食的名人也喜愛。

## 5・視聽業潮流 —— 唱到最高點

卡拉 OK 的引進，滿足了現代人的需求。上了一天班之後，拖著還不完全疲倦的身體，到卡拉 OK 去發洩剩餘的體力，順便唱出積鬱的不快。牢騷「唱」完了，明天依然神采奕奕地上班，這就是卡拉 OK 的功用。然而卡拉 OK 畢竟缺少一分隱祕性，令歌藝不佳的人望而卻步。因此繼卡拉 OK 之後，KTV 興起，讓同一團體的人能引吭高歌，不必顧慮他人的訕笑。

然而，市場這塊大餅畢竟有限，在越來越多生意人投入這項生意後，競爭相對提高，獲利亦被瓜分。如何在僧多粥少的情況下異軍突起，成為視聽業者最關心的事。

縱觀目前視聽業的消費方式，有包廂計費、按人頭計費、按時間計費，而為了吸引在非巔峰時段的客人，KTV 大多採取「下午 X 點～ X 點，XX 元唱到底」的方式。自助 KTV 則打出「消費者可以自帶食物進場」，業者省去了一筆人事費用，而消費者也毋須再吃 KTV 裡既貴又少的食物，從而吸引了不少客人上門。

一般來說，視聽業者都印製有「貴賓卡」、「折扣卡」，使常客上門時能享受一些優待，借此長期挽留客人。

裝潢更是視聽業者的一大創意點，內部陳設有岩洞造型、叢林造型、太空造型、古埃及造型。有家著名的 KTV ──「法老王」即以古埃及為主題，讓所有服務人員穿上埃及服飾，令人仿若置身金字塔中。

## 6・出版業潮流 ── 包裝勝於內容，名人紛紛立傳

這是個凡事講求快速、精美的時代，因應這股「速食文化」興起，不但餐飲業「速食」風大盛，連出版業也刮起了一陣「速食」風。

你是否注意到，現代的書籍設計之精美，宛若一幅圖畫，而內容之貧乏像是被嚼過的甘蔗？往往一本封面設計得古色古香的書，打開來看，每頁只有數行類似格言、諺語或不怎麼雋永的散文小品、詩句，且大量版面的留白。這種書讓一些嗜讀好書的人評為「騙錢」、「浪費版面」、「沒有營養的垃圾書」。是不是垃圾書或者騙不騙錢，我們很難去斷定，至少「浪費版面」是不爭的事實。然而這種金玉其外的書現在暢銷熱賣中，少男少女們以擁有一本如夢似幻的精緻書籍為樂，內文可以是攝影、圖片，只要符合「抒情」、「浪漫」的原則，最好再加點「文化」，表示在清新之外，尚能脫俗。

另一種出版噱頭是打「名人」牌，名人牌不但在餐飲界奏效，在出版界成果更是輝煌。歌星、影星、主持人一窩蜂地出書，以往上電視為了出片、出歌，如今多了一個目的 ── 出書，而這些明星的文筆如何？思想夠深度精闢？這都不成問題，自然有槍手派人代為潤筆撰述，重要的是 ── 他（她）

是明星。明星所出的書，內容大多不外乎演藝圈的種種軼事，而這才是讀者所感興趣的事，水銀燈下的生活是否如同銀幕上一般多彩多姿，這才是書的賣點。

# 二、新興行業立潮頭

大量生產、大量銷售的時代已經過去，取而代之的是適合自己的興趣，能充分反映個性的新行業，以往行銷的三大原則：「場所、價格、消費者」已經不符合潮流；新興行業成功的條件應是「掌握市場動態、了解消費者傾向」並密切配合，才能確保新行業的正常營運與發展。其中，值得關注的是，大幅成長的新行業多半是商場、餐廳、私立學校、情報諮詢等服務業。由此可知，消費者的需求日益多樣化。

## 1・各式培訓班看俏

開辦培訓班是現代最熱門的行業。為什麼培訓班這麼興盛？如何才能開設賺錢的培訓班？這些有待我們進一步研究。

### （1）培訓界的戰國時代

最早的培訓班是由一些合格教師所興辦，形態有些類似古代的私塾，這些培訓班素對於學生的招收不像現今培訓班一樣「來者不拒」，因為這類培訓班經營者及教師都抱有極大的教育熱忱和理念；相對的，他們也會挑選學生，除非學生通過考試，否則有錢還進不去，這類「文人辦學」的保守作風，所教出來的學生，水準自然整齊、平均。

這類培訓班不需要靠大量的宣傳來達到招生的目的，他們憑藉的是口碑和成績。

現在則不同，小孩學鋼琴，大人「充電」，孕育了一塊很大的培訓市場。因此，一些具有商業頭腦的人士紛紛看準這股趨勢，大舉進攻這塊市場，造成了培訓界的春秋戰國時代。

以往只有為升學而設的培訓班，現在經營項目多元化了，有為出國留學而設的託福培訓班；也有小朋友的各項才藝班，如作文、外語、電腦、書法……項目繁多；也有為家庭主婦所設的才藝班，如烹飪、編織、手工藝；還有一些為在職人士所設的進修班，如寶石鑒定、調酒、打字、企業講座、各國語言……甚至為老人所開的國畫班。可以說由 0 ～ 99 歲的年齡層，都是培訓班可列入的招生對象。

### （2）培訓界的未來

未來培訓界走向如何，還有待詳加觀察，現代人已逐漸注重到心靈層面及知識追求，因此，早期的「私塾」型培訓班有復甦的可能。有些咖啡店就經常邀請學者做學術討論，「不做宣傳」是這類迷你培訓班的特色。或許我們無法將它冠上「培訓班」之名，因為這些學者講的可能是庭園建築、藝術之類的專題；有的討論會不收費，有些則酌收費用。這類討論會有點類似讀書會，席間人士皆可自由發問討論，坐姿隨意，氣氛輕鬆，頗受年輕人喜愛。

### （3）賺錢的條件

五花八門的培訓班那麼多，要如何經營才能賺錢呢？

首先，「位置」是很重要的，開設的地點必須要位於市中心、交通要塞或學校附近。如果你不想和眾多培訓班為鄰，共用市場大餅，而執意要開在偏僻小鎮，那麼儘管可以獨享成果，恐怕這成果也不會很可觀。

其次，響亮而醒目的廣告宣傳也是不可少的。除了上面標明培訓班名稱、電話及性質（如專辦幼兒才藝）的廣告招牌外，還可以想一些宣傳花招。例如：

・發傳單

可分為夾報式及 DM。夾報式較具有強迫讀者閱讀的效果，然而費用龐大，除非是大企業，否則廣告費將成為沉重的負擔。

DM 的製作，從內容設計、編寫名冊，到郵遞過程需大費周章，然而，精美別緻的 DM 會令人產生愛不釋手的感覺，也能在讀者腦海中烙下深刻的印象。

### ・車體廣告

坐公車的大多是學生，因此，有意開設或擴大培訓班規模的你，不妨針對學生，做此種廣告。

車體廣告標題要明顯，用大而清晰的字或圖片，將培訓班的名字和電話標出來，使旅客能在時間短暫的車程中，迅速看完並印在腦海中。

有一點必須切記的是：車體廣告的宣傳應盡可能使用黑底黃字或黃底藍字、藍底白字等對比效果明顯突出的顏色，才能讓乘客一目了然。如果使用黑底金色或灰底藍色等同色系的顏色，將會使乘客極費眼力，試想，哪個人願意花時間「用力」去看完一張不清晰的廣告呢？

### ・海報

海報的功用在於以具體內容促使學生決定報名，因此，應盡量塑造高尚、品質保證的形象。色彩感要柔和而醒目，最好能配合上課情形的圖片，效果更佳。

### ・電視廣告

這類廣告效果和成本一樣大，非一般中、小型培訓班所負擔得起。有條件的可以運用此種方法。

良好的口碑是生意人最好的廣告，口口相傳相較於其他媒體所說的，可信度要高許多。所以常見培訓班內兄弟姊妹共聚一堂，或同一學校小朋友，下了課一起到同一培訓班再上第二「攤」的情形。然而口碑效果雖好，一旦有壞口碑傳出，其殺傷力也足以使培訓班瓦解；更糟的是，業者無法左右興

論，杜絕流言，甚至查不出誹謗者。

　　為了獲得良好的口碑，除了培訓業者維持良好的教學品質之外，實在別無他法。

## 2・情絲剪不斷，財源流不完 —— 情侶生意

　　針對情侶而開的店就有「情侶商場」、「情侶購物中心」、「情侶餐廳」等，生意鼎盛。除此之外，情侶專櫃、情侶電影院、情侶走廊紛紛登場。神奇的是情侶電影院只要將兩個座位之間的扶手拆掉，方便情侶坐得更近一點，鈔票頓時就滾滾而來。情侶效應居然如此神奇。

　　服裝業者亦不落人後，跟著推出情侶裝、情侶包、情侶鞋；餐廳業者推出情人餐、鴛鴦火鍋；還有情侶錶、情侶飲料、情侶別針，林林總總不下百種。看來只要有情侶，生意人的未來是無限美好的。

## 3・個人工作室大行其道

　　個人主義興起，現代年輕人越來越不願意過朝九晚五的生活和「看別人的臉色工作」。

　　教育程度提高，社會經濟發達，自由主義之風吹起年輕人的創業意念。「自己當老闆」比起看別人臉色工作來得迷人多了。

　　不但年輕人如此，一些屆臨退休的中老年人或為公司效勞多年，擁有不少退休金的人，都準備拿出一筆創業金，為事業生涯開創第二春，而「個人工作室」，正是這股自由主義及個人主義融合而成的新興行業。

　　「個人工作室」雖名為「個人」，然而真正由一個人從頭到尾負責其事的仍是少數。許多工作室是由幾位志同道合的朋友或同事，有錢出錢，有力出力，共同將一間工作室建立起來。組成工作室的成員彼此之間必須具有共同的經營理念，對業務營運、財務、盈餘分配、工作分擔都須事先做好溝通，並立下契約，才不致造成日後夥伴間勾心鬥角及其他糾紛。

工作室不是一個時髦事物，他們是一個新生的團體。在探索和追夢的日子裡，他們是孤獨的趕路人，因為執著而孤獨，又因為孤獨而成功。在他們成功之後，他們的孤獨和執著不僅需要人們去溫暖，更值得人們去思考、去追隨。

工作室不是一個空間概念，而是一種新工作狀態。工作室是創造、獨立、自由、個性等精神的完全張揚，是一個更人性、更效率、更先進的工作狀態。而公司則不是，在這些方面公司是有限制的張揚。

工作室不是一個名詞片語，更多的是一個動詞片語。工作室是一個創業載體，一個人創辦工作室，是將自己的事業、金錢、生活、未來等夢想和自己的現實結合起來；而一個上班族，是將自己的夢想寄託在別人或一個組織的現實上。

### (1) 工作室是新一輪創業浪潮

工作室是專業化、興趣化、個性化、品牌化的新概念工作方式。現代科技快速發展，尤其是網路、行動通訊的出現、筆記型電腦等高科技專業技術設備的平民化發展，發展書大量豐富分散、自由和更加自主的工作方式，從而使工作室的興起成為可能和現實。在這種全新舞臺上，勞動產品將充分個性化，按職位、工作時間付酬將變成按業績付酬，個人的業績將透過與市場對接充分展現，個人的智力和思想在變為現實生產力的同時將增加個人財富、成就感和自由度。

### (2) 什麼樣的人能成立工作室

每個人都希望做一份現代、自主、自由、有興趣、回報高的工作，然而，並不是所有的人都能經營好工作室。事實上，不少工作室撐不下去甚至名存實亡。看上去很美的工作形式，並不適合所有人。

當前知名工作室的創辦人除了具有開創事業的勇氣和決心，還有以下一些特徵。

第一，高超的專業知識和一技之長。對於上班族來說，只要在其位盡其職即可。然而工作室部落的專業能力是賺錢的手段，更是安身立命的本錢，這是創辦工作室不可或缺的前提和基石。這種能力不是隨便哪個人在短時間內就可以替代和超越的。

第二，豐富的資源和良好的人際關係。工作室的初期業務，需要依靠過去的資源和人際關係；工作室的代表作，更需要高度稀少性的資源和非常的號召力。

第三，管理各項事物的能力。有一些人專業能力很強，資源和人際關係也很好，工作經歷也有了可就是缺乏規劃、管理、財務、行銷、行政等方面事物的能力，有些人痴迷技術，不願管雜事，天生就是技術性的人才。

第四，財力。「錢」雖然不是決定性的因素，但也是不可或缺的重要條件。在工作室創辦初期，金錢，曾經讓文藝人員、技術人員或望穿秋水，或心神交瘁。直到目前，資金問題仍然困擾著不少工作室。

### (3) 如何從零開始創辦一間工作室

據保守估計，想以工作室的方式創業的不下 10 萬人。那麼，如果一個人現在公職在身，又想完全獨立做事，非常渴望創辦一間工作室，那麼如何做才更容易成功呢？

最穩妥的辦法是，在仍保持原有工作的情況下，先兼職做一些自己有優勢或者是準備朝某個方向發展的工作，這樣「騎著馬找馬」更容易成功。比如，可以先到同類在本行業領先的工作室工作，去學習一段時間，這樣「追隨」該領域的優秀人士，可以初步掌握該領域的一些情況，以及成立類似的工作室需要什麼樣的專業技能、資金條件，等等。又比如，可以在你準備創辦工作室的領域接受一些基本的培訓，參加一些必要的培訓班、研習班、專家研討會甚至是選修一些專業課程，從而使自己具備開辦工作室最基本的主觀條件。

主意已定，在決心動手之前，還應該去拜訪一些同類的成功者、「過來

人」，向他們「取經」，新開辦工作室的時機、業務特色、規模，都要有所選擇，前期如何打開局面，盡可能了解的細緻、深入一些，在行動之前就做好創業成功的準備。

工作室開張了，自己還應具備很強的自信心，具備與他人友好相處的能力，同時要做好延長投入期和繼續投入資金的實際準備。

從零開始創辦一間工作室，不僅僅是做了一件新事情，等工作室走上正軌、平穩起步後，驀然回首，你會發現你已經不是原來的你，你已經變了許多。因為，創辦工作室是一個發現自我、挑戰自我、重塑自我、完善自我的過程。

### （4）工作室創業和公司創業有什麼不同

門檻低、易操作，這是工作室創業優於公司創業的最大特色。在工作室創業之初，創業者不需要註冊，不需要繁瑣的各種手續，甚至是不需要辦公場地，在家即可，更重要的是沒有動輒十幾萬、幾十萬的註冊資金的限制就可以做起來，把「內容」做出來之後再去補齊必要的「形式」。這也是工作室在短短幾年內風起雲湧的重要原因。

不穩定性是工作室創業的最大弱點。與公司創業相比，由於工作室創業的門檻低、易操作，進可攻、退可守。退出成本極低，退出程式基本上沒有什麼束縛，這些特點使工作室創業呈現出極大的不穩定性。

後顧之憂比較多是工作室創業的又一大弱點。在工作室主人和成員的心底深處，生活的重壓無疑是最現實的，也是最大的。除了自己，沒有了上級對你工作的指手畫腳，同時也就沒有了賴以依靠的社會保障這張安全網。很多工作室職員沒有勞健保這些福利待遇，生活的壓力到一定程度就成了重負，能壓得人喘不過氣來。近一點的擔憂是這個月能否賺到和上個月一樣多的錢，能否養家糊口，遠一點的考慮是今後一段時間的收入是否穩定並逐漸上升等等。

儘管如此，工作室創業仍然是一種有魅力的創業形態和工作狀態。

工作室是一種新文化,這種柔性文化將對當前主流的公司剛性文化——垂直組織結構、嚴格的規章制度、朝九晚五的作息時間等方面帶來前所未有的衝擊。工作室不是一個空間概念,而是一種新工作狀態。

　　總之,雖然工作室的好處不少,但若沒有專業素養及犧牲奉獻的熱忱,仍無法維持長久。工作室成員要有同舟共濟的精神,共存共榮。相信在未來日子裡,工作室將成為一股創業賺錢的主流。

# 第六章　創業產業獨領風騷

# 第七章
# 貪是貧的孿生兄弟

為了追求較大利潤，商人甘願冒較大風險，而這種冒險精神，並非「貪婪」一詞簡單的詞義所能涵蓋。

貪得無厭的人是那種非理性的占有欲望十分強烈，對欲望過分的迷戀、過分的占有的人。貪心的人總是想把什麼都弄到手，結果什麼都丟掉了。

貪得無厭的「學名」叫貪婪。

人的貪得無厭可以表現在許多方面，有貪財的，有貪權的，有貪色的，有貪名的，有貪生的，有貪玩的，還有貪圖虛榮的等等，其中最主要的還是貪財，所以早在《史記》中就已經有「貪夫徇財」之說，指的就是過分愛財。

一般來說，當談到貪得無厭這四個字時，人們總是流露出一種大家都熟知的鄙夷、不滿甚至痛恨的神情來，所用的詞也是相當糟糕的，如貪汙、貪色、貪杯、貪吃、貪贓枉法、貪得無厭等等。總之，一旦與貪婪這個詞相連，總不是一件好事。

一個人貪得無厭，往往不僅受到社會道義上的譴責，還要受到法律的制裁。

# 一、誠信永遠不能丟

古人講誠信的例子很多，僅成語中就有一諾千金、一言既出，駟馬難追等等。古人講為人，堂堂正正做人、清清白白做事。古人做生意，講秤平斗滿，貨真價實，童叟無欺。

誠信應該從哪些方面做起，是思想觀念上的還是制度上的？通常認為，誠信是一種良好的品格，它既不是單純的觀念也不是嚴格的制度，但也需要觀念和制度的保障。

誠信是一種最平實、最容易實現的狀態。堅持誠信，說難也不難，對一貫不講誠信的人來說，那是很難的事；但對於一直守誠奉信的人來說，誠信則不是一件難事。如果一切以利益為主，唯利是圖，誠信確實很難做到。但如果對做事情有一個高尚的目標，並且時刻清楚達到這種目標所需要的原則和態度，那麼，誠信就會成為自覺的選擇。失信可能是為了獲取利益，那麼，對失信者的處罰就應該使其付出比失信將獲得的利益大，並且是大得使其心驚肉跳的更大的代價，進而使所有人不敢失信。

## 1・誠實也是一種策略

一個很有名的啤酒釀造商，他把自己的成功歸因於在他賣啤酒時的慷慨大方。因為他常常走到裝啤酒的大缸前，對客戶們說：「兄弟們，目前日子還不很富裕，但每人再喝一碗啤酒，讓我們共同把生意做好。」這個釀酒商豪爽的性格和他的啤酒在英國、在印度都聲名遠揚，這就為他發財致富奠定了基礎。「誠實是最好的策略」。這句古老諺語的真理性已被為數眾多的成功者日常生活經驗所證實。誠實和正直對於商業和其他任何行業的成功來說都是必不可少的。

在從事各種職業的人身上，我們也隨時能看到誠實正直的品格。所以，一個真正的商人應該以自己工作的完整和牢靠為榮耀，一個精神高尚的商人

應該以誠實履行合約的每一條款而自豪。一個誠實正直的製造商，從他製造產品的天才能力中，從他在買賣過程的誠實中，以及在生產出來的產品的品質中，他不僅會獲得榮譽和榮耀，而且會獲得實實在在的成功。英國人認為誠實是他們成功的根本原因，「憑藉欺詐、奇蹟和暴力，我們可以獲得一時的成功；但是，只有憑藉誠實和正直，我們才能獲得永久性的成功。英國人使他們的產品和民族個性保持優勢的，不僅僅在於貿易商和製造商的勇氣、智力和能動性，而且更在於他們的智慧、節儉和最重要的誠實品格。而一旦他們失去這些美德，我們可以肯定地說，對於英國和對於其他任何國家一樣，就會開始墮落，每一條海岸就會從現在還覆蓋著從世界各地交換來的財寶的海面上消失。」

確切地說，商業貿易對人的個性的考驗比其他任何職業更加嚴格。它嚴格地考驗一個人能否誠實、自我控制、公正和坦誠。一個經受了這種考驗而能不被玷汙的商人和一個經受了血與火的洗禮證實了其勇敢的戰士，或許是同樣光榮偉大的。從事商業貿易各個部門工作的許多人都獲得了這種光榮。我們必須承認，他們從整體上承受住了這些考驗。如果我們花一點點時間來仔細想一下：每天都有大量的金錢被託付給屬下的人，這些人可能勉勉強強能勝任這項工作，零錢不斷地經過店員、代理人、經紀人和銀行職員的手，在整個過程中都充滿著金錢的誘惑，但是極少有人背信棄義。或許我們不得不承認：持續的日常生活中的誠實行為是人性最大的光榮，即使沒有金錢的誘惑，我們同樣可以為此感到自豪。商人彼此之間的信任與信託，和信用制度所隱含的信任與信託一樣，都是以這種榮譽原則為基礎的，如果在商業貿易中沒有日常實踐的這種榮譽原則，那麼，這種信任和信託是會令人吃驚、難以接受的。商人總是習慣於信任遠方的代理人，哪怕是遠在天涯海角。這種信任使他們常常把巨大的資產託付給那個人。這些代理人或許是從未謀面的，僅僅以個人的人格作為擔保。商人的這種信任或許是最好的征服行為，它能使另一個人為他效忠盡力。

不誠實的代價是慘重的，儘管事後在努力重塑自己的信譽，試圖扭轉頹

勢，但撕裂的傷口要恢復，不僅需要時間，而且需要耐心。

　　也許，小心謹慎、誠實正直的人發財致富的速度不如那些不擇手段、弄虛作假的人來得快。但是，他們的成功卻是一種真正的成功，因為他們沒有運用詐騙和不正當的手段。即使一個人一時無法獲得成功，但他必須誠實，失去全部財產也要挽回人格的尊嚴，因為人格本身就是財富的源泉。

## 2・信用是賺錢的保險

　　一個人如果經常失信，一方面會破壞他本人的形象，另一方面還將影響他本人的事業。重諾守信，對於個人形象的樹立、個人事業的發展，都是極其重要的。接下來要講述的是埃及商人奧斯曼（Osman Ahmed Osman）因講誠信而成為億萬富翁的故事，它會告訴大家該如何講求信譽並以信譽為自己的事業服務。

　　1940 年，奧斯曼以優異的成績畢業於開羅大學並獲得了工學院學士學位，重新回到了伊斯梅利亞城。這位貧窮的大學畢業生想自謀出路，當一名建築承包商：「我身無分文，但我立志於從事建築業。為了這種目的，我可以委曲求全，從零開始。」

　　奧斯曼的舅父是一名建築承包商，他曾經告訴奧斯曼：「要有自己的思想，不要人云亦云。」奧斯曼為了籌集資金，學習承包業務，鞏固大學所學的知識，便到了舅父的承包公司當幫手。在工作中奧斯曼注重累積工作經驗，了解施工所需要的一切程序、提高工效和節省材料的方法。一年多的實踐後，奧斯曼收穫不小，但也有不少感慨：「舅父是一個缺乏資金的建築承包商。設備陳舊，技術落後，無力與歐洲承包公司競爭。我必須擁有自己的公司，成為一名有知識、有技術、能與歐洲人競爭的承包商。」

　　1942 年，奧斯曼離開舅父，開始實現自己的成為建築承包商的夢，當時手裡僅有 180 埃及鎊，卻籌辦了自己的建築承包公司（Arab Contractors）。

　　奧斯曼相信事在人為，人能改變環境，不能成為環境的奴隸。根據在舅

父承包行所獲得的工作經驗，他確立了自己的經營原則：「謀事以誠，平等相待，信譽為重。」創業初期，奧斯曼不管業務大小、盈利多少，都積極爭取。他第一次承包的是一個極小的專案，他為一個雜貨店老闆設計一個店面，合約金只有 3 埃及鎊。但他沒有拒絕這筆微不足道的買賣，仍是頗費苦心，毫不馬虎。他設計的店面滿足了雜貨店老闆的要求，雜貨店老闆逢人便稱讚奧斯曼，於是奧斯曼的信譽日益上升。奧斯曼的經營原則獲得了顧客的信任，他的承包業務日漸發展。

1952 年，英國殖民者為了鎮壓埃及人民的抗英鬥爭，出動飛機轟炸蘇伊士運河沿岸村莊，村民流離失所。奧斯曼承包公司開始了為村民重建家園的工作，用兩個月時間，為 160 多戶村民重建了房屋，他的公司獲利 5.4 萬美元。

1950 年代後，海灣地區大量發現和開發石油，各國統治者相繼加快本國建設步伐。他們需要擴建皇宮、建造兵營、修築公路。這給了奧斯曼一個發展的機會，他以創業者的遠見，率領自己的公司開進了海灣地區。他面見沙烏地阿拉伯國王，陳述自己的意圖，並向國王保證：他將以低投標、高品質、講信譽來承包工程。沙烏地阿拉伯國王答應了奧斯曼的請求。後來工程完工時，奧斯曼請來沙特國王主持儀式，沙特國王對此極為滿意。

「人先信而後求能」。奧斯曼講究信譽，保證品質的為人處世方法和經營原則，使他的影響不斷擴大。隨後幾年，奧斯曼在科威特、約旦、蘇丹、利比亞等國建立了自己的分公司，成為了享譽中東地區的大建築承包商。

奧斯曼講究信譽的做法，在一定情況下會使自己吃虧。但在這種情況下，吃虧畢竟是暫時的，所謂有虧必有盈，某次吃虧或經濟利益受損卻會給自己長遠的事業帶來正面、長遠的影響。

1960 年，奧斯曼承包了世界上著名的亞斯文水壩（Aswan Dam）工程。地質構造複雜、氣溫高、機械老化等不利因素帶來重重困難，從所獲利潤來說，承包亞斯文水壩工程還不如在國外承包一件大建築。奧斯曼為了國家和

人民的利益，克服一切困難，完成了亞斯文水壩工程第一期的合約工程。但隨後卻發生了一件奧斯曼意料不到的事情，讓他吃了大虧。

總統納瑟（Gamal Abdel Nasser）於 1961 年宣布國有化法令，私人大企業被收歸國有。奧斯曼公司在劫難逃。國有化後，奧斯曼公司每年只能收取利潤的 4%，奧斯曼本人的年薪僅為 3.5 萬美元。這對奧斯曼和他的公司都是一次沉重的打擊。奧斯曼沒有忘記自己的諾言，他委曲求全，絲毫不記恨，繼續修建亞斯文水壩。

納瑟總統看到了奧斯曼對亞斯文水壩工程所做的卓越貢獻，於 1964 年授予奧斯曼一級共和國勳章。奧斯曼保全了自己的形象與自己的處事原則。他並沒有白吃虧，1970 年薩達特（Anwar Sadat）執政後，返還了被國有化的私人資本。此後，奧斯曼公司的影響不斷擴大，參加了埃及許多大工程的單獨承包。奧斯曼本人到 1981 年擁有 40 億美元的資產，成為馳名中東的億萬富翁。

## 二、唯利是圖是可恥的

應該說，追逐利潤是一個生意人的天性，就像一個將軍帶領軍隊打仗，其目的就是要打垮對方的軍隊。

生意人把我們所需要的一切東西提供給我們，他透過提供物品這種行為再得到自己所需的東西，這是一種利益交換的行為。金錢作為媒介，代替我們和物品製造者的勞動價值。因為我們的勞動與物品製造者之間的勞動無法直接連繫，商人們透過自己的勞動把他們連繫起來。一位西方資本家指出：「既然我們認為一個美國人在公司操作一天電腦應該得到報酬，製造手錶的瑞士工人應該得到相應的報酬，商人把手錶從瑞士的工廠裡帶到那個美國電腦工程師面前，他為什麼就不應該得到報酬呢？這報酬就是他要得到的利潤，

而利潤的多少是衡量他所付出的勞動量多少及凝聚在他勞動中的智力與風險大小。」

我們看到，是那些勤勉的人在經商賺錢；是那些勇於冒各種風險的人賺大錢。因此，經商若不把賺錢放在第一位，就等於我們認同勤勞、聰明、勇敢、智慧毫無價值的觀點。

商場如戰場。在這個戰場上，從來就是以成敗論英雄的，而且成敗的關鍵是把對手的錢變成自己的錢，把大眾的錢變成自己的錢的能力的考驗。

但是，在當代，經商的含義已越過單純的交易與賺錢，它擔負起了更多更重要的職責：

1. 創造新的文化。這是因為精神產品進入商品交換領域而出現的商業含義。當代最富有影響的商業行為是娛樂業中對各種明星的推出，從好萊塢的明星製造到當今各唱片公司對大小歌星的培養、包裝，這本身是一種商業行為，但其結果創造了一個時代的消費文化。

2. 在人類的幸福之間架起新的橋梁。無論是日本的電器、照相機，美國的汽車與電腦，都為人類生活提供了更多更便利、更舒適的條件，而且不斷地為人類的新的需求創造滿足。

3. 商業的規則成為新的人際關係基準。這是一個雙面利刃。一方面這種公平交易錢物交換的行為方式可能使社會的公平度提高，但是它又可能因為金錢的作用擴張，導致社會倫理道德的一種紊亂或淪喪。一個高明的商人必須學會在刀鋒上行走。

商務邏輯的核心是公平或契約式的平等。只有在公平的原則下才有自願交易，只有在自我意願的基礎上才有公平交易，這一鐵的規則恰恰是現代社會民主與平等的產物。

高明的生意人絕不唯利是圖，更不會獨吞全利，而是使對方也獲得滿意的利益，只有這樣，才能抓住顧客，贏得市場，也才能最終戰勝競爭對手。然而，在現代商場中，雖然很多人都明白其中道理，卻往往不願意這麼做，

相反倒是弄出許多捨義取利的蠢事來。他們往往就這樣經商、取財，最終落得個背信棄義、見錢眼開的罵名，逃脫不了破產清算的詛咒。

# 三、避免不正當競爭

古人云：「無奸不成商」，因此商人往往給人以「奸猾」的印象，但成功的管理者是非常重視商業道德的。被奉為「經營之神」的松下幸之助就把商業道德視作生命。松下認為商業道德就是「商人應有的態度」，也就是商人的責任感和使命感，概括一句話，就是創造物美價廉的物品去滿足社會大眾的生活需求。因為商業的種類不同，商業道德的具體表現也不同。這些表現可能是細枝末節，但商業道德的根本是相通的。

「商業道德的責任感和使命感」是十分崇高的，但這其中也包括一些「正人君子」們看來不那麼崇高的地方，那就是賺錢。松下認為正當獲利是經營者的天職，也是商業道德的內容之一。這是毋庸諱言的，應該是理直氣壯的。相反，如果不能正當獲利而是虧損赤字，那才是不道德的。

松下的這種觀點，基於這樣的認知：經營者是利用社會大眾的資金來營運的，不贏利當然就不能回報大眾；同時，經營者正當利潤的一部分是上繳國家的稅金，不贏利當然也就無法納稅，這也是不道德的。松下的這種觀點相當獨特，但又相當有道理。由此而來的商業道德觀，可以說是相當科學的。

在松下一生中，信守商業道德的事例，可以說是不勝枚舉。而松下一生的經營中，有兩位導師，他們之所以受到松下的尊崇，實質上也在於對商業道德的信守。這兩位導師，一位是美國的汽車大王亨利‧福特，一位是大阪商人山本武信。山本武信和松下有過炮彈型車燈的合作。當時，山本希望拿到這種新型產品在大阪的獨家經銷權，他怕松下懷疑他月銷 1 萬隻的許諾，

居然把 3 年的全部貸款一次性地交給了松下。這種負責任的態度和敢做敢為的氣概，對松下一生經營的影響頗多。而美國汽車大王福特，在汽車還是有錢人的奢侈品的時候，便立志降低產品的價格，滿足社會大眾的需求。這種觀點，正和松下的使命感吻合，所以當他讀到福特傳記的時候，如遇知音，深受啟發。

此後，松下一直把恪守職業道德作為自己的信條。

「商場如戰場」。對於競爭，松下一向都持肯定的態度。不過，松下所說的競爭，是堂堂正正、公公平平的競爭。只有這樣的競爭，才能獲得上述的效果，否則只會帶來混亂和衰敗。松下說：「維護業界和社會共同的利益，以促進全體人民的共存共榮，才是競爭的真正目的。必須以公開的、公平的方法競爭，為了業界的穩定，不論製造商、批發商或零售店，都絕不可只為反對而反對，不可為了想打倒對方的對抗意識而競爭，或借權力及資本和別人競爭。」

松下認為，下列的競爭都是不正當的，其後果只會害人害己。

1. 盲目削價。這大概是幾乎所有的廠商及銷售商都會使用的惡性競爭手段。如果是成本降低的低定價、季節性削價等，也尚無不可。要命的是有些人視正常利潤於不顧，一味地削價，以擴大銷路。松下認為，這種「競爭」害人害己：一方面的削價，可能引發大家競相削價，害了別人；如果價削到了連正常利潤、甚至連微利都無法保證，就連自己也害苦了。這就違背了經營最基本的贏利原則。松下指出：「即使競爭再激烈，也不可做出那種瘋狂打折、放棄合理利潤的經營。它只會使企業陷入混亂，而無法促進發展。倘若經營者都這麼做，產業界必然展開一場你死我活的混戰，反而會阻礙生產的發展、社會的繁榮。」

2. 損害別人信譽，也是一種惡性競爭的方法。有些經營者求勝心切，便不擇手段地誣衊、詆毀同行，以此來打開自己的發展之路。松下認

為，這太沒出息，也很是卑劣。對於對方的誹謗，也無需迎頭痛擊，真正堅強的話，應該是笑臉相迎。因為，誹謗者的命運與惡性削價者相比，更不堪一擊，而且往往是跌倒了就無法再爬起來。

3. 資本暴力。這是一些實力雄厚的大公司常用的方法。他們依仗自己雄厚的資本，有意做出虧本的傾銷或服務，以此來壓倒中小企業的競爭對手，然後雄霸一方。松下認為這是資本主義初期的產物，拿到現在來用就有些錯得離譜了。

松下認為只要競爭是惡性的就一定要避免。站在社會大眾的立場上來看，這種競爭最終必然是有害無益的。

## 四、與競爭對手實現雙贏

前文談及過商人與顧客已不再是「你贏我輸」或「你輸我贏」的關係，而應建立一種雙贏關係。這種雙贏關係，其實也適合用在你與競爭對手之間。

真正成功的經營者懂得根本不必要在意競爭對手。做生意只要賺了錢就可以，又何必打敗對方。

英國的「水晶杯」公司和「細瓷」公司是競爭的老對手了。他們分別推出的水晶玻璃高腳杯和細瓷餐具都是高級的名牌餐具。在西方許多家庭的餐桌上，都習慣同時擺上這兩種餐具，讓它們相映成趣。「同行是冤家」，這兩家公司怒目而視，水火不容。但是，後來他們卻經過協商，決定聯合推銷。「水晶杯」公司利用細瓷餐具多年在日本市場的信譽，透過聯合銷售活動，將其產品打入日本等國市場；而「細瓷」公司則利用「水晶杯」50％的產品銷在美國的優勢，使細瓷餐具躋身於美國家庭與飯店餐桌上。結果，聯合推銷使雙方都大幅度提高了銷售額。

在商戰中，競爭是自然法則。但是競爭雙方不光是彼長我消、勢不兩立的對手，也有可能成為配合互助、相得益彰的合作夥伴。透過競爭，擊敗對手，獨占市場，就能獲得最大的利潤。但是競爭並不是萬能的。有時雙方勢均力敵，爭鬥不已，只會魚死網破、兩敗俱傷；而雙方達成一定的默契，發揮各自的優點，共同開發經營，就能雙方利益共沾，皆大歡喜。可見，競爭與合作，適時而用，都可以取得較好的效果。

# 五、貪婪使人喪志

　　「火山依舊在那裡，它並非總讓人看見。但是，沒有人知道什麼時候會突然噴發，一旦噴發，正踏在火山口的人只能毀滅。不管你剛才是多麼榮耀，也不管你的攀登是否已經接近成功。」

　　一般來說，凡是貪心十足的人，凡是想要把什麼東西都得到手的人，其中尤以貪財、貪色者為眾，但結局往往是搬起石頭砸了自己的腳。

　　貪得無厭的人總是沒有好下場的。

　　不過，因為貪得無厭這四個字具有相當大的「功能」。譬如說，它能「及時」地滿足人們一時的欲望，給人們帶來暫時的「忘情的歡樂」、「恣意的享受」和「莫大的刺激」，所以有的人會不顧一切地追求這個貪字，甚至不惜為它「殉職」、「殉身」。

　　貪得無厭的人往往都是極端的自私自利者，恣情享樂、欲望無邊。英國大思想家培根（Francis Bacon）曾經說過這樣一段話：「一個最可惡的人是一切行動都以自我為中心；就像地球以自己為中心而轉動，讓其他的星體在它的周圍環繞運行一樣。」自私、利己，是一切貪得無厭的人的共同特徵。他們恪守的信條是：人不為己，天誅地滅。

## 第七章　貪是貧的孿生兄弟

### 第一，認錢不認人

俄國大文學家普希金（Alexander Pushkin）說：「金錢萬能同時又非萬能，它遺禍於人，破壞家庭，最終毀滅了擁有者自己。」為什麼？就在於他們所關心的、所追求的只是錢，而且無論對自己或對他人，衡量的標準也只有一個：那就是錢。

### 第二，認錢不認理

物欲化使人過於強調享受和占有，使人失去理性變得異常地貪婪。人要不要有物質的欲望？到了當今社會，這已經成了一個無需討論的「問題」了。物質欲望的確是人生存在的前提條件和根本保障。然而，如果一個人將物欲作為個人唯一追求的對象，那就值得討論了。因為它必然會使人變成一個完全、徹底、純粹的利己主義者，人會因此越來越貪得無厭，越來越自私，越來越恪守「人不為己，天誅地滅」的信條，就會遠離群體，無法在社會中生存下去。的確，對金錢的過分崇拜會使人失去理智，使一個「明白人」變成「糊塗人」，導致人們貪得無厭，撈錢不計後果，不擇手段，什麼樣的錢都敢拿，什麼樣的錢都敢花。誠如恩格斯（Friedrich Engels）所說：「在這種貪得無厭和利慾薰心的情況下，人的心靈的任何活動都不可能是清白的。」在這種旺盛的金錢欲望驅使下，就會什麼事情都做得出來。宋學者程頤說：「淤泥塞流水，人欲塞天理。」在無限膨脹的金錢欲望下，人的良心、公德、職業道德、禮儀廉恥等統統都會被扔到九霄雲外，在這種情況下，人是很少會有理性的。

### 第三，認錢不認志

人之所以是人，就是因為人活在世界上並不只是為了自己的生存，他應該透過生命活動去實現自己的目標、抱負和志向，從實現自己志向的過程展現人的社會價值。也只有這樣才能獲得他人的尊重，獲得社會的承認，才能真正實現自我的價值。因而凡是偉人從來不將金錢作為自己的最重要的志向，總是心中裝有大目標，總是將偉大的事業、宏偉的抱負和志向作為自己

畢生奮鬥的方向。也許正是由於信念的支持，才使他們忍受得住種種挫折和考驗。

　　當今的社會，有不少人本是很有志向的人，只是因為有的人心志不堅，在不良思潮衝擊下，因此而失去了昔日的雄心壯志，失去了遠大的理想，失去了美好的奮鬥目標。他們的社會責任感日益弱化，主義、理想、奮鬥，在這些人眼中統統都被拋之一邊，最終成為一名墮落的人。

### 第四，認錢不認法

　　貪婪，實際上是一種不勞而獲的占有欲望，是想透過某種手段、某種方法將他人的「所屬」變為自己的「所屬」。因為這種占有欲望完全是一種過分的、不切實際的、想入非非的邪念，因此，為了實現這種貪得無厭的欲望，他就必須使用一般人想不出來的「誘人的絕招」來，做出一般人想不出來的「使人上鉤的絕活」。當然，這些「絕招」和「絕活」大多是不道德的、帶有陰謀性的，甚至是違法的、犯罪的。不是嗎？有的人為了實現自己過分的、不切實際的、想入非非的物質欲望，原則、公德心、職業道德、做人的良心、規章制度、禮義廉恥統統都不要了，有的甚至不惜以身試法，以極其野蠻的、殘忍的、卑鄙的手段巧取豪奪，做出那些違法犯罪的勾當。

### 第五，認錢不認「格」

　　良好的人格是人性中最為寶貴的東西，它往往就表現於日常的做人、為人之中，一個品德高尚的人不僅能禁得住金錢的誘惑，而且是誠實、正直和有信用的。然而有些人，在金錢的誘惑下人格就會扭曲，對有錢人是一副臉，對沒錢人又是一副臉，為了某種需要，甚至會不惜出賣人格去做那些不顧廉恥之事。古人說：「凡人壞品敗名者，錢財占了八分。」這句話是很有道理的。有不少人之所以變得那麼自私，那麼富有虛榮心，對一些人那麼諂媚、一副奴相，那麼忘掉了做人、為人的道理，也許就是金錢這個魔鬼在起作用。曾有位作家的「金錢不是萬能的，然而沒有金錢是萬萬不能的」名言

為什麼那樣「深入人心」，就是與社會上這種過於強調金錢的傾向密切相關。結果怎樣呢？它會使人的行為始終圍繞著金錢轉圈。過去有一句「有錢能使鬼推磨」的諺語，意思是說只要有了金錢，甚至可以讓「鬼」來為自己服務；現在呢？變成了「有錢能為鬼推磨」，表面上看只變了一個字：「使」字變成了「為」字，然而其含義卻發生了很大的變化：人的行為從「被動」變成了「主動」，其行為的格調怎麼會高呢？

　　那麼，該如何戒掉使人墮落的貪婪呢？以下幾點，可作為人們自戒的參考。

- ·多克制一點自己不切實際的、過分的欲望，這就是說不要縱慾，要節欲；
- ·多想一想「若要人不知，除非己莫為」的簡單道理，這就是說身為人要理智一點，不要耍小聰明，不要聰明反被聰明誤；
- ·多想一點法律的威力和自己的前途，這就是說，即使為了自己的將來也不能做那些違法亂紀和傷天害理的事；
- ·多想一想悲劇性後果對自己家庭的影響，這就是說一個人要多一點責任感，包括自己在家庭中的責任；
- ·多對自己或大或小的權力進行約束，這就是說一個人在有權時也不要得意忘形，不要肆無忌憚；
- ·多對自己的言行作反省，這就是說身為人要加強自己的人格修養，隨時隨地嚴格要求自己；

一個人大致做到了上述幾點，就不會貪婪了。

# 第八章
# 使你的財富更有意義

　　我們總是期盼致富時刻的來臨，每一天，每一年。而那一刻真的出現了！

　　多少辛勤的努力都已過去，多少無法預知的挫折與阻礙，如今也都一一被戰勝與克服。

　　歷經了冬天的醞釀想像、設定目標和擬定計畫……春天的耕田下種……夏天的施肥、培植、除草、細心的照料……如今一切就緒，目標已經實現，夢想已經成真。

　　此刻，你將如何面對金錢呢？是小心謹慎，還是懷著「有錢能使鬼推磨」的「豪邁氣概」大展拳腳？

# 一、忌揮金如土

盧梭（Jean-Jacques Rousseau）說：「奢侈的必然後果 —— 風化的解體 —— 反過來又引起了趣味的腐化。」

當金錢失去了它應有的價值時，人們對金錢就會窮奢極侈，然而它不能帶給人尊貴，不能帶給人充實，更不能帶給人高雅和現代的文明。

奢侈一詞中的奢，有兩種含義：一是指奢侈、不節儉，如奢侈無度，《論語・八佾》中就有「禮，與其奢也，寧儉」之說；二是指過度、過多、過分，如奢望、奢願等。本文指的是無度的、無節制的、不能提倡的、不合國情的消費。

當然，一個人出自於某種需要，偶爾奢侈一下，偶爾擺一下闊，偶爾過分一點，倒也無須受多大的指責，因為這是花你自己口袋裡的錢，又不觸犯國家大法，也不值得人們大驚小怪。

然而，現實的情況並不是這樣，它不是個別人的一點點奢侈，也不是有的人偶爾奢侈一下，而是成為社會的一股潮，成為一股甚至可以說是「不可抗拒」的風。

從新聞中不時傳來富翁們一擲千金的「故事」。如：某歌星將鈔票當蠟燭來燃點；富商們一次射擊就「射掉」了好幾萬元的鉅款；想過總統之癮的有錢人，放著自己的別墅不住，偏偏要住上千美金一夜的豪華總統套房；至於有的腰纏萬貫的暴發戶們為了相互間的「鬥豪、鬥富」（壓倒對方），硬要讓餐廳做出 100 萬元一桌的酒宴，以「一決雌雄」；一隻哈巴狗，居然能值得 30 萬……富人們如此「一擲千（萬）金」，真到了使人瞠目結舌的程度了。

那麼，這種奢侈又說明了什麼？只是為了說明富翁的富有？只是為了說明富人的豪興？只是為了說明社會已經有了「充分的個人自由」了？

問題似乎並不這麼簡單。支配著這類人「一擲千（萬）金」行為的背後，還深深潛藏著一種無法向人訴說的特殊心態。

的確，這些富翁們都有一部不尋常的發家史。他們的經歷、崎嶇的人生道路使他們經歷了人間社會一切甜酸苦辣，形成了他們特有的扭曲的心態，他們騙人同時也被他人騙。他們有奸計得逞時的喜悅，也有被更有勢力的人壓迫時的無奈……這一切都混雜著卑鄙、骯髒、齷齪，在人前難以啟齒。就算成功了，也有難言之隱，於是就只有用這種「一擲千金」的方式來發洩自己內心的不滿、怨恨甚至憤慨。

　　還有一些富翁們的挖空心思的「鬥富」，就是試圖以這種方式引起大眾的注意。他們深知：不管自己的揮霍是多麼荒唐，只要能創下紀錄就能引起大眾關注，就會引起社會的轟動效應。他們深知，這本身就是「最廉價的廣告」，以這種方式向社會顯示他的「實力」。

　　這種奢侈本質上是畸形的、愚昧的、無知的和可憐的。這種揮金如土的「豪邁」只會暴露自己的淺薄與無知，為大多數人所不齒。

## 二、重視賺錢的過程而不是結果

　　如果我們把賺錢看做是努力的目標，那麼我們就看不清金錢被發明的原因，也看不清金錢究竟為什麼服務。金錢代表了外在的豐富，而靈魂則代表了內在的豐富，二者的關係經常令我們迷惑。

　　專家們多次發現，一個人內心的滿足和快樂，似乎在人們欣賞實際工作步驟的程度中而顯得起伏不定。換言之，成就傑出人士並非為工作或身居要職而工作，實際上，他們反而在享受著工作過程裡每一步驟中的每一細節部分，可謂：工作中自有樂趣，自有天地。

　　在這方面，有位科學家頗有同感地告訴人們：「我能充分享受工作所帶來的樂趣，我從事業中所獲得的最大滿足，全部來自工作時的樂趣使然，其

中包括在工作中所需好奇心的滿足及閱讀其他人所寫的研究報告。」

在美國，社會學家針對富人們做過一個調查。被調查者之中有 83％的年薪超過 50 萬美元，並擁有物質上的各種排場，如好幾幢房子、轎車、藝術品及其他豪華奢侈的設施。此外，在他們的成就上，也贏得重要的社會大眾及專業上的褒獎表揚。因此，他們比一般大眾獲有較高的社會地位。但大部分的被調查者並不重視物質上的報酬，他們擁有金錢，但並不為金錢而奮鬥，對他們來講，理想、精神的滿足才是最重要的。這些成功的富翁對待金錢的態度，對每一個渴望創富的人來說，無疑具有重大的啟示。

## 三、錢是最好的僕人而非主人

錢只是一個僕人，它可以幫我們達成許多目標，從而給我們帶來快樂，若一個人把錢當成了主人，身心受到錢的支配，則會變成一個人格低下、尊嚴掃地的可憐蟲 —— 這就是所謂的「財迷心竅」。

卡內基說：「我們這個時代的問題就是正當地管理財富，這樣，手足之情的紐帶就會把富人和窮人和諧地連繫在一起。」卡內基相信貧富間的不平等是追求經濟效益最大化的結果。在自由市場體系中，創造的財富最多，但是財富的聚斂者應該本著「共同的利益」，將金錢用於公益目的。除了建議有錢人不要留給孩子過多的財產之外，卡內基甚至還建議政府給那些「自私自利的百萬富翁那一文不值的生命判處死刑」。

沒有人能夠否認，這個世界上令人討厭的、自私的、瘋狂的、惡劣的富人總是存在，但是如果我們能詳細地檢視一下，就會發現很多的有錢人開始對財富的副作用產生警覺，他們開始思考凌駕在財富之上的意義，大部分人似乎感覺到應該為一個更好的社會做出努力，儘管好社會的定義由他們自己做出。

英國經濟人類學家基斯・哈特（Keith Hart）說：「與其像過去一個世紀那樣對富人進行限制，民粹主義者不如去審視一下富人所享受的自由，從而讓這種自由為更多的人享有。這樣，他們就可以在富人中找到最有力的同盟者。」在不久的將來，社會改革既需要大規模民眾的參與，也需要有錢人的支援。事實上，在 19 世紀，無論是自由貿易還是廢奴運動都證實了這一點。「想要成功改造社會，最好和資本家結為朋友。」哈特說。他認為這對那些具有菁英意識的富人是會產生吸引力的，從而對全球性的機會不平等問題造成衝擊。

成為豪富獨一無二的好處是，能夠獨立地帶來原本需要廣泛的社會運動的某種變革，比爾蓋茲讓窮人獲得接種疫苗機會的戰鬥就是一個例證。這可以讓富人成為任何想要重塑社會的人的盟友。事實上，很多富人正在從事這項事業，儘管多採取隱祕的形式。而「幹掉有錢人」這種觀念可能帶來的後果是打消了他們想把財富用於公益的念頭。更富於建設性的做法是歡迎富人加入到大眾生活中來，幫助他們把錢花在有用之處，而且要保證操作過程的透明性。

1930 年，凱因斯（John Maynard Keynes）預言：某一天，任何一個人在實現了物質要求後，都會第一次面對一個真正的、永久的問題「如何運用擺脫了經濟壓力後的自由，如何填補科學和複利為他帶來的閒適，從而生活得更智慧、更愉快、更好？」對數量正在增加的富人來說，這一天已經到來。如果運氣好的話，他們中會有很多人接受在整體上有益於社會的解決方案。

安寧止於放棄 —— 對金錢的崇拜可能帶來災難性的後果，而導致這些後果的能量若被恰當利用，人類將受益無窮 —— 恰如駕馭一個魔鬼，讓他來做天使的事情。

高盛公司（Goldman Sachs）總裁喬恩・科爾津（Jon Corzine）為競選紐澤西州的議員花了 6,200 萬美元，他有一個令人吃驚的發現：「富人在慈善事業和政治中越來越活躍。相比於慈善事業，參政更難也更不重要。」科爾津

不但要面對花錢買官的指責，而且還要回答人們對他的錢是否來自正道的質疑。在世界政治舞臺上活躍的巨富們代表了一種廣泛的輿論趨勢，這個名單上還包括義大利總理西爾維奧‧貝魯斯柯尼（Silvio Berlusconi），他曾在《富比士》（Forbes）列出的世界級富翁中位居第 14 位。似乎沒有明顯的理由表明，為什麼富人應該被排斥在政治生活以外。

但是，絕大多數的公眾更願意對富人從事慈善事業投贊成票，那麼慈善事業到底是不是富人使用他們的金錢和時間的最好方式？

一個世紀以前，安德魯‧卡內基和約翰‧洛克斐勒就把財富用在建立圖書館、博物館、大學和音樂廳上。在美國，各種管道的善款總額在 2000 年達到了 2,030 億美元，占國民生產總值的 2%，比 1995 年猛增了 1 個百分點。但在其他國家裡，現金形式的善款數額相對要少得多。美國人的財富一旦達到 20 萬美元，就會出現捐出大筆善款的現象，而在其他國家裡，人們往往在賺得百萬以上家財時才從事善舉。

以往富人們捐錢常常是迫於壓力，現在，更多的是出於自己的意願，做他們想做的事情，滿足其他人的需求，證明他們可以比政府或者別的慈善家做得更好，表達對財富的感激之情，讓自己有別於他人，並且讓自己幸福。這種改變是人們變得更富裕的結果，而且會引燃世界各地的慈善之舉，在印度、愛爾蘭和拉丁美洲已經出現了這種跡象。

當然富人的捐款也有其他的動機，很多新興的慈善家捐錢是為了提升自我形象、獲取信用、為自己做廣告，他們的動機不是出於義務，而是想讓自己成為明星。

懷疑論者中最出名的要算甲骨文公司（Oracle）的勞倫斯‧艾利森（Larry Ellison），迄今為止，他仍然拒絕在慷慨上與比爾蓋茲一搏。他說大眾對慈善的態度「非常奇怪，我們計算慈善的尺度是看你浪費了多少錢。我們計算的是捐款的數量，而不是效果」。也許他是在為自己的吝嗇找藉口，但勞倫斯‧艾利森有一點是對的，效果最重要。

慈善事業最有趣的變化發生在拉丁美洲。星媒體公司（starMedia）創始人費爾南多‧埃斯普拉斯（Fernando Espuelas）說：「人們原來以為貧窮是文明永恆的一面，這種觀念正在經歷全面的改變。下一代的人會更成熟，他們更能理解在拉丁美洲擺脫了軍事獨裁者之後，社會穩定的關鍵在於更平等地分配財富。」

因為稅收體制的限制，拉丁美洲人更願意透過公司來進行慈善捐助。成立於兩年前的星媒體基金會致力於為窮人提供教育和技術培訓，以縮短數位時代人和人之間的差距。如果這一目標得以實現，那麼星媒體公司也會從中受益。這對埃斯普拉斯先生來說，無疑是一場雙贏的結局。

巴西的慈善事業也從一無所有得到了快速發展，主要是由大公司來推動的。在巴西的跨國公司為提高教育水準和兒童健康做出了巨大的努力，從而使當地的公司在慚愧之下不得已而從之，而這一領域正是政府力所不能及之處。

總之，從上面羅列的這些現象來看，我們應該得出結論：金錢的充裕帶來的問題不會比缺乏金錢帶來的問題少，但要做到讓金錢成為僕人而非主人，則問題會簡單多了。

## 四、播種金錢，提升價值

我們終其一生在追求成功和幸福，成功意味著你得到了你所愛的，幸福則意味著你享受到了你所得到的。

你的目標是同時獲得金錢和幸福，那麼金錢和幸福的距離有多遠呢？

## 1・你賺的錢並非只屬於你

如果你研究過成功人士的生活故事，你會發現他們總是和別人分享財富。這些人對於他們的成功懷著深深的感恩心理，他們非常了解他們的責任。值得注意的是，我並不是說所有有錢人應該負責處理他們的錢，而是說所有幸福的有錢人，應該以負責的態度處理他們的金錢。

有本事賺很多錢的人，也有義務關心那些收入較少的人。鋼鐵巨頭卡內基有句話剛好切中要點：「多餘的財富是上天賜予的禮物，它的擁有者有義務終其一生將它運用在社會上。」

一般而言，大多數人都願意幫助比自己貧窮的人，但在幫助他人之前，他們希望能夠先讓自己成為有錢人。在播種之前，不能先收割。

曾經有一位小氣的農夫，他買了一塊地，但在投資之前，他想要確定這是不是一項值得的投資。所以他站在那塊地旁邊觀察它，告訴自己：「如果這塊地秋天的時候能夠大豐收，那明年我也會買種子來播種，但是這塊地必須先證明它值不值得我這麼做。」後來農夫當然大失所望了。

在農作上，大家都明白：先播種再收穫，但不是每次都這樣。先播種後收成的觀念，讓人類從游牧生活轉變為農業生活。

人類在自我發展的過程中，會遇到類似的挑戰：在消費和儲蓄之間做選擇。他可以全部都消費掉，連種子都不剩，或者可以存下一部分的錢，當作種子來播種。

## 2・如何播種金錢

有人花了 25 年的時間，研究超級富豪的生活。他對金錢方面的建議，值得我們學習：「獲得金錢的最保險方法，就是先捐錢。了解到這一點的人是幸福的。」

我們知道，有錢人不僅會捐獻很多錢，而且還是從很早就開始捐獻了。

在他們能力幾乎還不到捐錢的時期，他們已經開始養成捐錢的習慣。卡內基、沃爾頓、洛克斐勒等 —— 他們從很早的時候就以不同的方式表達他們的感謝。

由於心懷感謝，他們開始捐錢。

## 3‧十分之一的收入

舊約時代的以色列人有個傳統：捐獻十分之一的收入，連農民也不例外。他們會把十分之一的收成再埋回土裡，不要讓大地失血太多，然後再保留約十分之一的收成，當作明年播種的種子。另外，他們也會每十年休耕一年，讓大地有喘息的機會。

這種傳統後來成為有錢人的習慣，把十分之一的收入捐獻給收入較低的人。你可以時常發現，事業有成的人在職場上可以是個鐵石心腸的談判對手，但另一方面，對需要幫助的人而言，他們擁有一顆最「溫柔的心」。

毫無疑問，有些人純粹是因為自我動機才捐錢。當然也有很多人喜歡公開捐錢，因為他們想要製造廣告效果。不只如此，有些人喜歡幫助別人，部分原因是他們可以感覺自己高人一等。

但對於需要幫助的人而言，這種爭論是無意義的。他得到錢的時候，上面也不會掛著牌子說：「這是因為虛榮才捐獻的錢」。他們能用這筆錢，解決他們最頭痛的一些問題。

## 4‧布施者比較有錢

讓人感到驚訝的是，經常捐獻十分之一收入的人，幾乎沒有金錢上的困擾。在金錢方面，他們不僅特別幸運，事實上，他們也確實擁有較多的錢。

為什麼定期捐獻十分之一的收入，基本上比那些百分之百收入都留為己用的人還要有錢呢？

這是一種無法以科學方法來解釋的現象，但我想在此告訴各位一些想

法，讓我們更清楚了解這個奇蹟。

### （1）助人為快樂之本

施比受幸福。只關心自己的人是孤獨、不幸且沮喪的。只將注意力集中在自己身上的人，也是孤獨的。

「治療」失落感的最好方法很簡單，就是關心別人。傷心和沮喪的人，通常都將注意力太集中在自己身上；如果把心思集中在幫助別人上，可以將自己引出悲傷的情境。幫助別人等於幫助自己。

### （2）施予的時候，你證明並提高了金錢的價值

現在你可以證明，金錢可以用來做好事，當然也可以證明金錢是好的。當你利用金錢幫助別人、改善他們的生活時，等於強化了這個想法。同時你也用這種方式，以負責的態度處理金錢，也因為你做好事，進而提高了金錢的價值。

### （3）金錢需要流動

當你能夠施與的時候，代表「謝謝，我還有很多我自己用不到，所以可以施予他人。」這種錢財剩餘的想法能夠幫助你與金錢建立自然的關係；由於沒有太高估金錢的重要性，所以你更能享受金錢。

對你而言，金錢是流經你生命的另一種形式的能量。僅僅把這種能量握在手中的人，阻礙了自然的能量流動。而施予越多，生命中就會流入越多的能量。你會更相信，還會有更多的金錢流入你的生命中。

捐錢同時也證明你對自己以及宇宙中能量流動的信任。當你利用這種方式，使對自己及對宇宙的信任不斷增大時，你期待有更多的錢流入你的生命中。

## 5·幫助別人了解我們生活在一個互相聯結的世界

孤單地生活，彷彿世界上只有你一個人，這實在是很不智。而且這種生活不管對你個人或是社會都沒有幫助。我們需要別人把我們從獨處的洞穴中拉出來，而別人也需要我們。

這裡有兩個簡單但深層的認知：第一，團結力量大；第二，當整體都好的時候，個人也會比較好。

我們不能單獨看待個人的幸福，而忽視周圍人的情況。

一位著名的喇嘛曾說：「在現在這個互相聯結的世界上，個人和國家無法單獨有效地解決人們的問題，我們彼此需要。我們必須發展一種負責的感覺，保護和維持地球上人類家庭以及弱勢同伴，是我們個人也是集體的義務。」

有人曾舉「樹」作例子，來解決沒有人是單獨存在的。「我們發現，樹籠罩在一個極端細緻的關係網中，這個網包含了整個宇宙：小雨落在樹葉上，風輕輕搖動樹木，土壤提供養分，四季和氣候、陽光、月光與星光 —— 這些都是樹的一部分。所有的這些，都是幫助樹成為樹的因素，它不能和任何因素分離。」

愛人者，人恆愛之。金錢也一樣；你給世界金錢，世界也會回饋你金錢。

## 6·施予的人表現真正的負責態度

一個負責任的人，不會看著別人陷於困境而袖手旁觀。世界上分配的不平等影響到人類的幸福與和平。即使是在解決分配不平等的道路上也是黑暗的，終而導向戰爭。

所以，在這條黑暗的道路上，明亮的路燈所能提供的光明特別重要。世界正是需要這種代表路燈的人。也或許正是因為這個原因，世界會給他們更多有力的工具，好讓他們綻放更大的光亮。

### 7 · 施予的人感受到更多生命力

施予最能讓人感受生命力和能量，所以出自感謝和責任的施予是最好的良醫，或純粹基於對生命和對人類的愛。

幸福的條件是要享受擁有的。當我們有所回饋時，最好的方法就是用有責任的行為作為回答。

我們可以利用捐款來播種金錢。這種負責任的方法，就是奇蹟發生的條件，讓我們播種後的金錢開出美麗的花朵，結出幸福的果實。

# 五、播種金錢，收穫愉快

金錢可以做壞事，也可以做好事，關鍵在於用之有道，金錢除了滿足基本生活花費外，還可用於慈善事業。

在 19 世紀與 20 世紀之交，許多曾使美國工業蓬勃發展的大人物陸續離開人世，對於他們的龐大家產將落入誰的手中，不少人都極為關心。人們預料那些繼承人大多數將難守父業，會白白地把遺產揮霍掉。

就拿大名鼎鼎的約翰·沃恩·蓋茲（John Warne Gates）來說，他曾在鋼鐵工業界因冒險而贏得「一賭百萬金」稱號。後來他把家產傳給兒子，兒子卻揮霍無度，以致人們給他取了一個綽號叫「一擲百萬金」。

自然，人們對於世界上最大的一筆財產，即約翰·戴維森·洛克斐勒先生的財產今後的安排很感興趣。這筆財產在幾年之中將由他的兒子小約翰·戴維森·洛克斐勒（John D. Rockefeller Jr.）來繼承。不言而喻，這筆錢影響所及的範圍是如此廣泛，以致繼承這樣一筆財產的人完全能夠施展財力去徹底改革這個世界……要不，就用它去幹壞事，使文明推遲 1/4 個世紀。

此時，在老洛克斐勒晚年最信任的朋友、牧師蓋茲先生（Frederick

Taylor Gates）的勤奮工作和真心的建議下，他已先後出了上億鉅款，分別捐給學校、醫院和研究所等，並建立起了龐大的慈善機構。這也給小洛克斐勒提供了一個機會，他同時又牢牢地把握住了這一種機會。

小洛克斐勒曾回憶說：「蓋茲是位傑出的理想家和創造家，我是個推銷員 —— 不失時機地向我父親推銷的中間人。」

在老洛克斐勒「心情愉快」的時刻，例如飯後或出去散心時，小洛克斐勒往往就抓住這些有利時機進言，果然有效，他的一些慈善計畫常常能徵得父親同意。

在 12 年的時間裡，老洛克斐勒投資了 446,719,371 美元給他的 4 個大慈善機構：洛克菲勒醫學研究所（Rockefeller Institute for Medical Research）、普通教育董事會（General Education Board）、洛克斐勒基金會（Rockefeller Foundation）和蘿拉・賽麗絲提亞・洛克斐勒紀念基金會（Laura Spelman Rockefeller Memorial Foundation）。

在投資過程中，他把這些機構交給了小洛克斐勒。

在這些機構的董事會裡，小洛克斐勒發揮著重要作用，遠不只是充當說客而已。

他除了幫助進行探查工作，還物色了不少傑出人才來對這些機構進行管理指導。他應慈善事業家羅伯特・柯提斯・奧頓（Robert Curtis Ogden）之邀，和 50 名知名人士一起乘火車考察南方黑人學校，做了一次歷史性的旅行。回來後小洛克斐勒寫了幾封信給父親，建議創辦普通教育董事會，老洛克斐勒在接信後兩個星期內，就撥了 1,000 萬美元，一年半以後，繼續捐贈了 3,200 萬美元。在往後的 20 年裡，捐贈額不斷增加。

出於商業和殖民統治的考慮，1914 年，蓋茲建議創設中國醫學會，並擬訂計畫在中國北京建立一些現代化的醫學院。於是，北京協和醫學院（Peking Union Medical College）和協和醫院誕生了。

洛克斐勒基金所捐贈的範圍，極其廣泛和複雜性，足可以寫成好幾部

書，它們給人的印象是一個賢明而造福人類的超級慈善機構在高效率運轉。

事實上，美國政府在 20 世紀後半葉辦理的衛生、教育和福利事業許多是洛克斐勒在 20 世紀初葉就發起的。

除了傾力撲滅世界性疾病外，洛克斐勒基金會還把目光轉向世界各地的饑荒和糧食供應上。由基金會資助的一些出類拔萃的科學家，發展了玉米、小麥和大米的新品種，對全球低度開發國家提供了廣泛的技術贊助。

某些基金還用於資助科學技術方面的拓荒工作 —— 在加利福尼亞州建造了世界上最大的天體望遠鏡，在加利福尼亞大學裝置了有助於分裂原子的184 英寸迴旋加速器。

在美國，有 16,000 名科技人員享受了洛克斐勒基金提供的工作費用，他們當中有不少世界頂尖的科學家。

除經營那些龐大的慈善機構外，小洛克斐勒還獨力進行他畢生愛好的工作之一：保護自然。早在 1910 年，他就買下了緬因州一個景色優美的島嶼，僅僅是為了保護這裡崎嶇起伏的自然美。他在島上修路鋪橋，既方便了遊客又保護了自然。後來他把它們全部捐給了政府，成為阿卡底亞國家公園。

1924 年，他在周遊懷俄明州的黃石公園時，看到公園道路兩旁亂石碎礫成堆，樹木東倒西歪，為此大吃一驚。一問，才知道是政府拒絕撥款清理路邊。於是，他立即花了 5 萬美元資助公園的清理和美化工作。5 年後，清理所有國家公園的路邊就成為美國政府一項永久性的政策。

- 據統計，小洛克斐勒為保護自然花了幾千萬美元：
- 建設阿卡底亞國家公園花了 300 多萬美元；
- 購買土地，把布萊恩特公園送給紐約市花了 600 多萬美元；
- 替紐約州搶救哈德遜河的一處懸崖花 1,000 多萬美元；
- 捐贈 200 萬美元給加利福尼亞州的「搶救繁榮杉林同盟」；
- 160 萬美元給了優勝美地國家公園；

- 16.4 萬美元給仙納度國家公園；

- 花 1,740 萬美萬元買下 33,000 多畝私人地產，把提頓山脈的著名景觀「傑克森洞」完整地奉給大眾；

- 小洛克斐勒最大的一項義舉是恢復和重建了整整一個殖民時期的城市——維吉尼亞州殖民時期的首府威廉斯堡（Williamsburg）。

那裡的開拓者們曾經最早喊出「不自由，毋寧死」的口號，這塊地是美國歷史上一塊「無價之寶」。

小洛克斐勒親自參加恢復和重建每一幢建築的工作。他授權無論花多少錢、時間和精力，也要重新創造出 18 世紀時期那樣的威廉斯堡。

結果，他總共付出 5,260 萬美元，恢復了 81 所殖民時期原有建築，重建了 413 所殖民時期的建築，遷走或拆毀了 731 所非殖民地時期的建築，重新培植了 83 畝花園和草坪，還興建了 45 所其他建築物。

1937 年，美國政府通過一項法律，把資產在 500 萬美元以上的遺產稅率增加到 10%，次年又把資產在 1,000 萬美元及 1,000 萬美元以上的遺產稅率增加到 20%。即便這樣，老洛克斐勒 20 年中陸續轉移、交到小洛克斐勒手裡的資產總值仍有近 5 億美元，差不多同他父親捐掉的數字相等。老人給自己只留下 2,000 萬美元左右的股票，以便到股票市場裡去消遣消遣。

這筆龐大的家產落到小洛克斐勒一人身上，大得令他或其他任何人都吃喝不完，大得令意志薄弱者足以成為揮霍之徒，但小洛克斐勒卻把自己看作是這份財產的管家，而不是主人，他只對自己和良心負責。

走出大學後的 50 年中，小洛克斐勒是父親的助手，然後全憑自己對慈善事業的熱情胸懷花去了 8,220 萬美元以上，按照他的看法用以改善人類生活。他說：「給予是健康生活的奧祕……金錢可以用來做壞事，也可以是建設社會生活的一項工具。」

他所贊助的事業，無論是慈善性質還是經濟性質皆範圍廣大且影響深

遠，而且都經過他從頭至尾的仔細調查。

「我確信，有大量金錢必然帶來幸福這一觀念的改變，但它並未使人們因有錢而得到愉快，愉快來自能做一些使自己以外的某些人滿意的事。」

說這話的人是老洛克斐勒，但徹底使之變為現實的卻是他的兒子小洛克斐勒。

對他來說，贈予似乎就是本職；就是天職；就是專職。

從小洛克斐勒的事業中，我們可以看到金錢和道德理想結合之後，為人類帶來的巨大益處和影響。

# 第九章
# 賺錢素養測試

# 一、理財觀念測試

　　計畫是根據人的期望訂定的，在落實的過程中同樣靠人的參與。每個人對於金錢的態度會直接表現在對於金錢的處理和參與金融事物的熱心程度上。大家都知道猶太民族是世界上最會理財的民族，這是和他們的理財觀分不開的。他們認為「金錢，可以打開所有的門」、「讚美有錢的人不是讚美他的人，而是讚美他的錢」等等，所以他們絕不放過任何一個擴大自己財富的機會。我們可以看到：愛財的人總是很關心錢，對金融事物很敏感，因而賺錢的機會也較多。

　　下面，我們對你的「理財觀」做一個測試。只要你回答以下的 18 道題，很快就會知道自己對待金錢的態度。每道題的答案只有 3 種：是（✓）、否（✗）和不知道（？），答案因人而異，並沒有標準答案，下面請根據你自己的情況在「✓」、「✗」和「？」中選擇一個填入括弧中。

（　）1. 你是否設定好了個人和家庭的理財目標？

（　）2. 你平時在家裡管錢嗎？

（　）3. 你了解你的財務情況嗎？

（　）4. 你經常管理你的資產嗎？

（　）5. 你進行智力投資了嗎？

（　）6. 你經常注意理財相關資訊嗎？

（　）7. 你會為了 100 元去儲蓄嗎？

（　）8. 你經常入不敷出嗎？

（　）9. 你知道你的投資風險有多大嗎？

（　）10. 你會分散你的投資嗎？

（　）11. 你覺得你和家人的壽險保額夠嗎？

（　）12. 你是自己報稅嗎？

（　）13. 你會不會節稅？

（　）14. 你有沒有理想的退休計畫？

（　）15. 對於小孩將來的教育費用，你有沒有預先做準備？

（　）16. 你能區分消費與儲蓄嗎？

（　）17. 你覺得你的遺產安排妥當嗎？

（　）18. 整體而言，你對你的投資滿意嗎？

> 解說：

在你的答案中，答「✕」和「？」的數目如果是 9 ～ 18 個，表示你對金錢漠不關心，有必要學會好好理財；如果是 4 ～ 8 個，表示你對金錢有一定程度的關心，但需要更進一步；如果是 0 ～ 3 個，表示你很關心你的家庭財務狀況，很好，請繼續保持。

# 二、投資理財心理與能力測試

任何家庭、個人承受風險都有一定的限度，超過了限度，風險就變成一種負擔，對我們的心理造成傷害。因為，過度的風險會帶來憂慮，從而影響到我們的各個生活層面，包括健康、工作、家庭生活、交友和休閒等。我們經常看到、聽到一些炒股的朋友因為在股市上輸了錢，怪罪於朋友，導致朋友斷交；甚至有的懷恨在心，將朋友置於死地；也有導致夫妻反目、家庭不和的；還有人股市上輸了錢，就去牌桌上贏，走上賭博道路的；更有人以貪汙、受賄彌補損失……

所以，當我們投資時，必須考慮自己能夠或願意承擔多少風險，這牽涉到個人的條件和個性。

一個人面對風險所表現出來的態度，通常可分為四種類型：進取型、中庸型、保守型和極端保守型。

進取型的人願意接受高風險以追求高利潤；中庸型的人願意承擔部分風險，求取高於平均水準的獲利；保守型的人則往往為了安全或獲取眼前的利益，放棄可能高於一般水準的收益；極端保守型的人幾乎不願意承擔任何風險，寧可把錢放在銀行生利息。

你屬於哪一類型的人呢？本書提供兩組問題讓你自我測試，幫你確定你像哪一類型的人。第一組問題是用來測驗面對風險所採取的態度，不妨仔細想想，根據過去的生活經驗，試做解答。問題如下：

(1) 你喜歡賭博嗎？

(2) 你能否在投資虧損的壓力下保持良好的心態？

(3) 你經常患得患失嗎？

(4) 你是否寧可買一支風險甚高的股票，也不願把錢放在銀行裡生小錢？

(5) 你對自己的決定是否有自信？

(6) 你是不是喜歡自己做決定？

(7) 在證券交易所，你還能控制住情緒嗎？

### 分析：

如果你的答案有 6 個或 7 個「是」，你就是進取型的人；如果只有 1 ～ 2「是」，應該算是極端保守的人；答案若有 3 ～ 5 個是肯定的，可能是中庸型或保守型。肯定的答案越少，越傾向於保守。

第一組測驗可測出個人面對風險的態度，但真正要確定承受風險的程度，還必須考慮其他的客觀因素，像家庭的收入、開銷、待撫養的小孩等等。很多情況下，就算你心態上是進取型的，但現實的情況卻讓你沒有能力去承擔風險。下面一組問題可以測驗你能承擔風險的能力：

(1) 你有足夠的收入以應付家庭的基本所需嗎？

(2) 你和家人的人壽健康保險夠嗎？

(3) 萬一你急需要錢，你有把握能借到足夠的錢維持足夠長的時間以緩解財務困難嗎？

(4) 萬一你失業了，你有沒有其他穩定的收入來源？

(5) 如果你在股市中損失了部分錢，你能忍受嗎？

### 分析：

如果 5 個問題的答案都是肯定的，就有資格把自己歸為進取型的人；只要有一個否定的答案，就應該把自己列為極端保守型的人，因為你沒有本錢來冒險。

在選擇你的投資方式時，最好將自己的主觀態度和客觀條件一併加以考慮。

# 三、風險承擔意識測試

你可能不知道，當你手邊有錢時，不論怎麼運用，都會冒各種風險。比如說，買股票、投資房地產或是把錢存在銀行裡。這些做法都有風險，只是大小有別。

其實，不光是錢財，生活中的所有事物也都伴隨著不同程度的風險，只是每一個人面對風險的態度不同而已。有些人會覺得風險讓人緊張，有些人則認為生活中應該有點刺激。

為了了解成功的人怎樣面對風險，專家設計了一組風險承擔測驗，結果發現成功的人不論男女都比較能承受風險，但隨年齡大小有很大的差異。

你想不想知道自己能承擔多大風險？及此對未來發展可能產生的影響？試試看下列測驗。

測驗包括 20 道題，詳細閱讀每一道題，假想自己處於題目所描述的情形中，然後根據下列 5 個反應選出一個最適合你的，把編號寫在括弧中，做完 20 道題，再根據計分方式算出得分。

1 —— 免談！
2 —— 我不可能加以考慮。
3 —— 如果有人鼓勵，我會試試。
4 —— 我可能會做。
5 —— 我絕對會做。

（　）(1) 你去看表演，舞臺上的催眠師徵求自願者上臺合作，你會上去嗎？

（　）(2) 在公司最成功的部門中，你的職位既高又安全。有一天老闆給你機會，讓你接任另一個部門的副總經理，不過，這個部門情況很糟，一年之內已換了兩個副總，你會不會接受新的職位？

（　）(3) 你正想存錢做生意，有個好朋友靠不正當手段發了一筆財，想給你機會也撈一筆，酬勞是 20 萬元，只要你肯出 4 萬元。

（　）(4) 你有機會看到一些祕密資料，裡面的內容對你日後的工作很有價值，但是若被人發現你看過這些資料，你會被炒魷魚，名譽也會掃地。你會看嗎？

（　）(5) 你要去趕一班飛機，趕上了就可獲得一份賺錢的合約，誤了這班機就可能會賠掉老本。偏偏你在高速公路上遇到塞車，只有在很危險的路段上前進才趕得上飛機，你會這麼做嗎？

（　）(6) 你想升遷，唯一的辦法就是暴露公司中的一名比你優秀的人的缺點，但他一定會展開反擊，你會開火嗎？

（　）(7) 你得到內線消息，對你公司的股票會有重大影響。而做內線交易是違法的，但很多人都這麼做，而且你會因此而大賺一筆，你會做嗎？

（　）(8) 聽過一名著名的經濟學家演講後，你有問題想問，但這名經濟學家常在大庭廣眾下讓人難堪，你會發問嗎？

（　）(9) 你終於存夠了錢要實現夢想：到世界各地旅遊一年。但就在你

出發之前，有人給你一個工作機會，可以讓你這輩子過得相當舒服，但你必須立刻答應並上班，你仍會去旅遊嗎？

（　）（10）你有個表弟古怪又聰明，他發明了一個古怪的茶壺，燒開水比普通茶壺省一半的時間。他需 5 萬元把它正式做好並申請專利，你會拿錢支持他嗎？

（　）（11）你到海外旅行，當地人多數不會說中文和英文，當然，你在旅館吃牛排、馬鈴薯沒有語言問題；如果去當地小吃店享用帶有異國風味的美食，語言上可能會有麻煩。你會願意嘗試嗎？

（　）（12）假如你有一臺烘衣機，有一天你發現烘衣機不動了，可能開關有問題，你看到開關上只有兩顆螺絲釘，也許可以旋開螺絲釘看看自己能不能修，你會這麼做嗎？

（　）（13）在一群有影響力的人面前高談闊論，也許會令他們不悅，但在一件你認為很重要的事情上，他們的觀點你實在無法苟同，你會說出來嗎？

（　）（14）你現在是單身，並在報上看到一則徵婚啟事，各種條件似乎都很適合你，你以往從未想到對這種啟事有所行動，這次會嗎？

（　）（15）假設你和老闆在美國拉斯維加斯參加商展，你和老闆在賭場賭錢，你賭贏了少許，突然你有一種感覺，如果把贏來的錢統統押紅色，你會贏；但如果輸了，卻會讓老闆對你產生不良印象，你會押嗎？

（　）（16）一家博物館即將開張，很多明星都會到場，場面非常熱烈。但博物館屬私人性質，只有會員才能參加。你正好有合適的服飾穿起來像個大人物，可以矇混進去，但你可能會因被識破而吃閉門羹，你會嘗試嗎？

（　）（17）你暗戀你的一位同事，但沒有人知道。現在你的同事要去另一個城市謀求更好的工作，你想表達希望幫他（她）整理行李的心願，你會說出口嗎？

（　）（18）你在荒郊野外開車，風刮得很大，你看到一個路口，看起來

是個捷徑，但路口沒有指標，地圖上也未寫明，你會不會走這條「捷徑」？

（　）（19）你和幾位做鯊魚研究的朋友一起度過週末，準備游水作樂。你們發現附近有鯊魚出現，你想要留在船上，但朋友卻邀你下水，說只要遵守幾項簡單的原則，就不會有危險，你會下水嗎？

（　）（20）你在公司某部門工作，你有新的想法可以改善部門的效益，但這種想法已為管理層拒絕，你想考慮把建議告訴更高層，但你知道管理層必定會不高興，你會做嗎？

以上各題都按所填數字計分，即 1 代表 1 分，2 代表 2 分，3 代表 3 分，4 代表 4 分，5 代表 5 分。全部作答完畢後，算出總分。

得分很低：20 ～ 36 分；

得分低：36 ～ 52 分；

得分中等：52 ～ 68 分；

得分高：68 ～ 84 分；

得分很高：84 ～ 100 分。

### 分析：

根據研究，肯冒險的人一般有高度的自信與雄心，他們會花更多的時間專注於自己的目標，而不是嫉妒別人的成功。

在海外，很多大公司喜歡僱用自信、有創造力的冒險者，並且鼓勵員工冒險，偶爾也允許員工冒險失敗，以便從中學習些什麼。根據《追求卓越》（*In Search of Excellence*）作者的觀點，所有的研究與發展都是冒險的事，只有不斷嘗試才可能成功。若能從失敗中累積經驗也是值得的。所以有「完美的失敗」這種說法。這是對冒險的肯定。

當然，並不是每個人都有冒險的需要。是不是該冒險，必須自己決定，而年齡、責任、能忍受多少緊張和危險情勢等等都必須包括在你的考慮範圍之內。

專家的研究表明，在成功的人當中，年紀輕的比年紀大的更願冒險。以下是得分的不同分組與個性的關係。

## 1・得分很低者

很明顯沒有什麼雄心壯志，自我形象也無法令人滿意。即使有成功的機會，也會因要冒點風險而裹足不前。如果你的得分處於此組，首先你必須克服對冒險的恐懼，試著去做，只有這樣才能在商場上與他人一較長短。

## 2・得分低者

不會像前一組那樣害怕冒險，但也不願意去碰運氣。由於不肯冒險，就沒有機會認清情況，即使風險不大，可以成功的情況出現了也不自知。如果你得分處於此組，最重要的是在做判斷時，要發揮想像力以增加信心。適度的冒險可以增加正面的自我形象，而這種形象正是所有成功的人所需具備的。

## 3・得分中等者

不會明顯地害怕冒險，但通常在利用創造力進行奮鬥時信心不足。如果你得分處於此組，你可能在外界的鼓勵下會冒險，但你會太依賴別人的支持。雖然得分落在此組已算是不錯，你還是應多嘗試工作中你沒把握的部分，花點功夫累積資料和經驗，增加自己的信心。

## 4・得分高者

通常很自信，並野心勃勃，這種人具有很強的商業創造力，使他們能利用各種方法達到目標。這使得肯冒險者可以把握每一個機會，即使玩牌時是隱蔽的，他們也能摸清是什麼牌。如果你得分處於此組，你大概已知道要什

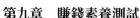 

麼，並努力去追求，即使風險相當高。

## 5·得分很高者

對賭注毫不在意，這種人在同事眼裡無異「賭徒」，而不是商業遊戲中自信、有智慧的好手。不過，很可能他們曾在高風險的商業行為中獲得成功，所以會使得他們一再鋌而走險。不幸的是，高度冒險的人很快就會忘了凡事還應該瞻前顧後。如果你得分處於此組，你可能會發現，冒險的刺激對某些事雖然很過癮，但並不是生活中每個層面都如此，有時是會摔得很慘的。

# 四、金錢焦慮程度測試

為了了解人對金錢的焦慮程度是否與成功有關，專家們設計了金錢焦慮量表（Money Anxiety Scale），測驗對金錢關心過度或不足，是不是和受試者追求成功的態度有關。

專家找了一群成功人士接受實驗，發現收入最高、知識最豐富的人確實和某種程度的焦慮水準有關係。

你知道自己對金錢的焦慮程度嗎？不妨試試這個焦慮量表測驗。

測驗包括 20 個題目，每個題目都與關心金錢的態度有關。在下面 4 種態度中選一個最適合自己態度的答案，把序號寫在括弧中，全部作答完畢，再根據計分方式算出總分。

1 —— 從來不。

2 —— 有時候。

3 —— 常常。

4 —— 經常（近於一向如此）。

（　）(1) 我擔心賺錢會使我迷失了自己。

（　）(2) 我擔心朋友若知道我有錢，會向我借錢。

（　）(3) 我擔心如果我賺太多錢，我會被扯進複雜的稅務問題之中。

（　）(4) 我擔心不管我賺多少錢，永遠也不會滿足。

（　）(5) 我擔心如果我有很多錢，別人喜歡我是因為我有錢。

（　）(6) 我擔心錢會使我沉溺於所有的惡習之中。

（　）(7) 我擔心如果我賺錢比朋友多，他們會嫉妒我。

（　）(8) 我擔心如果我賺太多錢，錢會控制我的生活。

（　）(9) 我擔心如果我有錢，別人一有機會就想欺騙我。

（　）(10) 我擔心錢會成為我追求真愛的障礙。

（　）(11) 我擔心如果我有很多錢，我會一天到晚害怕失去它。

（　）(12) 我擔心錢會使我變得貪婪，並且太過野心勃勃。

（　）(13) 我擔心管理為數不少的錢會造成無法承擔的壓力。

（　）(14) 我擔心如果我賺了很多錢，我會失去工作的意願。

（　）(15) 我擔心如果我有了很多錢，我會利用錢去占別人的便宜。

（　）(16) 我擔心擁有很多錢會使我的生活不再單純。

（　）(17) 我擔心比我所愛的人賺更多的錢。

（　）(18) 我擔心金錢真是萬惡之源。

（　）(19) 我擔心擁有大量的金錢會使我陷入失敗的境地。

（　）(20) 我擔心我沒有能力處理巨額的錢財。

把每個題目作答時的編號加起來，得數就是你的總分。

得分很低：20 ～ 24 分；

得分低：25 ～ 30 分；

得分中等：31 ～ 37 分；

得分高：38 ～ 57 分；

得分很高：58 分以上。

　　分析：

　　金錢焦慮是一種令人不快的情緒，極端時甚至會造成精神衰弱，它可能顯示出對被欺騙的恐懼，一種對錢財災難的預感，或擔心金錢多少會控制一個人的生活。有些焦慮的人希望利用錢去買他人的愛，以平衡被遺棄或破產的恐懼，對這些人而言，金錢焦慮就是一種情緒上的不安全感。

　　成功人士證明，金錢焦慮在成功者的人格裡少有立足之地。對這些人而言，焦慮程度低和高收入、錢財知識廣泛有關，他們對邁向成功充滿信心。

　　相對的，焦慮程度高的人很難有正面的自我形象。這些人會認為人生是受外在因素控制的，也就是說，他們相信成功是由外界力量決定的。

## 1 · 得分很低者

　　雖然焦慮水準低與高度成功有關，得分太低卻顯示這種人可能缺乏興趣與雄心。焦慮水準低但屬於可控制的範圍，表示具有改善生活的良性關係。如果你得分很低，可能是因為你對現狀太過滿足，充滿信心而沒有金錢焦慮，或者是你想避免遭遇錢財問題而做必要改變，究竟是哪一種原因，得好好問問自己。如果是第一個原因，金錢恐懼不會阻礙你的成功。

## 2 · 得分低者

　　對現有的財務狀況頗滿意，商業知識廣泛，相信自己可以控制成功的機會，並對成功地處理金錢問題深具信心。得分處於此組的人，能正面看待自己的目標，承擔必要的風險，邁向自己的未來。

### 3 · 得分中等者

對金錢在生活中所扮演的角色感到不確定。對他們而言，金錢會引起關切，取得和持有都會令他們感到不安。如果他們的焦慮驅使自己去控制好錢財，就可能走上成功之路；如果老是想逃避錢財風險，因沒有安全感而害怕，他們的焦慮就會阻礙自己的進步。如果你得分處於此組，你可能會被焦慮所誤，但只要你願意，你是可以做到掌握自我、邁向成功的！

### 4 · 得分高者

很難去享受自己所擁有的錢財。而且，他們的焦慮會使挑戰和所獲得的成功毫無報償，因為他們覺得成功只會帶來害怕失去的焦慮。

### 5 · 得分很高者

這種人需要趕緊尋求解除焦慮的方法和技巧，或許，還包括專業的醫學診斷。焦慮極高會使人萬念俱灰，不想追求任何目標。得分處於此組，對周圍的人根本無法相信，不可能享受成功所帶來的任何樂趣；最重要的是，這種人很難成功，因為焦慮水準太高，須付出昂貴的代價。

## 五、花錢態度測試

雖然鈔票只是財富的一種象徵，但沒有它，天下就沒有「經濟」一詞，因為有了鈔票，交易行為才能進行，人類因此進入商業文明。

另一方面，錢又以不同的形態象徵個人的成就，如成功、安全和個人的權勢等。

據研究，一個人用錢是揮霍無度還是小氣吝嗇，與先天的個性和後天的環境都有關係，並因而形成了特殊的人格氣質。而這種人格氣質又會反過來影響一個人是不是可以成功賺錢。

為了了解每個人不同的花錢特性，這個測驗就應運而生了。

根據國外的經驗，小氣的程度與性別、年齡並無太大關係，但與收入高低關係較大。

本測驗包括 25 個問題，都與花錢的態度與行為有關，看看自己是不是有類似的情況，作答方式同前。

1 —— 完全不像我。

2 —— 不太像我。

3 —— 有點像我。

4 —— 很像我。

5 —— 完全像我。

（　）⑴ 當我與他人共餐分帳時，我會自己算清楚我該付的部分，不想讓別人代勞。

（　）⑵ 花時間比較市場裡的價格並不值得，我傾向需要什麼就去買。

（　）⑶ 我常會想和海外朋友通電，但我總希望他們打給我，免得增加電話費的負擔。

（　）⑷ 如果朋友要我開車送他們去哪裡，我認為他們要付油錢才公平。

（　）⑸ 買電視機之類的東西時，我會先找大一點的經銷商，讓銷售人員告訴我每個品牌的優缺點，然後去售價便宜一點的小店買我看中的最佳機型。

（　）⑹ 我認為，有些人拚命存錢，捨不得買需要的東西，這是忘了人只能活一次。

（　）(7) 去餐廳用餐時，我會挑最便宜的食物和飲料。

（　）(8) 我覺得好好利用優惠券或季節性折價，確實可以在消費時發生效用。

（　）(9) 內衣褲和褲子有破洞了，我還是會穿很長一段時間。

（　）(10) 根據我的看法，既然我們在電視上可以看到不少的節目，實在沒有什麼必要去電影院看電影。

（　）(11) 當我搭計程車到目的地時，發現收費還遠沒有到起步價里程數，我會覺得有些懊惱。

（　）(12) 到高級餐廳用餐的唯一理由是為了取悅共餐的人，我單獨吃飯時，寧可省錢找家便宜的小吃店。

（　）(13) 我相信錢本來就是用來花的。

（　）(14) 如果我比平常進帳更多，我會更快把它花掉。

（　）(15) 我覺得上班吃便當比在餐廳浪費錢要好得多。

（　）(16) 錢賺得越多，我越覺得該好好存著，免得落入他人之手。

（　）(17) 我從不參加（慈善）捐款活動。

（　）(18) 即使我有錢，我也會等到最後一分鐘才付清各種帳單。

（　）(19) 我喜歡買頭等艙機票旅行，這樣可以碰到好一點的人或舒服些。

（　）(20) 花錢是件令我不悅的事。

（　）(21) 吃飯時，即使我比其他人有錢，我仍希望他們替我付帳。

（　）(22) 只有特殊場合我才穿貴重的衣服。

（　）(23) 買些時髦的東西，不管自用還是送禮都是一件很過癮的事。

（　）(24) 我覺得結婚的最好理由是可以節省兩個人的花費。

（　）(25) 如果朋友有我每隔一段時間就需要用的東西，而且願意借我，我就不必買了。

以上各題除第 2、6、13、14、19、23 等題反向計分外，其餘都是正向計

分。正向計分：5 代表 5 分，4 代表 4 分，3 代表 3 分，2 代表 2 分，1 代表 1 分。反向計分：5 代表 1 分，4 代表 2 分，3 代表 3 分，2 代表 4 分，1 代表 5 分。

全部作答完畢後，求出總分。

得分很低：25 ～ 47 分；

得分低：48 ～ 57 分；

得分中等：58 ～ 72 分；

得分高：73 ～ 86 分；

得分很高：87 分以上。

分析：

小氣或吝嗇通常是指把財物看得很重，但以英文來講「miser」一詞的來源卻是「miserable」（悲慘的、可憐的），暗指小氣的人必然不快樂。

小氣的人不太願意將自己的才能奉獻出來，也不太會製造融洽和成功的氣氛。儘管很多成功者都同意學會花錢才能賺錢，小氣的人卻嗤之以鼻，因此限制了成功的機會。

小氣的人過於吝嗇，與其說他們節儉，不如說是守財奴。他們總是萬不得已時才花錢，而不是該花則花。這種過度保護及帶有恐慌的人生觀使他們連適度的風險都不願承擔。即使他們有相當的財富也無法享受。心理學家指出這種狀況不會隨年齡增長而減少，「30 歲時就吝於花錢，到了 70 歲時只會更小氣」。

結束語：運用知識才是力量

古羅馬和古希臘有兩個著名的演說家，一個叫西塞羅（Cicero），一個叫狄摩西尼（Demosthenes）。每當西塞羅的演講結束時，聽眾都鼓掌並大叫：「說得真好，我又學到了新知識！」每當狄摩西尼的演講結束時，聽眾都轉身就走：「說得真好，讓我們開始行動吧！」

你讀完這本書後，如果只是對自己說：「真是一本好書，觀點和技巧讓

我茅塞頓開。」卻忽視了付諸行動,那麼,你無異於浪費你的時間和編者的心血。

有位學者曾說過:「世界上有兩種人,他們都在同一本書上讀到吃蘋果有益於健康的知識,其中一個說『我學到了知識』,另一個二話不說,直接走到水果攤前買了幾斤蘋果。」由此可見,「知識就是力量」並不是完全正確,正確的說法應該是:「運用知識就是力量」。因此,你要當買蘋果的智者而不是知道蘋果有益於健康的聰明人。

現在你既然已經知道如何賺錢的一些知識,那麼,你還猶豫什麼?快運用這些知識趕緊行動吧!

# 創造致富祕訣，打造雙贏方程式

## 到現在還不放棄運氣和上帝？清醒吧！
## 正確金錢觀╳創意創業法，讓你眼下吃得飽，未來餓不著！

編　　著：胡文宏，肖勝萍

編　　輯：鄒詠筑

發 行 人：黃振庭

出 版 者：崧燁文化事業有限公司

發 行 者：崧燁文化事業有限公司

E-mail：sonbookservice@gmail.com

粉 絲 頁：https://www.facebook.com/
　　　　　sonbookss/

網　　址：https://sonbook.net/

地　　址：台北市中正區重慶南路一段六十一號八
　　　　　樓 815 室

**Rm. 815, 8F., No.61, Sec. 1, Chongqing S. Rd.,
Zhongzheng Dist., Taipei City 100, Taiwan**

電　　話：(02)2370-3310

傳　　真：(02) 2388-1990

印　　刷：京峯彩色印刷有限公司（京峰數位）

律師顧問：廣華律師事務所張珮琦律師

定　　價：350 元

發行日期：2022 年 07 月第一版

◎本書以 POD 印製

**國家圖書館出版品預行編目資料**

創造致富祕訣，打造雙贏方程式：到現在還不放棄運氣和上帝？清醒吧！正確金錢觀╳創意創業法，讓你眼下吃得飽，未來餓不著！ / 胡文宏，肖勝萍 編著 .-- 第一版 .-- 臺北市：崧燁文化事業有限公司，2022.07

　面；　公分

POD 版

ISBN 978-626-332-491-6( 平裝 )

1.CST: 理財 2.CST: 投資 3.CST: 成功法

563　　111009928

官網

臉書